Le 18e 9bre 1740 Mr Dufour s'est
donné la peine luy même d'apporter cet
exemplaire à la Bibliothèque du Roy, de la
part de Mr. de Voltaire editeur de
Cet ouvrage dont l'illustre auteur est
Le Roy de Prusse aujourd'huy regnant.

+ Charles - frederic

R. 3064
I.

3256

ANTI-MACHIAVEL,

O U

ESSAI DE CRITIQUE

SUR LE

PRINCE

DE

MACHIAVEL,

Publié par

Mr. DE VOLTAIRE.

A LA HAYE,

Aux dépens de L'EDITEUR.

M. DCC. XL.

PREFACE

DE

L'EDITEUR.

JE crois rendre service aux hommes en publiant l'*Essai de Critique sur Machiavel*. L'illustre Auteur de cette réfutation est une de ces grandes ames que le Ciel forme rarement pour ramener le genre humain à la vertu par leurs préceptes & par leurs exemples. Il mit par écrit ces pensées, il y a quelques années, dans le seul dessein d'écrire des vérités que son cœur lui dictoit. Il étoit encore très jeune, il vouloit seulement se former à la sagesse, à la vertu; il comptoit ne donner des leçons qu'à soi-même, mais ces leçons qu'il s'est données, méritent d'être celles de tous les Rois, & peuvent être la source du bonheur des hommes. Il me fit l'honneur de m'envoier son Manuscrit, je crus qu'il étoit de mon devoir de lui demander la permission de le publier. Le poison de Machiavel est trop public, il falloit que l'antidote le fût aussi. On s'arrachoit à l'envi les copies manuscrites, il en couroit déjà de très fautives, & l'Ouvrage alloit paraître défiguré, si je n'avois eu le soin de fournir cette copie exacte, à laquelle j'espere que les Libraires à qui j'en ai fait présent, se conformeront. On sera sans doute étonné quand j'apprendrai aux Lecteurs que celui qui écrit en Français d'un style si noble, si énergique, & souvent si pur, est un jeune Etranger, qui n'étoit jamais venu en France. On trouvera même qu'il s'exprime beaucoup mieux qu'Amelot de la Houssaye, que je fais imprimer à côté de la réfutation. C'est une chose inouïe, je l'avoüe; mais c'est ainsi que celui dont je publie l'Ouvrage, a réussi dans toutes les choses auxquelles il s'est appliqué. Qu'il soit Anglais, Espagnol ou Italien, il n'importe, ce n'est pas de sa patrie, mais de son Livre dont il s'agit ici. Je le crois mieux fait & mieux écrit que celui de Machiavel, & c'est un bonheur pour le genre humain qu'enfin la vertu ait été mieux ornée que le vice.

Maître de ce précieux dépôt, j'ai laissé exprès quelques expressions, qui ne sont pas Françaises, mais qui méri-

tent

tent de l'être, & j'ôfe dire que ce Livre peut à la fois perfectionner notre Langue & nos mœurs. Au refte, j'avertis
que tous les Chapitres ne font pas autant de réfutations de
Machiavel, parce que cet Italien ne prêche pas le crime
dans tout fon Livre. Il y a quelques endroits de l'Ouvrage que je préfente, qui font plûtôt des réflexions fur Machiavel que contre Machiavel; voilà pourquoi j'ai donné
au Livre le titre d'*Effai de Critique fur Machiavel*.

L'illuftre Auteur aiant pleinement répondu à Machiavel, mon partage fera ici de répondre en peu de mots à la
Préface d'Amelot de la Houffaye.

Ce Traducteur a voulu fe donner pour un Politique;
mais je puis affûrer que celui qui combat ici Machiavel,
eft véritablement ce qu'Amelot veut paraître.

Ce qu'on peut dire peut-être de plus favorable pour A-
melot, c'eft qu'il traduifit le *Prince* de Machiavel, & en
foutint les maximes, plûtôt dans l'intention de débiter fon
Livre que dans celle de perfuader. Il parle beaucoup de
raifon d'Etat dans fon Epître Dédicatoire; mais un homme, qui, aiant été Sécretaire d'Ambaffade, n'a pas eu le
fecret de fe tirer de la mifére, entend mal, à mon gré, la
raifon d'Etat.

Il veut juftifier fon Auteur par le témoignage de Jufte-
Lipfe, qui avoit, dit-il, autant de piété & de Religion que
de favoir & de politique. Sur quoi je remarquerai 1. que
Jufte-Lipfe & tous les Savans dépoferoient en vain en faveur d'une doctrine funefte au genre humain; 2. que la
piété & la Religion, dont on fe pare ici très mal à propos,
enfeignent tout le contraire; 3. que Jufte-Lipfe, né Catholique, devenu Luthérien, puis Calvinifte, & enfin re-
devenu Catholique, ne paffa jamais pour un homme religieux, malgré fes très mauvais Vers pour la Ste. Vierge; 4.
que fon gros Livre de politique eft le plus méprifé de fes
Ouvrages, tout dédié qu'il eft aux Empereurs, Rois & Princes; 5. qu'il dit précifément le contraire de ce qu'Amelot
lui fait dire. ,, Plut à Dieu, dit Jufte-Lipfe, page 9. de
,, l'Edition de Plantin, que Machiavel eût conduit fon
,, Prince au temple de la vertu & de l'honneur! mais en
,, ne fuivant que l'utile, il s'eft trop écarté du chemin
roïal de l'honnête, *Utinam Principem fuum rectâ duxiffet
ad Templum virtutis & honoris, &c.* Amelot a fupprimé
exprès ces paroles, la mode de fon tems étoit encore de citer

ter mal à propos; mais alterer un paffage auffi effentiel, ce n'eft pas être pedant, ce n'eft pas fe tromper, c'eft calomnier. Le grand homme dont je fuis l'Editeur, ne cite point; mais je me trompe fort, ou il fera cité à jamais par tous ceux qui aimeront la raifon & la juftice.

Amelot s'efforce de prouver que Machiavel n'eft point impie, il s'agit bien ici de piété! Un homme donne au monde des leçons d'affaffinat & d'empoifonnement, & fon Traducteur ôfe parler de fa dévotion!

Les Lecteurs ne prennent point ainfi le change. Amelot a beau dire que fon Auteur a beaucoup loüé les Cordeliers & les Jacobins, il n'eft point ici queftion de Moines; mais de Souverains, à qui l'Auteur veut enfeigner l'art d'être méchans, qu'on ne favoit que trop fans lui.

D'ailleurs croiroit-on bien juftifier Mirivits, Cartouche, Jaques Clement ou Ravaillac, en difant qu'ils avoient de très bons fentimens fur la Religion? & fe fervira-t-on toujours de ce voile facré pour couvrir ce que le crime a de plus monftrueux? Céfar Borgia, dit encore le Traducteur, *eft un bon modèle pour les Princes nouveaux*, c'eft-à-dire, pour les Ufurpateurs; mais premiérement tout Prince nouveau n'eft point Ufurpateur. Les Medicis étoient nouvellement Princes, & on ne pouvoit leur reprocher d'ufurpation. Secondement, l'exemple de ce bâtard d'Alexandre VI. toujours détefté & fouvent malheureux, eft un très mechant modéle pour tout Prince. Enfin, la Houffaye prétend que Machiavel haïffoit la tyrannie; fans doute tout homme la détefte, mais il eft bien lâche & bien affreux de la détefter & de l'enfeigner.

Je n'en dirai pas davantage, il faut écouter le vertueux Auteur, dont je ne ferois qu'affaiblir les fentimens & les expreffions.

NB. Je fouffigné ai dépofé le Manufcrit Original entre les mains de Monfieur *Cyrille le Petit*, Deffervant de l'Eglife Françoife à la Haye, lequel Manufcrit Original eft conforme en tout au Livre intitulé *Effai de Critique fur Machiavel*; toute autre Edition étant défectueufe, & les Libraires devant fuivre en tout la préfente Copie.

A la Haye, ce 12. *Octobre* 1740.

F. DE VOLTAIRE.

* 3   AVANT-

AVANT-PROPOS

DE

L'AUTEUR DE L'ESSAI

DE CRITIQUE

SUR

LE PRINCE

DE MACHIAVEL.

LE Prince *de Machiavel est en fait de Morale ce qu'est l'Ouvrage de Spinofa en matiére de Foi. Spinofa fapoit les fondemens de la Foi, & ne tendoit pas moins qu'à renverfer l'édifice de la Religion; Machiavel corrompit la Politique, & entreprit de détruire les préceptes de la faine Morale. Les erreurs de l'un n'étoient que des erreurs de fpéculation, celles de l'autre regardoient la pratique. Cependant il s'est trouvé que les Théologiens ont fonné le tocfin & crié aux armes contre Spinofa, qu'on a réfuté fon Ouvrage en forme, & qu'on a conftaté la Divinité contre fes attaques, tandis que Machiavel n'a été que harcelé par quelques Moraliftes, & qu'il s'est foutenu malgré eux & malgré fa pernicieufe Morale, fur la chaire de la Politique, jufqu'à nos jours.*

J'ôfe prendre la défenfe de l'humanité contre ce Monftre qui veut la détruire, j'ôfe oppofer la raifon & la juftice au fophifme & au crime, & j'ai hazardé mes réflexions fur le Prince de Machiavel Chapitre à Chapitre, afin que l'antidote fe trouve immédiatement auprès du poifon.

J'ai toujours regardé le Prince de Machiavel comme un des Ouvrages les plus dangereux qui fe foient répandus dans le monde; c'eft un Livre qui doit tomber naturellement entre les mains des Princes, & de ceux qui fe fentent du goût pour la Politique. Il n'eft que trop facile qu'un jeune homme ambitieux,

dont

dont le cœur & le jugement ne font pas affez formés pour diftinguer fûrement le bon du mauvais, foit corrompu par des maximes qui flatent fes paffions.

Mais s'il eft mauvais de féduire l'innocence d'un Particulier qui n'influe que legérement fur les affaires du monde, il l'eft d'autant plus de pervertir des Princes qui doivent gouverner des peuples, adminiftrer la Juftice, & en donner l'exemple à leurs Sujets, être par leur bonté, par leur magnanimité & leur miféricorde les images vivantes de la Divinité.

Les inondations qui ravagent des contrées, le feu du tonnerre qui réduit des villes en cendres, le poifon de la pefte qui défole des provinces, ne font pas auffi funeftes au monde que la dangereufe Morale, & les paffions effrénées des Rois. Les fleaux céleftes ne durent qu'un tems, ils ne ravagent que quelques contrées, & ces pertes, quoique douloureufes, fe réparent; mais les crimes des Rois font fouffrir bien long-tems des peuples entiers.

Ainfi que les Rois ont le pouvoir de faire du bien lorfqu'ils en ont la volonté, de même dépend-t-il d'eux de faire du mal lorfqu'ils l'ont réfolu; & combien n'eft point déplorable la fituation des peuples, lorfqu'ils ont tout à craindre de l'abus du pouvoir fouverain, lorfque leurs biens font en proie à l'avarice du Prince, leur liberté à fes caprices, leur repos à fon ambition, leur fûreté à fa perfidie, & leur vie à fes cruautés? C'eft-là le tableau tragique d'un Etat, où regneroit un Prince comme Machiavel prétend le former.

Je ne dois pas finir cet Avant-propos fans dire un mot à des perfonnes, qui croient que Machiavel écrivoit plûtôt ce que les Princes font, que ce qu'ils doivent faire; cette penfée a plû à béaucoup de monde, parce qu'elle eft fatyrique.

Ceux qui ont prononcé cet arrêt décifif contre les Souverains, ont été féduits fans doute par les exemples de quelques mauvais Princes contemporains de Machiavel cités par l'Auteur, & par la vie de quelques Tyrans qui ont été l'opprobre de l'humanité. Je prie ces Cenfeurs de penfer que comme la féduction du trône eft très puiffante, il faut plus qu'une vertu commune pour y réfifter, & qu'ainfi il n'eft point étonnant que dans un ordre auffi nombreux que celui des Princes, il s'en trouve de mauvais parmi les bons. Parmi les Empereurs Romains, où l'on compte des Nérons, des Caligulas, des Tibéres, l'Univers fe reffouvient avec joie des noms confacrés par les vertus des Titus, des Trajans, & des Antonins.

*4

Il

Il y a ainsi une injustice criante d'attribuer à tout un Corps ce qui ne convient qu'à quelques-uns de ses Membres.

On ne devroit conserver dans l'Histoire que les noms des bons Princes, & laisser mourir à jamais ceux des autres avec leur indolence, leurs injustices & leurs crimes. Les Livres d'Histoire diminueroient à la vérité de beaucoup, mais l'humanité y profiteroit, & l'honneur de vivre dans l'Histoire, de voir son nom passer des siécles futurs jusqu'à l'éternité, ne seroit que la récompense de la vertu. Le Livre de Machiavel n'infecteroit plus les Ecoles de Politique, on mépriseroit les contradictions dans lesquelles il est toujours avec lui-même, & le monde se persuaderoit que la véritable Politique des Rois, fondée uniquement sur la justice, la prudence & la bonté, est préferable en tout sens au systême décousu & plein d'horreur, que Machiavel a eu l'impudence de présenter au Public.

PRE-

PREFACE
DU PRINCE
DE MACHIAVEL
PAR
AMELOT DE LA HOUSSAYE.

COMME Machiavel eſt un Auteur, qui n'eſt ni à l'uſage, ni à la portée de beaucoup de gens, il ne faut pas s'étonner, ſi le Vulgaire eſt ſi prévenu contre lui. Je dis, prevenu, car de tous ceux, qui le cenſurent, vous trouverez, que les uns avouent, qu'ils ne l'ont jamais lû; & que les autres, qui diſent l'avoir lû, ne l'ont jamais entendu : comme il y paroît bien par le ſens litéral, qu'ils donnent à divers paſſages, que les Politiques ſavent bien interprêter autrement. De ſorte qu'à dire la vérité, il n'eſt cenſuré, que parce qu'il eſt mal entendu; & il n'eſt mal entendu de pluſieurs, qui ſeroient capables de le mieux entendre, que parce qu'ils le liſent avec préoccupation: au-lieu que s'ils le liſoient comme juges, c'eſt-à-dire, tenant la balance égale entre lui & ſes adverſaires, ils verroient, que les maximes, qu'il debite, ſont, pour la plûpart, abſolument néceſſaires aux Princes, qui, au dire du grand Coſme de Médicis, ne peuvent pas toujours gouverner leurs Etats avec le chapelet en main 1. *Il faut ſuppoſer*, dit Wicquefort *, *qu'il dit preſque par tout ce que les Princes font, & non ce qu'ils devroient faire.* C'eſt donc condamner ce que les Princes font, que de condamner

---

1. *Che gli ſtati non ſi tenevano con pater-noſtri.* Machiavel au livre 7. de ſon hiſtoire. François, qui fut depuis Grand-Duc de Toſcane, étant à la Cour d'Eſpagne, ne répondit à un Gentilhomme, qui ne trouvoit pas juſte je ne ſai quoî qu'il lui commandoit, par ces paroles d'Ezéchiel : *Numquid*

via mea non eſt æqua, & non magis via veſtra prava ſunt. (Ezech. cap. 18.) pour lui apprendre qu'il y a des choſes, qui paroiſſent injuſtes aux particuliers, parce qu'ils ne connoiſſent pas les raiſons, qui obligent le Prince à les commander.
* *Livre* 1. de ſon Ambaſſadeur, ſection 7.

*5

damner ce que Machiavel dit, s'il eſt vrai, qu'il diſe ce qu'ils font, ou, pour parler plus juſte, ce qu'ils ſont quelquefois contraints de faire. Car *l'Homme*, dit-il dans le Chapitre 15. de ſon Prince, *qui voudra faire profeſſion d'être parfaitement bon, parmi tant d'autres, qui ne le ſont pas, ne manquera jamais de périr. C'eſt donc une neceſſité, que le Prince, qui veut ſe maintenir, apprenne à pouvoir n'être pas bon, quand il ne le faut pas être* [2]. Et dans ſon Chapitre 18. après avoir dit, que le Prince ne doit pas tenir ſa parole, lors qu'elle fait tort à ſon intérêt, il avoüe franchement, que *ce précepte ne ſeroit pas bon à donner, ſi tous les hommes étoient bons; mais qu'étant tous méchans & trompeurs, il eſt de la ſûreté du Prince de le ſavoir être auſſi* [*]: Sans quoi il perdroit ſon Etat, & par conſequent ſa réputation; étant impoſſible, que le Prince, qui a perdu l'un, conſerve l'autre. Mais puiſque je ſuis tombé ſur ce Chapitre 18, qui eſt aſſurément le plus chatoüilleux, & le plus dangereux de tous ſes Ecrits, il me ſemble néceſſaire de dire ici par occaſion, comment il faut entendre l'inſtruction, qu'il y donne à ſon Prince. *Il n'eſt pas beſoin*, lui dit-il, *que tu ayes toutes les qualitez que j'ai dites, mais ſeulement que tu paroiſſes les avoir. Tu dois paroitre clément, fidéle, affable, intégre & religieux, en ſorte qu'à te voir & à t'entendre l'on croye, que tu n'es que bonté, que fidélité, qu'intégrité, que douceur & religion. Mais cette derniére qualité eſt celle, qu'il t'importe davantage d'avoir extérieurement.* Voilà ſur quoi eſt fondée l'opinion qu'a le Vulgaire, que Machiavel étoit un impie, & même un Athée. Et véritablement les apparences y ſont pour les eſprits foibles. Mais, à bien peſer le ſens de ſes paroles, il ne dit nullement ce qu'on l'accuſe de dire, *qu'il ne faut point avoir de Religion*: mais ſeulement, que, ſi le Prince n'en a point, comme il peut arriver quelquefois, il doit bien ſe garder de le montrer, la Religion étant le plus fort lien, qu'il y ait entre lui & ſes ſujets, & le manque de Religion le plus juſte, ou du moins le plus ſpécieux prétexte, qu'ils puiſſent avoir, de lui refuſer l'obéiſſance [3].

Or

---

2. Plutarque dit; s'il falloit abſolument remplir tous les devoirs, & obſerver toutes les regles de la Juſtice, pour bien regner, Jupiter même n'en ſeroit pas capable.

* *Voiez les Notes des Chapitres* 15. & 18.

3. *Nec toleraturos profani Principis imperium*, dit Tacite Ann. 14. c'eſt-à-dire: Que l'on ne ſouffrira

Or il vaut incomparablement mieux, qu'un Prince ſoit hipocrite, que d'être manifeſtement impie, le mal caché étant beaucoup moindre que le mal univerſellement connu. Tout le monde voit l'impiété, mais très peu s'apperçoivent de l'hipocriſie. Et c'eſt, à mon avis, ce que Machiavel veut dire, quand il ajoute, que *tous les hommes ont la liberté de voir, mais que très-peu ont celle de toucher : que chacun voit ce que le Prince paroît être, mais que preſque perſonne ne connoît ce qu'il eſt en effet.* Nous voions bien ce qui eſt devant nos yeux, diſoit un Chevalier Romain à Tibére, mais nous aurions beau faire, nous ne verrions jamais ce que le Prince a dans les replis de ſon cœur 4. D'ailleurs, il faut conſidérer, que Machiavel raiſonne en tout comme Politique, c'eſt-à-dire ſelon l'Intérêt-d'Etat, qui commande auſſi abſolument aux Princes, que les Princes à leurs Sujets 5 : juſque-là même que les Princes, au dire d'un habile Miniſtre * de ce ſiécle, aiment mieux bleſſer leur conſcience, que leur Etat. Et c'eſt tout ce que Juſte-Lipſe, qui avoit autant de piété & de religion, que de ſavoir & de politique, trouve à redire à la doctrine de Machiavel, dont il avoüe franchement, qu'il fait plus de cas, que de tous les autres Politiques modernes 6 ; ce qu'il ſe fût bien gardé de dire, s'il eût tant-ſoit-peu ſoupçonné Machiavel d'impiété, ou d'athéiſme. Ajoutez à cela, que Machiavel, qui avoit beſoin de la faveur de la Maiſon de Médicis, n'eût jamais

---

ſtira jamais d'être gouverné par un Prince ſans Religion. Le Chancelier de l'Hopital diſoit, que la Religion avoit plus de force ſur l'eſprit des hommes, que toutes leurs paſſions ; & que le nœud, dont elle les lioit tous enſemble, étoit incomparablement plus fort, que tous les autres liens de la Société Civile.

4. *Spectamus, quæ coram habentur, abditos Principis ſenſus exquirere inlicitum, anceps ; nec ideo adſequare.* (Tac. Ann. 6.)

5. Nous obéiſſons au Prince, dit Cicéron, & lui au tems. *Nos Principi ſervimus, ipſe temporibus.*

Ep. lip. 9.

* *M. de Villeroi Secretaire-d'Etat, ſous Henri IV.*

6. *Qui nuper, aut heri id tentarunt, non me tenent, aut terrent, in quos, ſi vere loquendum eſt Cleobuli illud conveniat. Inſcitia in pleriſque, & ſermonun multitudo. Niſi quod unius tamen Machiavelli ingenium non contemno, acre, ſubtile, igneum. Sed nimis ſæpe deflexit, & dum commodi (c'eſt-à-dire l'Intérêt-d'Etat) illas ſemitas intente ſequitur, aberravit à regia via.* Dans la Préface de ſa Doctrine Civile.

mais ôfé dedier fon Prince à Laurent de Médicis, du vivant du Pape Léon X, fon oncle, fi ç'eût été un livre impie; ni adreffer encore, quelques années après, fon Hiftoire de Florence au Pape Clément VII. avec une E-pitre, où il lui dit, qu'il *efpere, que Sa Sainteté le couvrira du bouclier de fon approbation Pontificale* 7, s'il eût paffé pour un homme fans religion. Et je dirai en paffant, que ceux, qui liront le Chapitre 12. du premier livre de fes Difcours où il montre, combien il importe de maintenir le culte divin; & le Chapitre premier du troifiéme livre, où il loüe les Ordres de S. François & de S. Dominique, comme les Reftaurateurs de la Religion Chrétienne, que la mauvaife vie des Prélats avoit toute defigurée; réconnoîtront, que tout fage-mondain qu'il étoit, il avoit de très-bons fentimens de la Religion, & que par conféquent il faut interprêter plus équitablement, qu'on ne fait, de certaines maximes d'Etat, dont la pratique eft devenue prefque abfolument néceffaire, à caufe de la méchanceté, & de la perfidie des hommes. Joint que les Princes fe font tellement rafinez, que celui, qui voudroit aujourd'hui proceder rondement envers fes Voifins, en feroit bien-tôt la dupe.

Je pourrois dire encore bien des chofes en faveur de Machiavel, mais comme c'eft une Préface que je fais, & non pas une Apologie, je le laiffe à defendre à ceux, qui y ont plus d'intérêt que moi, ou qui en font plus capables; me contentant d'ajouter à ce que j'ai dit ici de lui, ce qu'il eft bon que le Lecteur fache au fujet de la traduction de fon *Prince.*

Elle eft fi fidéle, que je pourrois me vanter, qu'il feroit affez difficile d'en faire une, qui le fût davantage; & fi claire, que je ne crois pas, qu'il s'y trouve rien, qu'il faille le lire plus d'une fois, pour l'entendre, quoiqu'il y ait dans l'original quelques endroits qui ne font pas tout-à-fait intelligibles. Dans le fiécle paffé il en parut une, en Latin, d'un certain Silveftre *Tegli* de *Foligno,* mais fi périphrafée, que Machiavel qui a une expreffion laconique, y eft à peine reconnoiffable.

Quand il addreffe la parole à fon Prince, il lui parle

tou-

7. *Sperando, che farò dalle armate legioni del fuo fantiffimo giudicio aiutato & difefo.*

toujours par *Tu*, & jamais par *Vous*, qui eſt la maniére de
parler des anciens Romains, dont je vois qu'il a voulu
garder le caractére, & dans ſon *Prince*, & dans ſes Diſcours
ſur Tite-Live. C'eſt pourquoi j'ai cru le devoir imiter en
cela ſoit parce que, ce *Tu*, a quelque choſe de plus fort,
& même de plus noble ; ſoit auſſi parce que les meilleurs
Auteurs, que nous aions en nôtre Langue, comme
Amiot, & Coëffeteau, qui en valent plus de mille autres
de ce ſiécle, ont parlé de la ſorte. Joint que je n'ai pas
pû croire, qu'il me fût permis d'ôter à Machiavel une
façon de parler, qui lui ſied ſi bien ; ni à ma traduction un
air de liberté, qui la fait miéux reſſembler à ſon original.

Outre pluſieurs Notes, tirées des autres Oeuvres de
Machiavel, & des Hiſtoires de Nardi & de Guichardin,
j'ai mis au deſſous du texte divers paſſages de Tacite, qui
ſervent de preuve, de confirmation, ou d'exemple à ce
que Machiavel a dit. Et cela fait une eſpéce de concordan-
ce de la Politique de ces deux Auteurs, par où l'on verra, que l'on ne ſauroit ni approuver, ni condamner l'un
ſans l'autre : De ſorte que ſi Tacite eſt bon à lire pour
ceux, qui ont beſoin d'apprendre l'art-de-gouverner, Machiavel ne l'eſt guére-moins ; l'un enſeignant, comment
les Empereurs Romains gouvernoient, & l'autre, comment il faut gouverner aujourd'hui.

Quelqu'un me demandera peut-être, ſi je crois,
que Céſar Borgia, que Machiavel propoſe à imiter, ſoit un
bon modéle? Je répons, que c'en eſt un très-bon pour
les Princes nouveaux, c'eſt-à-dire, pour ceux, qui de Particuliers ſont devenus Princes par uſurpation ; mais que
c'en eſt un très-mauvais pour les Princes héréditaires. Or
il eſt manifeſte par deux endroits du 7. Chapitre de ce livre, que Machiavel ne propoſe ſon Céſar Borgia pour
exemple, qu'aux uſurpateurs, qui véritablement ne ſauroient conſerver l'Etat uſurpé, ſans être cruels, du-moins
au commencement ; par ce qu'ils ont pour ennemis tous
ceux, qui ne trouvent pas leur compte à ce changement ;
& que ceux même, qui l'ont procuré ne leur ſont pas
longtems, amis, faute d'obtenir tout ce qu'ils demandent :
au lieu que les Princes heréditaires, pour peu qu'ils gouvernent bien, n'ont pas beſoin d'uſer de rigueur, ni violence, pour ſe maintenir parmi des ſujets, accoutumez
de longue-main à la domination du même ſang. Et quant

au

au Duc de Valentinois (c'est le titre que portoit Borgia,)
je confesse, que c'étoit un très-méchant homme, & qui
méritoit mille morts [8]; mais il faut avoüer aussi, qu'il
étoit & grand Capitaine, & grand Politique, & de qui
l'on peut dire justement ce que Patercule dit de Cinna,
qu'il fit des actions, qu'un homme-de-bien n'ôseroit jamais
faire, mais qu'il vint à bout de diverses entreprises qui ne
se pouvoient exécuter, que par un très-vaillant homme [9].

Au reste, je dirai, que Machiavel, qu'on fait passer
par-tout pour un Maître de tyrannie, l'a détestée plus que
pas-un homme de son tems, ainsi qu'il est aisé de voir par
le Chapitre 10. du premier livre de ses Discours, où il
parle très-fortement contre les Tyrans. Et Nardi *, son
contemporain, dit, qu'il fut un de ceux, qui firent des
panégiriques de la Liberté & du Cardinal Jules de Médicis, qui après la mort de Leon X. feignoit de la vouloir
rendre à sa Patrie; & qu'il fut soupçonné d'être complice
de la Conjuration de *Jacopo da Diacetto*, *Zanobi Buondel-
monti*, *Luigi Alamanni*, & *Cosimo Rucellai*, contre ce Cardinal, à-cause de la liaison étroite, qu'il avoit avec eux,
& les autres *Libertins* (c'est ainsi que les partisans des Médicis appelloient ceux, qui vouloient maintenir Florence
en liberté.) Et probablement ce fut ce soupçon, qui em-
pêcha, qu'il ne fût récompensé de son Histoire de Florence, quoiqu'il l'eût composée par l'ordre du même Cardinal, comme il le marque tout-au-commencement de
son Epitre dédicatoire. Voilà tout ce que je crois qu'il est
nécessaire de savoir concernant sa personne & ses
Ecrits, dont je laisse à chacun de juger tout ce qu'il lui
plaira.

---

8. *Cæsarem Borgiam, vel mille neces meritum*, dit Onufre Panvini,
dans la Vie du Pape Jules II.
9. *De-que verè dici potest, ausum eum, quæ nemo auderet bonus; per-
fecisse, quæ à nullo, nisi fortissimo perfici possent*, Hist. 2.
* *Livre* 3. *de son Histoire de Florence.*
† *Ibidem.*

NICOLAS MICHIAVEL,

Citoien & Secretaire de Florence,

Au Très-Illustre

LAURENT de MEDICIS,

Duc d'Urbin, Seigneur de Pesaro, &c. *

CEux, qui veulent gagner les bonnes-graces d'un Prin-ce, ont coutume de lui offrir ce qu'ils ont de plus rare chez eux, ou ce dont ils savent qu'il fait son plaisir ordinaire ; d'où vient, qu'on lui presente souvent des chevaux, des armes, des étoffes-d'or, des diamans, & d'autres choses semblables, qui méritent de lui appartenir. Pour moi, après avoir cherché ce que je pourrois vous donner pour gage de ma très-humble obéïssance, je n'ai rien trouvé chez moi, qui me fût si cher, que la connoissance des actions des grands-hommes, la-quelle j'ai acquise par un long usage des affaires modernes, & par la lecture continuelle des anciennes. Aiant donc ramassé en un petit volume les réflexions, que j'ai faites à loisir sur toutes ces choses, je vous le presente, non pas que je le croie digne de vous, mais parce que vôtre bonté me fait espérer, que vous l'agréerez ; attendu que je ne puis vous faire un plus grand don, que de vous donner les moiens d'apprendre en très-peu de tems tout ce que j'ai appris en tant d'années, que j'ai été à l'école de l'adversité. Or je n'ai point embelli cet ouvrage de paroles empoulées & magnifiques, ni de pas-un autre de ces agrémens, dont plusieurs ont coutume de parer leurs Ecrits, parce que je ne veux pas que le mien plaise par un autre endroit, que par l'importance & la solidité de son sujet. Et que l'on n'impute

pute

* *C'étoit le Pere de Catherine, Reine de France. Ce Prince mourut en* 1519.

pute point à préfomption, fi un homme de baffe condition
ôfe donner de leçons de Gouvernement aux Princes;
car comme ceux, qui deffeignent les païs, fe mettent en-
bas dans une plaine, pour mieux découvrir la hauteur
des montagnes, & la qualité des autres lieux élevez; &,
au contraire, montent au fommet des montagnes, pour
confidérer la conftitution des lieux bas: de même il faut
être Prince, pour bien connoître le caractère des peuples,
& *Populaire*, pour bien favoir celui des Princes. Recevez
donc ce petit livre d'auffi bon cœur que je vous l'offre.
Si vous le lifez avec attention, vous y verrez le defir extrême que j'ai, que vous parveniez à la puiffance, que
la Fortune, & vos grandes qualitez, vous permettent. Et
fi, du lieu éminent, où vous êtes; vous regardez quelquefois en-bas, vous connoîtrez, que c'eft à tort, que
je fouffre une fi rude & fi longue perfécution de la Fortune.

ESSAI

ESSAI DE CRITIQUE
SUR LE
PRINCE
DE
MACHIAVEL.

CHAPITRE I.

Des différens Gouvernemens, & comment on peut devenir Souverain.

TOUS les Etats, & toutes les Seigneuries, qui ont eu, & qui ont autorité fur les hommes, ont été, & font des Républiques, ou des Principautés. ¹ Les Principautés

AVANT de marquer les différences des Gouvernemens, Machiavel auroit dû, ce me femble, examiner leur origine, & difcuter les raifons qui ont pû engager des hommes libres à fe donner des Maîtres.

Péut-être qu'il n'auroit pas convenu dans un

1. Céte divifion eft fondée fur la doctrine de Tacite; qui opofe la Principauté &

pautés font, ou héréditai-
res dans une même famille,
qui domine depuis long-
temps²; ou nouvelles. Les
nouvelles font ou toutes
nouvelles, comme l'étoit celle
de François Sforce à Milan:
ou font comme des membres
incorporés à l'Etat héredi-
taire du Prince, qui les a-
quert, tel qu'est le Roiaume
de Naples à l'égard du Roi
d'Espagne. Ces Etats, ain-
si acquis, ont coutume d'a-
voir un Prince, ou d'être
en liberté, & l'on fe les a-
quert

& la République comme les
deux contraires. *Res dissocia-*
biles Principatum & Liberta-
tem. (In Agricola.) *Romam*
à principio Reges habuere, Li-
bertatem L. Brutus instituit.
(Ann. I.) *Haud facile Liber-*
tas & Domini miscentur.
(Hist. 4.). Toute République est bien Principauté. *Il*
Serenissimo Principe fà saper,
dit la République de Venise
dans ses Edits. Mais toute
Principauté n'est pas République.

2. C'est en ce sens, que
Galba difoit à Pison, *In gen-*
tibus, quæ regnantur, certa
dominorum domus. (Tac. Histor. I.) & Mucien à Vespasien. *Non contra Caii, aut*
Claudii, vel Neronis, fun-
datam longo imperio domum
exsurgimus. (Hist. 2.)

un Livre, où l'on fe pro-
posoit de dogmatifer le
crime & la tyrannie, de
mettre au jour ce qui
devoit la détruire. Il y
auroit eu mauvaise gra-
ce à Machiavel de dire
que les peuples ont trou-
vé néceffaire à leur re-
pos & à leur confer-
vation d'avoir des Ju-
ges pour régler leurs
différends; des Protec-
teurs pour les mainte-
nir contre leurs Enne-
mis dans la poffeffion de
leurs biens; des Sou-
verains pour réunir tous
leurs différens intérèts
en un feul intérêt com-
mun; qu'ils ont d'abord
choisi ceux d'entre eux
qu'ils ont cru les plus
fages, les plus équita-
bles, les plus defintéref-
fés, les plus humains, les
plus vaillans pour les
gouverner.

C'est donc la justice
qui doit faire le princi-
pal objet d'un Prince,
c'est donc le bien des
peuples qu'il gouverne,
qu'il doit préférer à tout
autre intérêt. Le Souve-
rain, bien loin d'être le
Maître abfolu des peu-
ples qui font fous fa
domination, n'en est
que le premier Magif-
trat.

Cet-

quert par les armes d'au-
trui, ou par les siennes : par
le bonheur, ou par la vertu.

Cette origine des Souverains rend l'action des Usurpateurs plus atroce encore, qu'elle ne le seroit en ne considérant simplement que leur violence. Ils foulent aux pieds cette première Loi des hommes qui les réunit sous un Gouvernement pour en être protegés, & c'est contre les Usurpateurs que cette Loi est établie.

Il n'y a que trois manières légitimes pour devenir maître d'un Païs, ou par succession, ou par l'élection des peuples qui en ont le pouvoir, ou lorsque par une guerre justement entreprise, on fait la conquête de quelques Provinces sur l'Ennemi. Voilà le pivot, sur lequel rouleront mes réflexions dans le cours des recherches suivantes.

☙❧☙❧☙❧☙❧☙❧☙❧☙❧☙❧

CHAPITRE II.

Des Etats béréditaires.

JE me passerai de parler des Républiques, dont j'ai traité ailleurs * amplement, & je m'arêterai seulement à la Principauté. Je dis donc, qu'il est bien plus facile de conserver des Etats Héréditaires, que des Etats nouvellement conquis [1]. Parce qu'il sufit de ne

LEs hommes ont un certain respect pour tout ce qui est ancien, qui va jusqu'à la superstition ; & quand le droit d'héritage se joint à ce pouvoir que l'antiquité a sur les hommes, il n'y a point de joug plus fort, & qu'on porte plus aisément. Ainsi, je suis loin de contester à Machiavel ce que tout le monde lui accordera, que les

* Dans ses Discours sur Tite-Live.

1. Tacite dit, qu'un Empire aquis par la violence ne se

A 2   Roïau-

ne point outrepasser l'ordre
établi par ses Ancêtres 2, &
de s'acommoder aux tems.
En

se sauroit conserver par les
voies de la douceur & de la
modestie. *Non posse Princi-*
patum scelere quæsitum subita
modestia, & prisca gravitate
retineri. (Hist. 1.) Or la rigueur, qu'il faut tenir d'ordinaire pour conserver un
Etat conquis, est souvent
cause qu'on le perd par la
révolte des sujets, qui viennent à perdre la patience.
Atque illi, dit Tacite, *quam-*
vis servitio sueti, patientiam
abrumpunt. (Ann. 12.)

2. Cela revient à ce qu'on
disoit à Néron, que n'étant
plus enfant, mais en âge de
regner, il ne lui faloit plus
d'autre Maître, ni d'autre
Gouverneur que l'éxemple
de ses Prédécesseurs. *Finitam*
Neronis pueritiam, & robur
juventæ adesse. Exueret Ma-
gistrum, satis amplis doctori-
bus instructus Majoribus suis.
(Ann. 14.) Tacite dit, que
Tibére, au commencement
de son regne, se faisoit une
loi d'imiter en tout la conduite d'Auguste, *Neque fas*
Tiberio infringere dicta ejus.
(Ann. 1.) *qui omnia facta,*
dictaque ejus, vice legis obser-
vem. (Ann. 4.) & qu'il n'o-
soit pas montrer sa sévérité
à un peuple, qu'Auguste a-
voit traité si doucement. *Po-*
pulum per tot annos molliter
ba-

Roïaumes héréditaires
sont les plus aisés à gouverner.

J'ajouterai seulement
que les Princes hérédi-
taires sont fortifiés dans
leur possession par la
liaison intime, qui est
entre eux & les plus
puissantes familles de
l'Etat, dont la plûpart
sont redevables de leurs
biens ou de leur gran-
deur, à la Maison sou-
veraine, & dont la for-
tune est si inséparable de
celle du Prince, qu'ils ne
peuvent la laisser tomber
sans voir que leur chute
en seroit la suite certaine & nécessaire.

De nos jours, les trou-
pes nombreuses & les
armées puissantes que
les Princes tiennent sur
pied, en paix comme
en guerre, contribuent
encore à la sûreté des
Etats. Elles contiennent
l'ambition des Princes
voisins, ce sont des é-
pées nues, qui tiennent
celles des autres dans
le fourreau.

Mais ce n'est pas assez
que le Prince soit, com-
me dit Machiavel, ...
di ordinaria industria; je
voudrois encore qu'il
songeât à rendre son
peuple heureux. Un
peu-

En sorte que si un Prince est médiocrement habile, il se maintiendra toujours dans son Etat, à moins qu'il n'y ait une force excessive, qui l'en prive. Encore le recouvrera-t-il, quelque fort que soit l'Usurpateur. Témoin le Duc de Ferrare, qui n'a tenu contre les Vénitiens en l'an 1484. & contre le Pape Jules II. en 1510. que parce qu'il étoit établi de longue main dans ce Duché ₃. Car comme le Prince naturel a moins d'ocasions &

habitum, nondum audebat ad duriora vertere. (Ann. I.) Que Vononés fut méprisé & chassé par les Parthes, parce qu'il tenoit une conduite toute contraire à celle de leurs autres Rois. *Accendebat dedignantes & ipse, diversus à Majorum institutis.* (Ann. 2.) Et qu'au contraire Italus plaisoit aux Cherusces d'autant plus qu'aiant été élevé à Rome, il ne laissoit pas de s'accommoder à leurs débauches, comme s'il eût toujours été nouri parmi eux. *Latus Germanis adventus, atque eo magis, quod sæpiùs vinolentiam ac libidines grata barbaris usurparet.* (Ann. xi.)

3. Nous ne nous soulevons pas contre la Maison d'Auguste, qui a tenu si long-tems l'Empire, disoit Mu-

peuple content ne songera pas à se révolter, un peuple heureux craint plus de perdre son Prince qui est en même tems son bienfaiteur, que ce Souverain même ne peut appréhender pour la diminution de sa puissance. Les Hollandais ne se seroient jamais révoltés contre les Espagnols, si la tyrannie des Espagnols n'étoit parvenue à un excès si énorme, que les Hollandais ne pouvoient devenir plus malheureux.

Le Roïaume de Naples & celui de Sicile ont passé plus d'une fois des mains des Espagnols à celles de l'Empereur, & de l'Empereur aux Espagnols; la conquête en a toujours été très facile, puisque l'une & l'autre domination leur sembloit rigoureuse, & que ces peuples esperoient toujours trouver des libérateurs dans leurs nouveaux Maîtres.

Quelle différence de ces Napolitains aux Lorrains! Lorsqu'ils ont été obligés de changer de domination, toute la Lorraine étoit en pleurs. Ils regretoient de perdre les Rejettons de ces

A 3   Ducs,

*& de raisons d'ofenser ses
sujets, il faut qu'il en soit
plus aimé : & si des vices
extraordinaires ne le font
haïr, ils ont naturelement
de l'inclination pour lui.
Outre que la possession ancienne, & non interrompüe,
de la domination leur ôte
l'envie & la commodité d'a-
tenter contre lui, 4 dautant
que toute mutation d'Etat
laisse toujours de quoi en
faire d'autres [*]. 5*

Ducs, qui depuis tant
de siécles furent en pos-
session de ce Païs, &
parmi lesquels on en
compte de si estimables
par leur bonté, qu'ils
mériteroient d'être l'e-
xemple des Rois. La mé-
moire du Duc Léopold
étoit encore si chere aux
Lorrains, que quand sa
Veuve fut obligée de
quitter Luneville, tout
le peuple se jetta à ge-
noux au-devant du ca-
rosse, & on arrêta les
chevaux à plusieurs re-
prises. On n'entendoit
que des cris, & on ne
voioit que des larmes.

Mucien à Vespasien (Tac. Hist. 2.) pour inférer, qu'il ne faloit pas craindre, que l'Empire retournât jamais à Vitellius, quand une fois on le lui auroit ôté.

4. Car, au dire de Tacite, il y a toujours moins d'inconvenient à garder le Prince que l'on a, qu'à en chercher un autre. *Minore discrimine sumi Principem, quàm quæri.* (Hist. 1.)

[*] Ou la porte ouverte à d'autres.

5. Car, au dire de Paterculus, l'on enchérit toujours sur les premiers éxemples. *Non enim ibi consistunt exempla unde cœperunt, sed quamlibet in tenuem recepta tramitem latissimè evagandi sibi viam faciunt.* (Hist. 2.) Qu'une mutation en entraine toujours d'autres après soi, Tacite en donne de beaux éxemples. *Libertatem & Consulatum L. Brutus instituit. Dictaturæ ad tempus sumebantur. Neque Decemviralis potestas ultra biennium. Neque Tribunorum Militum Consulare jus diu valuit. Non Cinnæ, non Sullæ longa dominatio : & Pompeii Crassique potentia citò in Cæsarem: Lepidi, atque Antonii arma in Augustum cessere.* (Ann. 1.) C'est-à-dire : Brutus fit succeder la Liberté & le Consulat à la Roiauté. Et quelque fois on créoit un Dictateur, mais son pouvoir finissoit aussitot que le peuple étoit hors de danger. Les Décemvirs ne durérent pas plus de deux ans. Les Tribuns des Soldats prirent la place des Consuls, mais ne la gardérent pas long-tems. La domination
de

de Cinna, ni la Dictature de Silla ne furent pas de longue durée. La puiſſance de Craſſus & de Pompée fut bientôt réunie en la perſonne de Céſar, & l'autorité de Lepidus & d'Antoine en celle d'Auguſte. Voila un enchainement de mutations. En voici un autre. *Sulla Dictator abolitis vel converſis prioribus, cùm plura addidiſſet, otium ei rei haud in longum paravit. Statim turbidis Lepidi rogationibus, neque multo poſt Tribunis reddita licentia quoquò vellent populum agitandi. Jamque non modò in commune, ſed in ſingulos homines latæ quæſtiones . . . Exin continua per viginti annos diſcordia, non Mos, non Jus.* (Ann. 3.) C'eſt-à-dire: Le Dictateur Silla changea, ou abolit les Loix de Graccus & de Saturninus, pour établir les ſiennes. Mais elles furent de peu de durée. Car Lepidus & les Tribuns recommencérent bientôt à ſemer des broüilleries parmi le peuple [*], en ſorte qu'on faiſoit autant de réglemens, qu'il y avoit d'hommes . . . Et depuis, il n'y eut ni droit, ni coutume, par l'eſpace de vingt ans, que durérent les diſſenſions du peuple & du Sénat.

[*] Ou à broüiller les affaires.

CHAPITRE III.

Des Etats mixtes.

MAis toute Principauté nouvelle a des dificultés à ſurmonter. Si elle n'eſt pas toute nouvelle, mais ſeulement mixte, par l'adjonction d'un membre nouveau, ſes mutations naiſſent premiérement d'une dificulté naturelle qui ſe rencontre dans toutes les nouvelles dominations [1], qui eſt,

[1] *Novum & nutantem Principem*, dit Tacite. (Ann. 1.)

LE quinzième Siécle où vivoit Machiavel, tenoit encore à la barbarie. Alors on préferoit la funeſte gloire des Conquerans, & de ces actions frappantes qui impoſent un certain reſpect par leur grandeur, à la douceur, à l'équité, à la clémence, & à toutes les vertus. A préſent, je vois qu'on préfere l'humanité à

A 4   tou

eſt, que les hommes chan-
gent volontiers de Prince,
dans l'eſpérance d'en trouver un meilleur. 2 Eſpérance, qui leur fait prendre les
armes contre celui qui gouverne. Mais ils ne tardent
guère à s'en trouver mal. 3 Il
y a une autre néceſſité naturelle

2. *Parthos præſentibus mo-*
biles, abſenium æquos. (Ann.
6.) Toutes les Nations ſont
de même, *ſervitii ingenio,*
par un caprice ordinaire à
la ſervitude, dit Tacite.
(Ann. 12.)

3. Croiés vous, diſoit un
Sénateur Romain, que la
Tirannie ſoit morte avec
Néron? On l'avoit crüe é-
teinte par la mort de Tibére & de Caligula, & pour-
tant nous en avons vu un
troiſiéme plus cruel qu'eux.
An Neronem extremum domi-
norum putatis? Idem credide-
rant, qui Tiberio, qui Caio
ſuperſtites fuerunt: cùm in-
terim inteſtabilior & ſævior
exortus eſt. (Hiſt. 4.) Claudius avoit donc bien raiſon
de dire aux Ambaſſadeurs de
Parthes, qui étoient venus
lui demander un meilleur
Roi que le leur, que de ſi
fréquens changemens ne va-
loient rien, & qu'il faloit
s'accommoder le mieux
qu'on pouvoit aux humeurs
des Rois. *Ferenda Regum*
ingenia, neque uſui crebras
mu-

toutes les qualités d'un
Conquerant, & l'on n'a
plus guères la démen-
ce d'encourager par
des loüanges, des paſ-
ſions cruelles qui cau-
ſent le bouleverſement
du Monde.

Je demande ce qui
peut porter un homme
à s'aggrandir? En vertu
de quoi il peut former
le deſſein d'élever ſa
puiſſance ſur la miſère
& ſur la deſtruction
d'autres hommes? Et
comment il peut croire
qu'il ſe rendra illuſtre,
en ne faiſant que des
malheureux? Les nou-
velles conquêtes d'un
Souverain ne rendent
pas les Etats qu'il poſſé-
doit déjà, plus opulens;
ſes peuples n'en profi-
tent point, & il s'abuſe,
s'il s'imagine qu'il de-
viendra plus heureux.
Combien de Princes ont
fait par leurs Généraux
conquerir des Provin-
ces qu'ils ne voient ja-
mais? Ce ſont alors des
conquêtes en quelque
façon imaginaires, c'eſt
rendre bien des gens
malheureux pour con-
tenter la fantaiſie d'un
ſeul homme, qui ſou-
vent ne mériteroit pas
d'être connu.

Mais

turelle & ordinaire, qui fait, que le Prince est toûjours contraint d'ofenser ses nouveaux sujets, soit en les chargeant de gens de guerre, ou par mille autres maux qu'entraine aprés soi une aquisition nouvelle 4. *D'où il arrive, que tu as enfin pour ennemis tous ceux que tu as ofensés en te saisissant de la Principauté: & que tu ne saurois conserver l'amitié de ceux, qui t'y ont aidé, faute de les pouvoir con-*

mutationes. (Ann. 12.) Tous les sujets doivent prendre les sentimens de ce Senateur Romain, qui disoit, qu'il admiroit le passé, sans condamner le présent, & que bien qu'il souhaitât de bons Princes, il ne laissoit pas de suporter patiemment ceux qui ne l'étoïent pas, se souvenant toujours de la nécessité de vivre selon les tems, où l'on est. *Se meminisse temporum, quibus natus sit: ulteriora mirari, præsentia sequi, bonos Imperatores voto expetere, qualescumque tolerare.* (Hist. 4.) Paroles, que Machiavel a raison d'apeller sentence d'or. (Disc. lib. 3. cap. 6.)

4 *Res dura, & Regni novitas me talia cogunt*
Moliri, & late fines custode tueri.
Dit la Reine de Cathage chés Virgile. (Æneïd. 1.)

Mais supposons que ce Conquerant soumette tout le monde à sa sa domination, ce monde bien soumis, pourra-t-il le gouverner? Quelque grand Prince qu'il soit, il n'est qu'un être très borné; à peine pourra-t-il retenir le nom de ses Provinces, & sa grandeur ne servira qu'à mettre en évidence sa véritable petitesse.

Ce n'est point la grandeur du Païs que le Prince gouverne, qui lui donne de la gloire: ce ne seront pas quelques lieuës de plus de terrein qui le rendront illustre; sans quoi, ceux qui possédent le plus d'arpens, devroïent être les plus estimés.

L'erreur de Machiavel sur la gloire des Conquerans pouvoit être générale de son tems; mais sa méchanceté ne l'étoit pas assûrément. Il n'y a rien de plus affreux que certains moïens qu'il propose pour conserver des conquêtes; à les bien examiner, il n'y en aura pas un qui soit raisonnable ou juste. *On doit,* dit-il, *éteindre la race des Princes qui re-*

A 5

contenter en tout ce qu'ils atendoient de toi, ni de pouvoir user de rigueur envers eux, à cause que tu leur es obligé. Car quelque puissante Armée que l'on ait, on a toujours besoin de la faveur des gens du Païs pour entrer dans une Province. C'est pour cela, que Loüis XII. Roi de France aiant pris Milan tout-à-coup, le perdit aussi de même. Parce que ce peuple, qui lui avoit ouvert les portes, se trouvant frustré de ses espérances, ne mit guére à se dégoûter du nouveau Prince : Il est bien vrai, qu'un païs recouvré aprés une révolte ne se perd pas facilement une seconde fois, dautant que le Prince, pour se vanger de la rebellion, bésite moins à pourvoir à sa sûreté par la punition des Coupables, & par une sur-.

5. Tacite dit, que les Parthes reçurent Tiridate à bras ouverts, espérant d'en être mieux traités que d'Artabanus, & que peu de tems aprés ils haïrent Tiridate autant qu'ils l'avoient aimé, & rapellerent celui, qu'ils avoient tant haï. *Qui Artabanum ob sævitiam execrati come Tiridatis ingenium sperabant......,ad Artabanum vertere, &c.* (Ann. 6.)

regnoient avant votre conquête. Peut-on lire de pareils préceptes, sans fremir d'horreur? C'est fouler aux pieds tout ce qu'il y a de sacré dans le Monde, c'est ouvrir à l'intérêt le chemin de tous les crimes. Quoi! si un Ambitieux s'est emparé violemment des Etats d'un Prince, il aura le droit de le faire assassiner, empoisonner! Mais ce même Conquerant, en agissant ainsi, introduit une pratique dans le Monde, qui ne peut tourner qu'à sa ruine. Un autre, plus ambitieux & plus habile que lui, le punira du Talion, envahira ses Etats, & le fera perir avec la même cruauté qu'il fit périr son prédécesseur. Le Siécle de Machiavel n'en fournit que trop d'exemples. Ne voit-on pas le Pape Alexandre VI. prêt d'être déposé pour ses crimes; son abominable Bâtard, César Borgia, dépouillé de tout ce qu'il avoit envahi, & mourant misérablement; Galéas Sforce, assassiné au milieu de l'Eglise de Milan; Loüis Sforce, U-sur-

furveillance rigoureufe fur les actions de ceux, dont il a du foupçon 6. *Si donc le Duc Loüis * n'eut qu'à faire du bruit fur les Confins du Milanez, pour le faire perdre, la première fois, à la France, il falut liguer tout le monde contre elle, & chaffer fes armées de l'Italie, pour le lui ôter une feconde fois. Et cela arriva par les raifons que j'ai dites. Il nous refte maintenant à dire, quels remèdes le Roi de France avoit, ou pouroit avoir un Prince, qui feroit en fa place, pour mieux conferver la Conquête. Je dis donc, que les Etats, qui s'uniffent à un Etat héréditaire de celui, qui les aquert, font de même Province, & de même langue, ou n'en font pas. Quand*

6 Tacite dit, que Rhadamifte aiant repris l'Arménie, d'où il avoit été chaffé par fes fujets, il les traita avec une rigueur extraordinaire, les regardant comme des rebelles, qui n'atendoient que l'occafion, pour fe revolter encore. *Vacuam rurfus Armeniam invafit, truculentior quàm antea, tanquam adverfus defectores, & in tempore rebellaturos.* (Ann. 12.)
* Loüis Sforce furnommé le Morc.

furpateur, mort en France dans une cage de fer; les Princes d'Yorck & de Lancaftre, fe détruifant tour à tour; les Empereurs de Gréce, affaffinés les uns par les autres, jufqu'à ce qu'enfin les Turcs profiterent de leurs crimes, & exterminerent leur faible puiffance? Si aujourd'hui parmi les Chrétiens il y a moins de révolutions, c'eft que les principes de la faine Morale commencent à être plus répandus: les hommes ont plus cultivé leur efprit, ils en font moins féroces; & peut-être eft-ce une obligation qu'on a aux gens de Lettres qui ont poli l'Europe.

La feconde maxime de Machiavel, eft que le Conquerant doit établir fa réfidence dans fes nouveaux Etats. Ceci n'eft point cruel, & paraît même affez bon à quelques égards; mais l'on doit confidérer que la plûpart des Etats des grands Princes font fitués de manière qu'ils ne peuvent pas trop bien en abandonner le centre, fans que tout l'Etat

Quand ils en font, il eſt très-facile de les garder, ſur tout s'ils n'étoient pas libres auparavant : & il n'y a qu'à exterminer la famille du Prince qui les dominoit. Car du reſte, pourvu que l'on conſerve les anciennes coûtumes, & qu'il n'y ait point d'antipatie naturelle, les hommes vivent paiſiblement enſemble. Témoin la Bourgogne, la Bretagne, la Gaſcogne & la Normandie, qui ſont depuis ſi long-tems unies à la France. Car bien qu'elles aient un langage un peu diférent, leurs mœurs ſont ſemblables, & par conſéquent compatibles. Et quiconque les voudroit conſerver, après les avoir aquiſes, il faudroit faire deux choſes. L'une, extirper toute la race de leur ancien Prince. L'autre, ne point changer leurs Loix, ni augmenter les Tailles. Et par ce moien l'Etat conquis & l'Etat héréditaire feront bientôt un même Corps. Mais lors qu'on aquert des Etats, qui ont la Langue, les mœurs, & les coûtumes diférentes, c'eſt là qu'il y a bien des difficultés, & qu'il faut beaucoup de bonheur & d'induſtrie pour les conſerver. 7 Et l'un des meil-

7. *Ex diverſitate morum cre-*

l'Etat s'en reſſente. Ils ſont le premier principe d'activité dans ce Corps, ainſi ils n'en peuvent quitter le centre, ſans que les extrémités languiſſent.

La troiſiéme maxime de politique, eſt qu'il faut envoier des Colonies pour les établir dans les nouvelles conquêtes, qui ſerviront à en aſſûrer la fidélité.

L'Auteur s'appuie ſur la pratique des Romains ; mais il ne ſonge pas que ſi les Romains, en établiſſant des Colonies, n'avoient pas auſſi envoié des Légions, ils auroient bientôt perdu leurs conquêtes ; il ne ſonge pas qu'outre ces Colonies & ces Légions, les Romains ſavoient encore ſe faire des Alliés. Les Romains dans l'heureux tems de la République étoient les plus ſages Brigands qui aient jamais déſolé la terre. Ils conſervoient avec prudence ce qu'ils acquirent avec injuſtice : mais enfin, il arriva à ce peuple ce qui arrive à tout Uſurpateur ; il fut opprimé à ſon tour.

Exa-

meilleurs *expédiens feroit,*
que celui, qui les aquert,
y alât demeurer. Ce qui
rendroit la poffeffion plus
affurée & plus durable.
Témoin le Turc, qui quoi
qu'il eût pu faire, n'eût ja-
mais confervé la Gréce,
s'il n'y fût alé demeurer.
Car quand on eft fur les
Lieux, on voit naitre les
défordres, & l'on y peut
remédier fur le Champ 8 *: Au*
lieu qu'étant abfent, on ne
les fait, que lors qu'ils font
grands, & qu'il n'y a plus
de reméde. De plus, la Pro-
vince n'eft pas pillée par
tes Officiers, & les fujets
aiant la commodité de re-
courir prontement au Prin-
ce, ils en ont plus de rai-
fon de l'aimer, s'ils font
bons ; & de le craindre,
s'ils

crebra bella, dit Tacite.
(Hift. 5.)

8. (Ann. 14.) Il dit, que
de legers remédes ont calmé
de grands mouvemens, *Modi-*
cis remediis primos motus con-
fediffe. Et c'eft en ce fens
qu'on difoit à Tibére, qu'il
n'avoit qu'à fe montrer aux
mutins, & qu'ils rentreroient
dans leur devoir dés qu'ils
le verroient. *Ire ipfum, &*
opponere Majeftatem Impera-
torium debuiffe, ceffuris ubi
Principem vidiffent. (Ann.
I.)

Examinons à préfent
fi ces Colonies, pour
l'établiffement desquel-
les Machiavel fait com-
mettre tant d'injuftices
à fon Prince, fi ces Co-
lonies font auffi utiles
que l'Auteur le dit. Ou
vous envoiez dans le
Païs, nouvellement con-
quis, de puiffantes Co-
lonies, ou vous y
en envoiez de faibles.
Si ces Colonies font
fortes, vous dépeuplez
votre Etat confidéra-
blement, ce qui affai-
blit vos forces; fi vous
envoiez des Colonies
faibles dans ce Païs
conquis, elles vous en
garantiront mal la pof-
feffion: ainfi, vous au-
rez rendu malheureux
ceux que vous chaffez,
fans y profiter beau-
coup.

On fait donc bien
mieux d'envoier des
troupes dans les Païs
que l'on vient de fe
foumettre, lefquelles,
moïennant la difcipline
& le bon ordre, ne
pourront point fouler
les peuples, ni être à
charge aux villes où on
les met en garnifon.
Cette politique eft meil-
leure; mais elle ne pou-
voit être connue du
tems

s'ils font méchans. D'entre
les Étrangers, ceux, qui
voudroient affaillir cet Etat,
en sont retenus par la dificulté qu'il y a de l'ôter à un
Prince, qui y fait sa de-
meure. L'autre reméde est
d'envoier des Colonies dans
un ou deux Lieux, qui
soient comme les Clefs de cet
Etat; ou bien il faut y tenir beaucoup de Milice. Or
les Colonies coûtent peu au
Prince, qui d'ailleurs n'offense que ceux, à qui il
ôte les Terres & les Maisons,
pour les donner aux nou-
veaux habitans. Outre que
ceux, qu'il ofense, ne faisant qu'une très-petite partie de l'Etat, & restant
pauvres & dispersés, ils ne
lui peuvent jamais nuire:
& que tous les autres, qui
ne font point ofensés, se tiennent en repos d'autant plus
volontiers, qu'ils craignent
qu'il ne leur en arivo autant qu'à ceux, qui ont été
dépoüillés, s'ils font quelque
faute. D'où je conclus, que
les Colonies, outre qu'elles
ne coûtent rien, font plus
fidéles, & ofensent moins:
& que les Ofensés étant
pauvres & dispersés, ils ne
sauroient nuire. Où il est à
remarquer, qu'il faut ama-
doüer les hommes, ou s'en
défaire, parce qu'ils se van-
gent des ofenses legéres, &
qu'ils

tems de Machiavel. Les
Souverains n'entrete-
noient point de gran-
des armées, les trou-
pes n'étoient pour la
plûpart qu'un amas de
Bandits, qui pour l'or-
dinaire ne vivoient que
de violences & de ra-
pines. On ne connais-
soit point alors ce que
c'étoit que des troupes
continuellement sous le
Drapeau en tems de
paix, des étapes, des
casernes; & mille au-
tres réglemens qui af-
fûrent un Etat pendant
la paix, & contre ses
Voisins, & même con-
tre les soldats païés
pour le défendre.

Un Prince doit atti-
rer à lui, & protéger les
petits Princes ses Voi-
sins, semant la diffen-
tion parmi eux, afin
d'élever, ou d'abaisser
ceux qu'il veut. C'est
la quatriéme maxime de
Machiavel, & c'est ainsi
qu'en usa Clovis; il a
été imité par quelques
Princes non moins
cruels. Mais quelle dif-
férence entre ces Ty-
rans & un honnète
homme, qui seroit le
Médiateur de ces petits
Princes, qui termine-
roit leurs différends à
l'a-

qu'ils ne se sauroient vanger des grandes. De sorte que l'ofense, qui se fait à l'homme, lui doit être faite d'une maniére qu'il n'en puisse tirer vangeance. Mais si au lieu de Colonies, on emploie de la milice, la dépense est bien plus grande, & consume tous les revenus de cet Etat en garnisons. Si bien que l'aquisition tourne à dommage au Prince, qui, outre cela, ofense beaucoup plus de gens, d'autant qu'il nuit à tout cet Etat, où il faut qu'il change de tems en tems les logemens de son armée. Incommodité, qu'un chacun ressent, & qui fait, qu'un chacun lui devient ennemi. Et ce sont là ceux, qui lui peuvent nuire davantage, comme étant ennemis domestiques. Céte garde est donc aussi inutile, qu'est utile celle des Colonies. Le Prince, qui aquert une Province, qui a des coûtumes diférentes de celles de son Etat, doit encore se faire Chef & Protecteur des Voisins moins puissans, & s'étudier à afoiblir les plus puissans: & sur tout empêcher absolument, qu'il n'entre dans céte Province quelque Etranger aussi puissant que lui. Car il arive toujours, qu'il y en est mis quelqu'un par les

l'amiable, qui gagneroit leur confiance par sa probité & par les marques d'une impartialité entière dans leurs démêlés, & d'un desintéressement parfait pour sa personne! Sa prudence le rendroit le Pere de ses Voisins, au lieu de leur Oppresseur, & sa grandeur les protégeroit, au lieu de les abymer.

Il est vrai d'ailleurs que des Princes qui ont voulu élever d'autres Princes avec violence, se sont abymés eux-mêmes; notre siécle en a fourni des exemples.

Je conclus donc que l'Usurpateur ne méritera jamais de gloire; que les assassinats seront toujours abhorrés du genre humain; que les Princes qui commettent des injustices & des violences envers leurs nouveaux Sujets, s'aliéneront tous les esprits, au lieu de les gaguer; qu'il n'est pas possible de justifier le crime, & que tous ceux qui en voudront faire l'apologie, raisonneront aussi mal que Machiavel. Tourner l'art du raisonnement con-

les Mécontens de la Pro- contre le bien de l'hu-
vince, soit par ambition, manité, c'est se blesser
ou par peur ; Témoin les d'une épée qui ne nous
Romains, qui furent in- est donnée que pour
troduits dans la Gréce par nous défendre.
les Etoliens, & qui, par

*tout où ils mirent le pié, y furent toujours apellés
par les Provinciaux. Et ce qui arive d'ordinaire, c'est
qu'aussi-tôt qu'un Etranger puissant entre dans une
Province, tous ceux de la Province, qui sont moins
puissans s'unissent volontiers avec lui, par un motif
de haine contre celui, qui étoit plus puissant qu'eux.
Tout ce dont il a à se garder, est, qu'ils ne deviennent trop forts, & qu'ils ne prennent trop d'autorité.
Et, pour cet éfet, il doit emploier ses propres forces,
& les leurs, à abaisser ceux qui sont puissans, pour
demeurer, lui seul, arbitre de toute la Province. Et
quiconque ne saura pas métre cela en œuvre, perdra
bien tôt ce qu'il aura aquis, & n'aura point de repos
tant qu'il le gardera. Les Romains pratiquoient ad-
mirablement ces Maximes dans les Provinces conquises. Ils y envoioient des Colonies, ils entretenoient les
moins puissans, sans laisser croitre leur puissance. Ils
abaissoient ceux, qui en avoient trop, & ne sou-
froient point, que les Etrangers puissans se missent
en crédit. La Gréce nous en fournit un bel éxemple.
Ils maintinrent ceux d'Acaie & d'Etolie, ils chassé-
rent Antiochus de la Macédoine, puis avilirent les
Macédoniens. Et quelques services que rendissent ceux
d'Acaie & d'Etolie, ils ne leur permirent jamais d'a-
croitre leur Etat ; quelque remontrance que fît Filippes, ils ne le voulurent point recevoir pour ami,
sans l'abaisser, & Antiochus, avec toute sa puissance,
ne put jamais les faire consentir à lui laisser aucune
part dans cête Province. En quoi les Romains firent ce
que doivent faire tous les Princes sages, qui ont
à pourvoir, non seulement aux maux présens, mais
encore aux maux à venir. Car en les prévoiant de loin,
il est aisé d'y remédier ; au lieu que si l'on atend, qu'ils
soient proches, le reméde n'est plus à tems, dautant que
la maladie est devenüe incurable. Les Médecins disent,*
que

qüe la fiévre étique eſt facile à guérir, & dificile à
connoître : au lieu que dans la ſuite du tems elle devient
facile à connoître, & dificile à guérir, quand elle n'a
pas été connüe, ni traitée dans ſon commencement. Il
en eſt de même des afaires-d'Etat. Si l'on connoit de
loin les maux qui ſe forment (ce qui n'apartient
qu'à l'homme prudent) on les guérit bien-tôt. Mais,
ſi faute de les avoir connus, ils viennent à croitre
à un point qu'un chacun les connoiſſe, il n'y a plus de
reméde. Comme les Romains prévoioient de loin
les inconvéniens, ils y remédiérent toujours ſi à propos, qu'ils n'eurent jamais beſoin d'eſquiver la guerre,
ſachant, que de la diférer, ce n'eſt point l'éviter, mais
plutôt procurer l'avantage d'autrui. Ils la firent donc
à Filippes & à Antiocus en Grece, pour n'avoir pas
à la faire avec eux en Italie 9. Et quoiqu'ils puſſent
alors éviter l'une & l'autre guerre, ils ne le voulurent pas [*]. Contraires en cela aux Sages modernes,
qui diſent à tous propos, qu'il faut jouir du bienfait
du tems : au lieu qu'eux aimoient mieux éxercer leur
valeur & leur prudence. Car le tems aporte du changement à toutes choſes, & peut amener le bien comme le mal,
& le mal comme le bien. Mais retournons à la France, & éxaminons, ſi elle a rien fait de tout ce que j'ai
dit. Je ne parlerai point de Charles VIII. Mais ſeulement de Louis XII. comme de celui, de qui l'on a
mieux vu les demarches, pour avoir dominé plus
longtems en Italie. Et vous verrés, comme il a fait tout
le

---

9 *Fuit proprium Populi
Rom. longe à domo bellare*, dit
Cicéron. Tibére garda toujours céte maxime, *deſtinata
retinens, conſiliis & aſtu res
externas moliri, arma procul habere*. (Tac. Ann. 6.) Les Romains en uſoient ainſi pour
conſerver la liberté & les richeſſes de l'Italie: au lieu que
ſi les Etrangers y euſſent mis
le pié, ils euſſent pû ſe ſervir
des Armes & des richeſſes du
Païs. Ce qui eût afoibli les
Romains. Et c'eſt pour cela
qu'Annibal diſoit à Antiochus, que les Romains ne
pouvoient être vaincus qu'en
Italie.

[*] Ou aimant mieux éxercer
leur valeur & leur prudence,
que de joüir du bienfait du tems,
comme les Sages de ce tems-
ci le conſeillent.

B

le contraire de ce qui se doit faire pour conserver un État
diférent de mœurs & de coûtumes. Loüis fut introduit en Italie par l'ambition des Vénitiens, qui vouloient, par ce moien, gagner la moitié de la Lombardie. Je ne veux point blâmer la résolution que ce
Roi prit. Car voulant commencer de métre le pié en Italie, & d'ailleurs n'y aiant point d'amis, ce lui étoit
une nécessité d'y aquerir ceux qu'il pouvoit, d'autant plus que toutes les portes lui en étoient fermées, à
cause des déportémens de son Prédécesseur. Et céte entreprise lui auroit réussi, s'il n'eût point fait de fautes. Aprés qu'il eut aquis la Lombardie, il regagna
d'abord la réputation, que Charles avoit pérdüe. Gennes fit joug, Florence, le Marquis de Mantoüe, le
Duc de Ferrare, les Bentivoles, la Comtesse de For-
li, les Seigneurs de Faïence, de Pesaro, de Rimini,
de Camérin & de Piombin, les Luquois, les Pisans, les
Siennois, & tous les autres, recherchérent son amitié. Et
ce fut alors que les Vénitiens purent s'apercevoir de
la folie, qu'ils avoient faite de rendre Loüis le Maître
des deux tiers de l'Italie, pour aquerir seulement deux
Villes en Lombardie. Voions maintenant, combien il étoit
aisé à ce Roi de conserver sa reputation, s'il eût observé les régles que j'ai dites, & maintenu la sûreté
de tous ses Confédérés, qui, pour être en grand nombre, & tous foibles, & aiant à craindre, les uns le
Pape, & les autres, Venise, étoient contraints de
se tenir unis avec lui, & par leur moien, [*] il pouvoit
facilement s'assurer de ceux, qui étoient plus forts. Mais
à peine fut il à Milan, qu'il fit le contraire, en donnant
du secours au Pape Aléxandre, pour envahir la Romagne: sans s'apercevoir, qu'il s'afoiblissoit lui même
en perdant ses amis, & ceux, qui s'étoient jetés entre ses bras: & qu'il agrandissoit le Pape, en lui laissant aquérir tant de Temporel, avec le Spirituel, qui
rend déja son autorité si grande. Et aprés céte premiére faute, il fut obligé de continuer jusqu'à ce que,
pour métre fin à l'ambition d'Aléxandre, & l'empêcher
                                                    de

[*] Ou, par où il pouvoit facilement, &c.

de devenir Maître de la Toscane, il falut, qu'il paſ-
ſât en Italie. Or il ne ſe contenta pas d'avoir agrandi le Pape, & de s'être aliéné ſes amis, il fit encore la
folie de partager le Roiaume de Naples avec le Roi
d'Eſpagne. De ſorte qu'au lieu qu'il étoit auparavant
l'Arbitre de l'Italie, il y prit un Compagnon, afin
que les Ambitieux de céte Province, & ceux qui ſeroient mécontens de lui euſſent à qui recourir: & pendant qu'il pouvoit laiſſer à Naples un Roi Tributaire,
il l'en chaſſa pour y en métre un, qui le pût chaſſer
lui même: Veritablement le deſir d'aquérir eſt naturel
& très-ordinaire [10], & toutes les fois que les hommes
peuvent s'agrandir, ils en ſont loüés [11], ou du moins
ils n'en ſont pas blamés. Mais quand ils ont le deſir
d'aquerir, ſans en avoir les forces, c'eſt là qu'eſt
l'erreur, & qu'ils ſont dignes de blâme. Si donc la
France pouvoit attaquer Naples avec ſes forces, elle le devoit faire: & ſi elle ne le pouvoit pas, elle ne devoit point partager ce Roiaume. Le partage
qu'elle fit de la Lombardie avec les Vénitiens étoit
excuſable, parce qu'il lui ſervit à mettre le pié en
Italie. Mais celui de Naples eſt à blamer, dautant
que rien ne la contraignoit à le faire. Loüis fit donc
cinq fautes; Il ruina les foibles; il augmenta la puiſſance d'un puiſſant en Italie; il y introduiſit un E-
tranger très-puiſſant; il n'y vint point demeurer;
il n'y envoia point de Colonies. Si eſt-ce qu'il eût
encore pû réparer ces fautes, s'il n'en eût pas fait
une ſixiéme, qui fut de dépouiller les Vénitiens. Il
eſt bien vrài, que s'il n'eût pas agrandi le Pape, ni
mis

---

10. *Vetus ac jam pridem
inſita Mortalibus potentiæ
cupido.* (Hiſt. 2.)

11. C'eſt comme l'enten-
doit Mucien, quand il diſoit
à Veſpaſien, je t'apelle à
l'Empire, tu en es le Maître, ſi tu veux, & ce ſe-
roit lâcheté de le laiſſer à
un autre, ſous qui d'ailleurs
ta vie ne ſeroit pas en ſûreté. *Ego te ad imperium vo-
co. In tua manu poſitum
eſt ..... Torpere ultra, & per-
dendam remp. relinquere, ſo-
por & ignavia videretur,
etiam ſi tibi, quàm inhoneſ-
ta, tam tuta ſervitus eſſet.*
(Hiſt. 2.)

B 2

mis le Roi d'Espagne en Italie, il eût été à propos, & même nécessaire de les abaisser. Mais aiant fait les démarches que j'ai dites, il ne devoit jamais consentir à leur ruine. Car puissans comme ils étoient, ils eussent toujours empêché les autres d'aprocher de la Lombardie, à moins que ce n'eût [*] été pour leur aider à en devenir les Maîtres. Or les autres se fussent bien gardés d'ôter céte Province à la France, pour la leur donner, ni de les ataquer tous deux. Quelqu'un me dira, que Loüis ceda la Romagne au Pape Aléxandre, & Naples à l'Espagne, pour éviter la guerre. Mais je repons, que l'on ne doit jamais laisser ariver un désordre, pour fuir une guerre, parce qu'en éfet on ne la fait point, mais on la difére à son dommage. Et si d'autres m'aléguent, que Loüis avoit donné sa parole au Pape de faire céte entreprise en sa faveur, pour obtenir une dispense de mariage pour lui, & un Chapeau pour l'Archevêque de Roüen, je leur répondrai dans le Chapitre de la foi de Princes *. Au reste, Loüis a perdu la Lombardie pour n'avoir rien observé de tout ce qu'ont fait les autres, qui ont pris des Provinces, & voulu les garder, ainsi que je le sûs bien dire au Cardinal de Roüen à Nantes, lors que le Duc de Valentinois (c'est comme l'on apelloit Cesar Borgia fils du Pape Aléxandre) s'emparoit de la Romagne. Car ce Cardinal me disant, que les Italiens n'entendoient rien au Métier de la guerre, je lui répondis, qu'il paroissoit bien, que les François n'entendoient rien aux Afaires-d'Etat, [†] eux, qui laissoient prendre un si grand acroissement au Pape. Et l'expérience a montré que c'est la France, qui a fait le Pape & le Roi d'Espagne si puissans [‡] en Italie, & que ce sont eux, qui l'y ont ruinée. D'où je tire une conclusion générale, presque infaillible, que le Prince, qui en rend un autre puissant, se perd lui même. Car celui, qui est devenu puissant, se défie toujours de l'industrie, ou de la force de celui qui l'a rendu tel.

[*] Si ce n'eût

* Chap. 18.

[†] Ou que si les François entendoient la Raison d'Etat,

ils ne soufriroient que le Pape devint si puissant.

[‡] Grans.

CHI

****

CHAPITRE IV.

Comment on conserve le Trône.

VU les dificultés qu'il y a de conferver un Etat nouvellement aquis, quelqu'un pouroit s'étonner, comment Aléxandre-le-Grand étant devenu Maitre de l'Afie en peu d'années, & puis étant mort aussi-tôt qu'il s'en fut mis en possession, ses successeurs s'y maintinrent, sans avoir à surmonter d'autres dificultés, que celle, que leur propre ambition fit naitre parmi eux, au lieu que selon toutes les aparences ces peuples devoient secoüer leur joug. Je dis à cela, que tous les Etats, dont il nous reste quelque méjnoire se trouvent gouvernés en deux maniéres diférentes, ou par un Prince abfolu, qui, par grace, emploie les Ministres qu'il veut, pour lui aider à gouverner son Etat : ou par un Prince, & par les Grans du Païs, qui ont part au Gouvernement, non par la grace & la permission du Prince,

POur bien juger du génie des Nations, il faut les comparer les unes avec les autres. Machiavel fait en ce Chapitre un parallèle des Turcs & des Français, très différens de coutumes, de mœurs & d'opinions. Il examine les raifons qui rendent la conquête de ce premier Empire dificile à faire, mais aifée à conferver ; de même qu'il remarque ce qui peut contribuer à faire fubjuguer la France fans peine, & ce qui, la rempliffant de troubles continuels, menace fans ceffe le repos du Poffeffeur.

L'Auteur n'envifage les chofes que d'un point de vûë, il ne s'arrête qu'à la conftitution des Gouvernemens. Il párait croire que la puiffance de l'Empire Turc & Perfan n'eft fondée que

fur

ce , mais à raifon de leur ancienne origine. Ces Grans ont des Etats & des fujets particuliers , qui les reconnoiffent pour leurs vrais Seigneurs, & ont une afection naturelle pour eux. Dans les Etats qui font gouvernés par le Prince feul, le Prince a plus d'autorité , parce qu'il n'y a que lui dans toute l'étenduë de fon païs , qui foit reconnu pour Maître, & fi l'on obéit à quelque autre, ce n'eft point par aucune afection particuliére que l'on ait pour lui, mais parce que c'eft le Miniftre & l'Oficier du Prince. Céte diférence de Gouvernement fe voit aujourd'hui entre la Turquie & la France. La Turquie eft gouvernée par un feul Seigneur , tous les autres font des Efclaves, & ce Seigneur , qui divife fa Monarchie en Provinces , y envoie des Gouverneurs , qu'il change quand & comme il lui plait. Au contraire la France a une multitude d'anciens Seigneurs , qui ont leurs propres fujets, & en font aimés. Et le Roi ne leur fauroit ôter leurs prééminences fans rifquer beaucoup. A bien confidérer ces deux Etats, on verra , qu'il eft très-

fur l'Efclavage général de ces Nations , & fur l'élevation unique d'un feul homme qui en eft le Chef. Il eft dans l'idée qu'un Defpotifme fans reftriction , bien établi, eft le moïen le plus fûr qu'ait un Prince pour regner fans trouble , & pour réfifter à fes Ennemis.

Du tems de Machiavel on regardoit encore en France les Grands & les Nobles comme de petits Souverains qui partageoient en quelque manière la puiffance du Prince ; ce qui donnoit lieu aux divifions , fortifioit les Partis, & fomentoit de fréquentes révoltes. Je ne fais cependant fi le Grand-Seigneur n'eft pas expofé plûtôt à être détrôné qu'un Roi de France. La différence qu'il y a entre eux, c'eft qu'un Empereur Turc eft ordinairement étranglé par les Janiffaires, & que les Rois de France qui ont péri, ont été affaffinés par des Fanatiques. Mais Machiavel parle plûtôt en ce Chapitre de révolutions générales , que

très-dificile d'aquerir celui du Turc, mais aussi, qu'il seroit très-facile de le conserver quand on l'auroit conquis. Les dificultés de le conquerir consistent en ce que le Conquerant ne sauroit être apellé par les Grans de l'Etat, ni espérer, que la révolte de ceux, qui sont dans le Ministére, lui facilite jamais la Conquête. Car étant tous esclaves, & Créatures du Prince, ils en sont plus dificiles à corrompre : Et quand même ils se laisseroient corrompre, cela serviroit peu, dautant que, pour les raisons que j'ai dites, ils ne pourroient atirer les peuples à eux. Ainsi, quiconque veut ataquer les Turcs, doit s'atendre à les trouver unis, & plus espérer de ses propres forces, que de leurs désordres. Mais si une fois ils étoient si bien défaits dans une Bataille, qu'ils ne pussent remétre une armée sur pié, il n'y auroit plus rien à craindre que du côté de la famille du Prince, qu'il faudroit exterminer. Après quoi il ne resteroit personne, de qui l'on dût avoir peur, les autres n'aiant point de crédit parmi le peuple. Et comme, avant la

que de cas particuliers : il a déviné à la vérité quelques ressorts d'une machine très composée ; mais il me semble qu'il n'a pas examiné les principaux.

La différence des Climats, des alimens & de l'éducation des hommes établit une différence totale entre leur façon de vivre & de penser ; de là vient qu'un Moine Italien paraît d'une autre espéce qu'un Chinois Lettré. Le tempérament d'un Anglais, profond, mais hypochondre, est tout-à-fait différent du courage orgueilleux d'un Espagnol, & un Français se trouve avoir aussi peu de ressemblance avec un Hollandais, que la vivacité d'un singe avec le flegme d'une tortuë.

On a remarqué de tout tems que le génie des peuples Orientaux est un esprit de constance. Leurs anciennes coutumes, leur Religion, différente de celle des Européans, les oblige encore en quelque façon à ne point favoriser l'entreprise de ceux qu'ils appellent les

B 4

la victoire, le Vainqueur ne pouvoit rien espérer d'eux, aussi n'en a-t-il rien à craindre après. Il en est tout autrement des Etats gouvernés comme la France. Il est aisé d'y entrer, en gagnant quelque Grand du Roïaume, parce qu'il se trouve toujours des Mécontens, & des Broüillons. Ceux-là, dis-je, pour les raisons aléguées, te peuvent bien fraier le chemin à cet Etat, & t'en faciliter la Conquéte, mais tu trouves mille dificultés à le conserver, soit de la part de ceux, qui t'ont aidé; ou de ceux, que tu as oprimés. Et il ne te sufit pas d'exterminer la race du Prince [*] parce que les Grans, qui restent, se font Chefs de parti: & faute de les pouvoir contenter ou exterminer tous, tu perds cet Etat à la première occasion. Or si l'on considére, quel étoit l'Etat de Darius, on le trouvera tout semblable à celui du Turc. C'est pourquoi Aléxandre eut besoin de l'assaillir tout entier, & d'ôter la Campagne à Darius, après la défaite & la mort de qui il demeura paisible possesseur, de cet Etat, par les rai-

[*] Et ce n'est pas assés, que tu extermines, &c.

les Infidèles, au préjudice de leurs Maîtres, & d'éviter avec soin tout ce qui pourroit porter atteinte à leur Religion & bouleverser leur Gouvernement. Voilà ce qui chez eux fait la sûreté du Trône, plûtôt que celle du Monarque; car ce Monarque est souvent détrôné, mais l'Empire n'est jamais détruit.

Le génie de la Nation Française, tout différent des Musulmans, fut tout-à-fait, ou du moins en partie, cause des fréquentes révolutions de ce Roïaume. La légéreté & l'inconstance a fait le caractére de cette aimable Nation. Les Français sont inquiets, libertins, & très enclins à s'ennuier de tout; leur amour pour le changement s'est manifesté jusque dans les choses les plus graves. Il paraît que ces Cardinaux, haïs & estimés des Français, qui successivement ont gouverné cet Empire, ont profité des maximes de Machiavel pour rabaisser les Grands, & de la connaissance du génie

raisons marquées ci-deſſus.
Et ſi ſes Succeſſeurs euſ-
ſent été bien unis, ils l'euſ-
ſent pu garder ſans peine,
dautant qu'il n'y arriva
point d'autres tumultes,
que ceux, qu'ils ſuſcitérent
eux mêmes. Mais pour les
Etats gouvernés comme la
France, il eſt impoſſible de
les poſſeder ſi paiſiblement.
Témoin les fréquentes ré-
voltes des Eſpagnes, des
Gaules & de la Gréce con-
tre les Romains, qui ve-
noient toutes de ce qu'il y
avoit quantité de Princi-
pautés dans ces Etats. Car
tant que céte multitude de
Seigneurs ſubſiſta, la do-
mination des Romains fut
toûjours chancelante : Au
lieu qu'ils devinrent paiſi-
bles poſſeſſeurs, après que,
par une puiſſance de lon-
gue durée, ils eurent dé-
truit ces Seigneurs. Et de-
puis venant à ſe battre en-
tre eux, chacun trouva
moien de s'aproprier quel-
que partie de ces Provin-
ces, ſelon l'autorité qu'il y
avoit acquiſe, & ce d'au-
tant plus que ne reſtant
plus perſonne du ſang de
l'ancien Seigneur, on ne re-
connoiſſoit plus que les Ro-
mains. Tout cela bien con-
ſidéré, l'on ne s'étonnera
point de la facilité qu'eut
Aléxandre à conſerver l'A-
ſie,

nie de la Nation, pour
détourner ces orages
fréquens, dont la légé-
reté des Sujets mena-
çoit ſans ceſſe les Sou-
verains.

La politique du Car-
dinal de Richelieu n'a-
voit pour but que d'a-
baiſſer les Grands pour
élever la puiſſance du
Roi, & pour la faire
ſervir de baſe à toutes
les parties de l'Etat. Il
y réuſſit ſi bien, qu'au-
jourd'hui il ne reſté
plus de veſtiges en
France de la puiſſance
des Seigneurs & des
Nobles, & de ce pou-
voir dont les Grands
abuſoient quelquefois.

Le Cardinal Mazarin
marcha ſur les traces
de Richelieu : il eſſuia
beaucoup d'oppoſi-
tions ; mais il y réuſſit.
Il dépouilla de plus le
Parlement de ſes pré-
rogatives ; de ſorte que
cette Compagnie n'eſt
aujourd'hui qu'un fan-
tôme, à qui il arrive
encore quelquefois de
s'imaginer qu'il pour-
roit bien être un Corps,
mais qu'on fait ordinai-
rement repentir de cet-
te erreur.

La même politique
qui porta les Miniſtres

B 5

à

fie, ni des dificultés, que Pirrhus & divers autres eurent à garder leurs Conquêtes. Ce qui ne vint ni du peu, ni du beaucoup de valeur du Vainqueur, mais [*] de la diverfité de l'Etat conquis. 1

[*] Ou, ce qu'il ne faut a-tribuer ni à la bonne, ni à la mauvaife conduite du Vainqueur, mais à &c.

1. Machiavel en donne un bel éxemple dans le Chapitre 12. du Livre 3. de fes Difcours. *Si, dit-il, on confidére quels étoient les Voifins de la Ville de Florence, & ceux de la Ville de Venife, l'on ne s'étonnera pas de voir, que Florence, bien qu'elle ait plus dépenfé dans fes guerres, que Venife, a toutefois moins aquis. Car cela ne vient que de la diverfité de leurs Voifins. Florence n'étoit environnée que de Villes libres, & par conféquent oftinées à défendre leur liberté : Au lieu que celles, qui confinoient avec Venife avoient coûtume de vivre fous un Prince, & conféquemment fans liberté. Or les peuples, acoûtumés à la fervitude, n'ont pas grande répugnance à changer de Maître, au contraire l'envie leur en prend fouvent : Ainfi, il a été plus aifé à la République de Venife de vaincre fes Voifins, quoiqu'ils fuffent plus puiffans, que ceux de Florence.*

à l'établiffement d'un Defpotifme abfolu en France, leur enfeigna l'adreffe d'amufer la légéreté & l'inconftance de la Nation pour la rendre moins dangereufe. La bagatelle & le plaifir donnerent le change au génie des Français ; de forte que ces mêmes hommes qui avoient fi long-tems combattu le grand Céfar, qui fecoüerent fi fouvent le joug fous les Empereurs, qui appellerent les Etrangers à leur fecours du tems des Valois, qui fe liguerent fous Henri IV. qui cabalerent fous les Minorités ; ces Français, dis-je, ne font occupés de nos jours qu'à fuivre le torrent de la mode, à changer très foigneufement de goût, à méprifer aujourd'hui ce qu'ils ont admiré hier, à mettre l'inconftance & la légéreté en tout ce qui dépend d'eux, à changer de maitreffes, de lieux & d'amufemens. Ceci n'eft pas tout ; car de puiffantes armées & un très grand nombre de fortereffes aflûrent à jamais la poffeffion de ce

Roïau-

Roïaume à ſes Souverains, & ils n'ont à préſent rien à redouter des guerres inteſtines, non plus que des entrepriſes de leurs Voiſins.

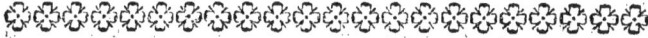

❖❖❖❖❖❖❖❖❖❖❖❖❖❖❖❖❖❖❖❖❖❖

CHAPITRE V.

Des Etats conquis.

SI l'Etat conquis eſt a-coutumé à la Liberté, & à ſes Loix, il y a trois moiens de le conſerver. Le premier eſt de le ruiner *. Le ſecond, d'y aler demeurer. Le troiſiéme, de lui laiſſer ſes propres Loix, à condition de paier un Tribut, & d'obéir à un petit nombre de perſonnes, que tu y établiras pour te le conſerver 1. A quoi ces gens-là métront toute leur indu-

* C'eſt la Maxime des Turcs.

1. C'eſt ce qu'Artabanus, Roi des Parthes, fit à Seleucie, dont il changea le Gouvernement populaire en Oligarchie, comme aprochant davantage de la Roiauté. Qui plebem Primoribus tradidit, ex ſuo uſu. (Comme il étoit de ſon intérêt, dit Tacite) Nam populi Imperium juxta Libertatem, paucorum dominatio Regiæ libidini propior eſt: (Ann. 6.)

IL n'eſt point, ſelon Machiavel, de moïen bien aſſûré pour conſerver un Etat libre qu'on aura conquis, que de le détruire; c'eſt le moïen le plus ſûr pour ne point craindre de révolte. Un Anglais eut la démence de ſe tuer, il y a quelques années, à Londres; on trouva un billet ſur ſa table, où il juſtifioit ſon action, & où il marquoit qu'il s'étoit ôté la vie pour ne jamais devenir malade. Voilà le cas d'un Prince qui ruine un Etat pour ne le point perdre. Je ne parle point d'humanité; avec Machiavel ce ſeroit profaner la vertu. On peut confondre Machiavel par lui-même, par cet intérêt, l'ame de ſon Livre, ce Dieu de la politique & du crime.

Vous dites, Machiavel,

industrie, comme ne pouvant se maintenir que par ta puissance & ta protection. Et sans doute un Prince gardera mieux une ville accoutumée à vivre en liberté, en la gouvernant par ses propres citoiens, qu'en faisant autrement. Témoin les Lacédémoniens & les Romains. Les premiers établirent un Conseil Oligarchique à Atenes & à Thebes, & néanmoins ils perdirent ces deux Villes. Les autres conservèrent Capoüe, Cartage, & Numance, parce qu'ils ruinérent ces villes. Au contraire aiant voulu tenir la Gréce, comme Sparte l'avoit tenüe, c'est-à-dire, en lui laissant ses Loix & sa liberté, cela ne leur réüssit pas. De sorte qu'ils furent contraints de détruire plusieurs Villes de cête Province pour la garder. D'où je conclus, que le meilleur moien de conserver celles qu'on a conquises est de les ruiner : & que celui, qui devient Maitre d'une ville, auparavant libre, & ne la détruit pas, ne doit s'atendre qu'à en être ruiné lui-mème, dautant qu'elle a toujours pour prétexte de se révolter le nom de sa liberté, & ses anciennes Coutumes, que ni le tems, ni

vel, qu'un Prince doit détruire un Païs libre, nouvellement conquis, pour le posséder plus sûrement. Mais repondez-moi, à quelle fin a-t-il entrepris cette conquête ? Vous me direz que c'est pour augmenter sa puissance & pour se rendre plus formidable. C'est ce que je voulois entendre, pour vous prouver qu'en suivant vos maximes, il fait tout le contraire; car il lui en coute beaucoup pour cette conquête, & il ruine ensuite l'unique Païs qui pouvoit le dédommager de ses pertes. Vous m'avoüerez qu'un Païs saccagé, dépourvû d'habitans, ne sauroit rendre un Prince puissant par sa possession. Je crois qu'un Monarque, qui possederoit les vastes Déserts de la Lybie & du Barca, ne seroit guères redoutable, & qu'un milion de panthères, de lions & de crocodiles ne vaut pas un million de Sujets, des villes riches, des ports navigables remplis de vaisseaux, des citoiens industrieux, des troupes, & tout ce que fournit un Païs bien peu-

ni les bien-faits ne lui font jamais oublier. Et si l'on ne désunit, ou extermine les habitans [2], *elle réclame sa liberté dans toutes les ocasions, comme a fait Pise, qui étoit depuis tant d'années sous le joug des Florentins. Mais quand ce sont des Villes, ou des Provinces acoutumées à vivre sous un Prince, & qu'il ne reste plus personne de son sang : comme d'un côté elles sont faites à obéir, & que de l'autre la Maison de leur ancien Prince est éteinte, elles ne s'acordent pas entre elles à en faire un autre. D'ailleurs, faute de savoir se rendre libres, elles sont plus lentes à prendre les armes :*
&

2. *Quoties concordes agunt*, dit Tacite, (ibidem) *spernitur Parthus : ubi dissensere, dum sibi quisque contra æmulos subsidium vocant, accitus in partem, adversum omnes valescit.* Et dans l'onzième de ses Annales, *deditur Selencia, septimo post defectionem anno, non sine dedecore Parthorum, quos una Civitas tamdiu eluserat.* Une ville avoir tenu sept ans contre toute la puissance des Parthes, seulement parceque ses habitans étoient bien unis, cela montre la nécessité de les désunir.

peuplé. Tout le monde convient que la force d'un Etat ne consiste point dans l'étendue de ses bornes, mais dans le nombre de ses habitans. Comparez la Hollande avec la Russie, vous ne voiez qu'Isles marécageuses & stériles qui s'élevent du sein de l'Océan, une petite République qui n'a que 48. lieuës de long sur 40. de large ; mais ce petit Corps est tout nerf. Un peuple immense l'habite, & ce peuple industrieux est très puissant & très riche ; il a secoüé le joug de la domination Espagnole, qui étoit alors la Monarchie la plus formidable de l'Europe. Le Commerce de cette République s'étend jusqu'aux extrémités du Monde, elle figure immédiatement après les Rois, elle peut entretenir en tems de guerre une armée de cinquante mille combattans, sans compter une flotte nombreuse & bien entretenue.

Jettez d'un autre côté les yeux sur la Russie. C'est un Païs immense qui se présente à votre vûe ; c'est un mon-

& par conféquent il eſt plus aiſé à un Prince de s'en emparer. Mais les Républiques ont plus de vie, plus de haine, plus de reſſentiment, & de vangeance, & le ſouvenir de l'ancienne Liberté n'y ſauroit mourir. Ainſi, le meilleur eſt de les détruire, ou d'y demeurer.

monde, ſemblable à l'Univers lorſqu'il fut tiré du Chaos. Ce Païs eſt limitrophe d'un côté de la grande Tartarie & des Indes, d'un autre de la Mer noire & de la Hongrie : ſes frontiéres s'étendent juſqu'à la Pologne, la Lithuanie & la Courlande; la Suéde le borne du côté du Nord-Oüeſt. La Ruſſie peut avoir trois cens milles d'Allemagne de large, ſur plus de ſix cens milles de longueur. Le Païs eſt fertile en bleds, & fournit toutes les denrées néceſſaires à la vie, principalement aux environs de Moſcou, & vers la petite Tartarie; cependant avec tous ces avantages il ne contient tout au plus que quinze millions d'habitans.

Cette Nation, qui commence à préſent à figurer en Europe, n'eſt guéres plus puiſſante que la Hollande en troupes de mer & de terre, & lui eſt beaucoup inférieure en richeſſes & en reſſources.

La force d'un Etat ne conſiſte point dans l'étendue d'un Païs, ni dans la poſſeſſion d'une vaſte ſolitude, ou d'un immenſe déſert; mais dans la richeſſe des habitans, & dans leur nombre. L'intérêt d'un Prince eſt donc de peupler un Païs, de le rendre floriſſant, & non de le dévaſter & de le détruire. Si la méchanceté de Machiavel fait horreur, ſon raiſonnement fait pitié; & il auroit mieux fait d'apprendre à bien raiſonner, que d'enſeigner ſa politique monſtrueuſe.

Un Prince doit établir ſa réſidence dans une République nouvellement conquiſe; c'eſt la troiſiéme maxime de l'Auteur. Elle eſt plus modérée que les autres; mais j'ai fait voir dans le troiſième Chapitre les difficultés qui peuvent s'y oppoſer.

Il me femble qu'un Prince, qui auroit conquis une République après avoir eu des raifons juftes de lui faire la guerre, pourroit fe contenter de l'avoir punie, & lui rendre enfuite la liberté. Peu de perfonnes penferoient ainfi : pour ceux qui auroient d'autres fentimens, ils pourroient s'en conferver la poffeffion, en établiffant de fortes garnifons dans les principales places de leur nouvelle conquête, & en laiffant d'ailleurs joüir le peuple de toute fa liberté.

Infenfés que nous fommes ! Nous voulons tout conquerir, comme fi nous avions le tems de tout poffeder, & comme fi le terme de notre durée n'avoit aucune fin. Notre tems paffe trop vîte, & fouvent lorfqu'on ne croit travailler que pour foi - même, on ne travaille que pour des fuccef-feurs indignes, ou ingrats.

CHAPITRE VI.

Des Nouveaux Etats, que le Prince aquert par fa valeur & fes propres armes.

Que perfonne ne trouve étrange, fi dans ce que je vais dire & du nouveau Prince, & de la Principauté nouvelle, j'aléguerai de très-grans éxemples. Car étant l'ordinaire des hommes de fuivre le chemin batu, & d'imiter les actions d'autrui : comme l'on ne peut pas tenir entiérement la même route, ni même ariver toujours à la perfection de ceux,

SI les hommes étoient fans paffion, Machiavel feroit pardonnable de leur en vouloir donner ; ce feroit un nouveau Prométhée qui raviroit le feu célefte pour animer des automates. Les chofes n'en font point là, aucun homme n'eft fans paffions. Lorfqu'elles font moderées, elles font l'ame de la Société ; mais lorfqu'on leur

teux, que l'on imite : l'homme prudent doit toujours suivre les traces des plus excellens perfonages, afin que s'il ne les égale pas, fes actions aient du moins quelque reffemblance aux leurs : faifant comme les bons tireurs, qui trouvant, que le but eft trop éloigné, & connoiffant la vraie portée de leur Arc, vifent beaucoup plus haut, que n'eft le but, non pas pour envoier leur fléche fi haut, mais pour pouvoir fraper au but en le mirant ainfi. Je dis donc, que les Principautés nouvelles, & qui ont un nouveau Prince, font plus ou moins dificiles à conferver, felon que ce Prince eft plus ou moins habile. Or comme de Particulier d'être devenu Prince, c'eft une marque de valeur, ou de bonheur, il femble, que l'un ou l'autre aide à furmonter beaucoup de dificultés. Néanmoins, celui, qui s'eft le moins fié à la fortune, s'eft toujours maintenu plus longtems, & cela eft encore plus facile à celui, qui, faute d'avoir d'autres États, eft contraint d'aler demeurer dans fa nouvelle Principauté. Quant à ceux, qui font devenus Princes par propre valeur, les plus ex-
cel-

leur lâche le frein, elles en font la deftruction.

De tous les fentimens qui tyrannifent notre ame, il n'en n'eft aucun de plus funefte pour ceux qui en fentent l'impulfion, de plus contraire à l'humanité, & de plus fatal au repos du monde, qu'une ambition déréglée, qu'un defir exceffif de fauffe gloire.

Un Particulier, qui a le malheur d'être né avec des difpofitions femblables, eft plus miferable encore que fou. Il eft infenfible pour le préfent, il n'exifte que dans les tems futurs, rien dans le Monde ne peut le fatisfaire ; l'abfinthe de l'ambition mêle toujours fon amertume à la douceur de fes plaifirs.

Un Prince ambitieux eft plus malheureux qu'un Particulier ; car fa folie étant proportionnée à fa grandeur, n'en eft que plus vague, plus indocile, plus infatiable. Si les honneurs, fi la grandeur fervent d'aliment à la paffion des Particuliers, des Provinces & des
Roïau-

cellens font Moïfe, Cirus, Romulus, Téfée, &c. Et bien qu'il ne faille rien dire de Moïfe, qui n'a fait qu'éxécuter les chofes, que Dieu lui avoit ordonnées, fi eft-ce qu'il mérite d'être admiré, pour céte feule grace, qui le rendoit digne de parler avec Dieu. Mais pour Cirus, & les autres, qui ont aquis où fondé des Roiaumes, tout en eft admirable. Et fi l'on confidére leurs actions, & leurs inftitutions particuliéres, elles fe trouveront peu diférentes de celles de Moïfe, qui avoit eu un fi grand Précepteur. Et à bien éxaminer leur vie, il fe verra, que la fortune ne leur avoit fourni, que l'ocafion qui leur donna lieu d'établir la forme de Gouvernement qu'ils jugérent à propos. Et faute d'ocafion leur valeur eût été fans fruit, & faute de valeur l'occafion fe fût perdüe. Il faloit donc, que Moïfe trouvât les Ifraëlites efclaves en Egipte, afin qu'ils fuffent d'humeur à le fuivre, pour fortir de fervitude. Il falloit, que Romulus fût enlevé d'Albe, & expofé dés fa naiffance, pour qu'il devint Fondateur & Roi de Rome. Il faloit, que Cirus trouvât les

Roïaumes nourriffent l'ambition des Monarques; & comme il eft plus facile d'obtenir des charges & des emplois que de conquerir dès Roïaumes, les Particuliers peuvent encore plûtôt fe fatisfaire que les Princes.

Machiavel leur propofe les exemples de Moïfe, de Cyrus, de Romulus, de Théfée, & d'Hiéron. On pourroit groffir facilement ce catalogue par ceux de quelques Auteurs de Secte, comme de Mahomet en Afie, de Mango Kapac en Amerique, d'Odin dans le Nord, de tant de Sectaires dans tout l'Univers.

La mauvaife foi avec laquelle l'Auteur ufe de ces exemples, mérite d'être relevée. Machiavel ne fait voir l'ambition que dans fon beau jour, fi elle en a un : il ne parle que des Ambitieux qui ont été fecondés de la fortune, mais il garde un profond filence fur ceux qui ont été les victimes de leurs paffions; cela s'appelle en impofer au monde, & l'on ne fauroit difconvenir que Machiavel ne

C   joüe

les Perfes mécontens de la Domination des Médes, & les Médes abatardis par une longue paix. Téfée ne pouvoit pas montrer fon induftrie, fi les Aténiens n'euffent été difperfés *. Ces ocafions rendirent donc ces hommes hureux, & leur fageffe a fait qu'ils ont connu l'ocafion, par où leur Patrie eft devenue fi hureufe, & fi confidérable. Ceux qui deviennent Princes par la même voie, que ces Anciens, rencontrent de la dificulté à le devenir, mais auffi fe maintiennent facilement. Les dificultés, qu'ils ont à effuïer, viennent en partie, des nouveaux Ufages, qu'ils font contraints d'établir, pour fonder leur Etat, & métre leur perfonne en füreté. Car il n'y a point d'entreprife plus dificile, plus douteufe, que celle de vouloir introduire de nouvelles Loix. Parce que l'Auteur a pour ennemis tous ceux, qui fe trouvent bien des anciennes, & pour tiédes défenfeurs ceux même, à qui les nouvelles tourneroient à profit. Et céte tiédeur vient en partie de la peur qu'ils ont de leurs adverfaires, c'eft-à-dire, de ceux, qui font

* C'eft qu'il les affembla dans l'enceinte d'une Ville.

joüe en ce Chapitre le rolle de Charlatan du crime.

Pourquoi, en parlant du Légiflateur des Juifs, du premier Monarque d'Athenes, du Conquerant des Mèdes, du Fondateur de Rome, de qui les fuccès repondirent à leurs deffeins, Machiavel n'ajoute-t-il point l'exemple de quelques Chefs du parti malheureux, pour montrer que fi l'ambition fait parvenir quelques hommes, elle en perd le plus grand nombre? N'y a-t-il pas eu un Jean de Leyde, Chef des Anabaptiftes, tenaillé, brulé, & pendu dans une cage de fer à Munfter? Si Cromwel a été heureux, fon fils n'a-t-il pas été détrôné? n'a-t-il pas vû porter au gibet le corps exhumé de fon pere? Trois ou quatre Juifs, qui fe font dits Meffies depuis la deftruction de Jerufalem, n'ont-ils pas peri dans les fupplices? & le dernier n'a-t-il pas fini par être valet de cuifine chez le Grand-Seigneur, après s'être fait Mufulman? Si Pepin détrôna fon Roi avec l'approbation du Pape,

font contens des anciennes : en partie de l'incredulité des hommes, qui n'ont jamais bonne opinion des nouveaux établiffemens, qu'après en avoir fait une longue expérience. D'où il arive, que toutes les fois que ceux qui font ennemis, ont ocafion de remuer, ils le font chaudement : & que [*] *les autres ne réfiftent qu'avec tiédeur. De forte que le Prince eft de part & d'autre en danger. C'eft pourquoi il eft befoin, pour bien entendre* [†] *ce point, de voir, fi ces Légiflateurs fe foutiennent d'eux mêmes, ou s'ils dépendent d'autrui, c'eft-à-dire, fi pour conduire leur entreprife, il faut qu'ils prient, & en ce cas ils échoüent toujours : ou s'ils peuvent fe faire obéir par force, & pour lors ils ne manquent prefque jamais de réüffir. De là vient, que tous les Princes, que j'ai nommés, ont vaincu aiant les armes à la main, & ont péri étant défarmés. Car, outre les raifons déduites, l'efprit des peuples eft changeant. Il eft aifé de leur perfuader une chofe, mais il eft dificile de les entretenir*

[*] Au lieu que
[†] Difcuter

Pape, Guife *le Balafré*, qui vouloit détrôner le fien avec la même approbation, n'a-t-il pas été affaffiné ? Ne compte-t-on pas plus de trente Chefs de Secte, & plus de mille autres Ambitieux qui ont fini par des morts violentes ?

Il me femble d'ailleurs que Machiavel place affez inconfidérément Moïfe avec Romulus, Cyrus & Thefée. Moïfe étoit infpiré ; s'il ne l'avoit pas été, on ne pourroit le regarder alors que comme un Impofteur qui fe fervoit de Dieu, à peu près comme les Poëtes emploient leurs Dieux pour fervir de machines quand il leur manque un dénoüement. Moïfe, regardé comme un inftrument unique de la Providence, ainfi qu'il l'étoit, n'a rien de commun avec les Légiflateurs qui n'ont eu que la fageffe humaine en partage ; mais Moïfe, envifagé feulement comme homme, n'eft pas comparable aux Cyrus, aux Thefées, aux Hercules. Il ne conduifit fon Peuple que dans un Défert, il ne bâtit point de ville,

C 2   il

tenir dans cête persuasion.
Il faut donc mêtre si bon ordre, que lors qu'ils ne croient plus, on leur puisse faire croire par force. Moïse[1], Cirus, Tésée & Romulus, n'eussent jamais pû faire observer longtems leurs Loix, s'ils eussent été désarmés, ainsi qu'il est arivé de notre tems au Jacobin Jérome Savonarole, qui se perdit, faute d'avoir la force de faire persévérer dans leur Créance ceux qui avoient cru ses paroles, & de les faire croi-

[1]. Quiconque lira la Bible de sens rassis, dit Machiavel, (au 30. Chapitre du Livre 3. de ses Discours) verra, que Moïse, pour rendre ses loix inviolables, fut forcé de faire mourir une infinité d'hommes, qui par envie s'oposoient à ses desseins. Moïse aiant assemblé les Israëlites, il leur dit ces paroles. *Hæc dicit Dominus, Deus Israël. Ponat vir gladium super femur suum: Ite, & redite de porta usque ad portam per medium Castrorum, & occidat unusquisque fratrem & Amicum, & proximum suum. Feceruntque filii Levi juxta sermonem Moysi, cecideruntque in die illa quasi viginti tria millia hominum.* (Exodi 32.)

il ne fonda point de grand Empire, il n'institua point de commerce, il ne fit point naître les Arts, il ne rendit point sa Nation florissante; il faut adorer en lui la Providence, & examiner la prudence des autres.

J'avoüe en général & sans prévention, qu'il faut beaucoup de génie, de courage, d'adresse pour égaler les Thésées, les Cyrus, les Romulus, les Mahomets; mais je ne sais si l'épithete de vertueux leur convient. La valeur & l'adresse se trouvent également chez les Voleurs de grand-chemin & chez les Héros; la différence qui est entre eux, c'est que le Conquerant est un Voleur illustre, & que l'autre est obscur; l'un reçoit des lauriers & de l'encens pour prix de ses violences, & l'autre la corde.

Quiconque veut assujettir ses égaux, est toujours sanguinaire & fourbe. Les Chefs des Fanatiques des Cévennes se disoient inspirés de l'Esprit Saint, & faisoient

*croire aux Incrédules 2.
Ces sortes de gens rencontrent d'abord de grans obstacles, & même de grans dangers sur leur route, & il leur faut un grand courage pour les surmonter. Mais aussi quand ils l'ont fait, & qu'ils commencent d'être en vénération par la mort de leurs envieux, ils deviennent puissans, hureux & respectés.*

A ces grans éxemples, j'en veux ajouter un moindre, mais qui aura quelque raport aux précédens, & tiendra lieu de divers autres. C'est celui d'Hiéron, qui de Particulier devint Prince de Siracuse, sans en devoir autre chose à la Fortune que l'ocasion, en ce que ceux de Siracuse étant oprimés, ils le firent leur Capitaine. Par où il se rendit depuis digne

2. Machiavel dit, qu'il avoit persuadé au peuple de Florence, qu'il parloit avec Dieu. (Disc. lib. I. cap. XI.) Nardi dit, que ceux du parti de Savonarole étoient apellés à Florence, *Piagnoni*, c'est-à-dire, les Pleureux, ou les Hipocrites: Et ses ennemis, *Arrabiati*, c'est-à-dire, les Enragés, ou les Indisciplinables. (Histor. Fior. lib. 2.)

soient massacrer sur l'heure ceux que *l'Esprit* avoit condamnés. Ces Scélerats, qui dans leurs montagnes se joüoient ainsi de Dieu & des hommes, étoient très valeureux; ils eussent été regardés comme des Dieux du tems de Fohé & de Zoroastre.

Lorsque les hommes étoient sauvages, un *Roland*, un *Cavalier*, un *Jean de Leyde* auroient été des *Alcides*, & des *Oziris*; aujourd'hui un *Oziris*, un *Alcide* ne trouveroient pas à se signaler dans le monde.

Il me reste à faire quelques réflexions sur l'exemple d'Hiéron de Siracuse, que Machiavel propose à ceux qui s'éleveront par le secours de leurs amis & de leurs troupes.

Hiéron se défit de ses amis & de ses soldats qui l'avoient aidé à l'exécution de ses desseins; il lia de nouvelles amitiés, & il leva d'autres troupes. Je soutiens en dépit de Machiavel & des Ingrats, que la politique d'Hiéron étoit très mauvaise, & qu'il y a beaucoup plus de prudence à se fier à des

C 3   trou-

digne de devenir leur Prince. Et les Ecrivains, qui ont parlé de lui, disent, que, dans sa fortune privée, il ne lui manquoit rien pour regner qu'un Roïaume. Il cassa l'ancienne Milice, il en crea une nouvelle. Il quitta ses anciens amis, en fit de nouveaux, & après qu'il se fut fait des amis & des soldats entiérement dévoués à lui, il lui fut aisé de bâtir sur ces fondemens. Si bien qu'il eut beaucoup de peine à aquérir, mais peu à conserver.

troupes dont on a expérimenté la valeur, & à des amis dont on a éprouvé la fidélité, qu'à des inconnus, desquels l'on n'est point assûré.

Je dois cependant avertir de faire attention aux sens différens que Machiavel assigne aux mots. Qu'on ne s'y trompe pas, lorsqu'il dit, *sans l'occasion la vertu s'anéantit.* Cela signifie chez lui que sans des circonstances favorables, les Fourbes & les Téméraires ne sauroient faire usage de leurs talens; c'est le chiffre du crime qui peut uniquement expliquer les obscurités de cet Auteur. Les Italiens appellent la Musique, la Peinture, la Géometrie, la *virtu*; mais la *virtu* chez Machiavel, c'est la perfidie.

Il me semble en général pour conclure ce Chapitre, que la seule occasion où un Particulier peut sans crime s'élever à la Roïauté, c'est lorsqu'il est né dans un Roïaume électif, ou lorsqu'il délivre sa patrie.

Sobieski en Pologne, Gustave Vaza en Suéde, les Antonins à Rome, voilà les Héros de ces deux espèces. Que César Borgia soit le modèle des Machiavelistes, le mien est Marc-Aurele.

CHA·

CHAPITRE VII.

Du Gouvernement d'un Etat nouvellement acquis.

COmme ceux , qui de Particuliers deviennent Princes seulement par bonheur , ont peu de peine à le devenir, ils en ont beaucoup à se maintenir. Ils ne trouvent point d'achopement en chemin , parce qu'ils volent au Trône plûtôt qu'ils n'y vont : Mais quand ils y sont assis, c'est alors qu'ils voient éclorre toutes les dificultés. Or ces Princes sont ceux , à qui un Etat est donné, ou pour de l'argent , ou en pure grace, tels qu'étoient ceux , que fit Darius pour sa sûreté, & pour sa gloire , en divers endroits de la Grèce, & de l'Hellespont ; & ces Empereurs, qui de Particuliers parvenoient à l'Empire par la faveur des soldats corrompus. Ceux-ci ne se maintiennent que par la volonté & la fortune de ceux , qui les ont agrandis. Or ce sont deux choses très-sujétes à changement. Et d'ailleurs , ils ne savent , ni ne peuvent conserver

COmparez le Prince de Fenelon avec celui de Machiavel, vous verrez dans l'un de la bonté, de l'équité , toutes les vertus. Il semble que ce soit une de ces Intelligences pures, dont on dit que la sagesse est préposée pour veiller au Gouvernement du Monde ; vous verrez dans l'autre la scéleratesse, la perfidie, & tous les crimes.

Il semble que notre nature se rapproche de celle des Anges, en lisant le Télemaque de Fenelon ; il paroît qu'elle s'approche des Démons de l'Enfer lorsqu'on lit le Prince de Machiavel.

César Borgia , ou le Duc de Valentinois, est le modèle sur lequel l'Auteur forme son Prince, & qu'il a l'impudence de proposer pour exemple à ceux qui s'élevent dans le monde par le secours de leurs amis,

server   C 4

ferver ce rang. *Car fi ce n'eſt pas un homme de grand eſprit, comment ſaura-t-il commander, aiant toujours véſu dans une fortune privée ? Et quand il ſauroit commander, comment le pouroit-il, n'aiant point de Milice, qui lui doive étre amie, ni fidéle ? De plus, il en eſt des Etats, qui naiſſent tout à coup, comme de toutes les autres choſes, qui naiſſent, & qui croiſſent ſubitement. Ils ne peuvent avoir de ſi fortes racines, ni de ſi bonnes correſpondances, que la premiére adverſité ne les ruine, ſi ceux, qui ſont devenus ſubitement Princes, de la maniére que j'ai dit, ne ſont aſſés habiles, pour trouver d'abord les moiens de conſerver ce que la fortune leur a mis entre les mains, & faire dés qu'ils ſont devenus Princes les fondemens, que les autres ont faits avant que de l'étre. Je veux raporter deux exemples de mon tems ſur les deux maniéres de devenir Prince, par mérite, ou par bonheur. L'un de François Sforce, qui d'homme privé devint Duc de Milan par ſa grande habileté, & conſerva ſans peine, ce qui lui en avoit tant coûté à aquerir. L'autre eſt*

amis, ou de leurs armes.

Il eſt donc très néceſſaire de connoître quel étoit Céſar Borgia, afin de ſe former une idée du Héros, & de l'Auteur qui le célebre. Borgia fit aſſaſſiner ſon frere, ſon Rival de gloire & d'amour, chez ſa propre ſœur ; il fit maſſacrer les Suiſſes du Pape, par vengeance contre quelques Suiſſes qui avoient offenſé ſa mere ; il dépouilla pluſieurs Cardinaux pour aſſouvir ſa cupidité ; il enleva la Romagne au Duc d'Urbin ſon poſſeſſeur ; il fit mettre à mort le cruel d'Orco, ſon ſous-Tyran ; il fit perir, par la plus exécrable trahiſon, à Sinigaglia quelques Princes dont il croioit la vie contraire à ſes intérêts ; il fit noier une Dame Vénitienne dont il avoit abuſé. Mais que de cruautés ne ſe commirent point par ſes ordres, & qui pourroit compter tous ſes crimes ? Tel étoit l'homme que Machiavel préfere à tous les grands Génies de ſon tems, & aux Héros de l'Antiquité, & dont il trouve la Vie, digne de ſervir d'exemple à ceux

st de *Cesar Borgia*, apellé communement le *Duc de Valentinois*, qui aquit un Etat par la fortune de son Pére, & le perdit aussi tôt que son Pére fut mort, quoiqu'il eût fait tout ce qu'un homme habile & prudent devoit faire, pour s'enraciner dans un Etat, qu'il tenoit de la fortune d'autrui. Car celui, qui n'a pas jeté les fondemens, avant que d'être Prince, y peut supléer par une grande adresse, après l'être devenu, comme je l'ai dit : Mais l'Architecte & l'Edifice courent toujours grand risque. Si l'on considére tous les progrés du *Valentinois*, on verra, qu'il avoit préparé de grans fondemens à sa future puissance. Et je crois, qu'il n'est pas superflu d'en parler, ne trouvant point de meilleur exemple à proposer à un Prince nouveau, que le sien. Car si les mesures, qu'il avoit prises, ne lui réüssirent pas, ce ne fut point par sa faute, mais par une extraordinaire *Malignité de la Fortune*. Son Pére rencontra force dificultés à le faire grand. 1. Il voioit, qu'il ne lui pouvoit donner aucun Etat, qui ne fût à l'Eglise, & que s'il en démembroit quelques Villes,

ceux qu'éleve la fortune. Mais je dois combattre *Machiavel*, dans un plus grand détail, afin que ceux qui pensent comme lui, ne trouvent plus de subterfuges. *César Borgia* fonda le dessein de sa grandeur sur la destruction des Princes d'Italie. Pour usurper les biens de mes Voisins, il faut les affoiblir, & pour les affoiblir, il faut les brouiller ; telle est la Logique des Scélerats.

Borgia vouloit s'assûrer d'un appui, il fallut donc qu'*Alexandre VI.* accordât dispense de mariage à *Louïs XII.* pour en recevoir du secours. C'est ainsi que ceux qui doivent édifier le monde, n'ont fait servir souvent l'intérêt du Ciel que de voile à leur propre intérêt. Si le mariage de *Louïs XII.*, étoit de nature à être rompu, le Pape l'auroit dû rompre, supposé qu'il en eût le pouvoir ; si ce mariage n'étoit pas de nature à être rompu, rien n'auroit dû y déterminer le Chef de l'Eglise Romaine.

Il falloit que *Borgia* se fit des Créatures, aussi cor-

C 5

les, le Duc de Milan, & les Vénitiens, qui tenoient déja Faience & Rimini sous leur protection, ne le souffriroient pas. 2. Que les Armes d'Italie, dont il eût pû se servir, étoient entre les mains de ceux, qui devoient craindre l'agrandissement du Pape, savoir, les Ursins & les Colonnes, avec leurs Adhérans, & qu'ainsi il ne s'y pouvoit pas fier. Il faloit donc rompre ces obstacles, & déconcerter les Etats d'Italie, pour en pouvoir sûrement usurper une partie. Et cela lui fut aisé à cause des Vénitiens, qui, pour d'autres raisons, invitoient les François à repasser en Italie. Ce qu'il facilita lui même, en cassant le premier Mariage du Roi Louis. Ce Roi étant donc venu en Italie à la priére des Vénitiens, & du consentement d'Aléxandre VI. il fut à peine à Milan, que, pour sa réputation, il entra dans les desseins du Pape, & lui donna du Monde, pour envahir la Romagne, dont le Valentinois s'empara en éfet, malgré les Colonnes. Mais à la conserver, & à passer plus avant, il trouvoit deux obstacles, l'un de la part des Ursins, de qui il s'étoit

corrompit-il les Factions des Urbins par des présens; mais ne cherchons point des crimes à Borgia, & passons-lui ses corruptions, ne fût-ce que parce qu'elles ont du moins quelque fausse ressemblance avec les bienfaits. Borgia vouloit se défaire de quelques Princes de la Maison d'Urbin de Vitetotzo, d'Oliviero di Fermo, &c. & Machiavel dit qu'il eut la prudence de les faire venir à Sinigaglia, où il les fit périr par trahison. Abuser de la foi des hommes, user de ruses infames, se parjurer, assassiner, voilà ce que le Docteur de la scéleratesse appelle prudence; mais je demande s'il y a de la prudence à montrer comme on peut se parjurer? Si vous renversez la bonne foi & le serment, quels seront les garants que vous aurez de la fidélité des hommes? Donnez-vous des exemples de trahison, craignez d'être trahi; en donnez-vous d'assassinat, craignez la main de vos disciples. Borgia établit le cruel d'Orco, Gouverneur de la

toit servi, craignant, qu'ils ne lui manquassent au besoin, & non seulement qu'ils ne l'empêchassent d'aquerir, mais encore qu'ils ne lui ôtassent ce qu'il avoit aquis. L'autre de la part de la France, de qui il apréhendoit aussi d'être abandonné. Car quant aux Ursins, il avoit reconnu, qu'après la prise de Faience, ils s'étoient comportés mollement au Siége de Bologne. Et comme après s'être emparé du Duché d'Urbin, le Roi le fit désister de l'invasion de la Toscane, il jugea si bien des intentions de la France, qu'il résolut de ne plus dépendre de la Fortune, ni des armes d'autrui. Et la première chose qu'il fit, fut d'afoiblir les Ursins & les Colonnes, en atirant à son service ceux de leurs Adhérans, qui étoient Gentils-hommes, auxquels il donna de gros apointemens, des emplois, & des Gouvernemens selon leur qualité. De sorte qu'en peu de mois ils tournérent vers lui toute l'afection qu'ils portoient au parti contraire. Après cela, aiant dispersé les Colonnes, il atendit l'ocasion de perdre les Ursins, laquelle lui vint bien à point, & fut par lui hu-

la Romagne, pour réprimer quelques desordres. Borgia punir avec barbarie dans d'autres de moindres vices que les siens! le plus violent des Usurpateurs, le plus faux des Parjures, le plus cruel des Assassins, le plus lâche des Empoisonneurs, condamner aux plus affreux supplices quelques Filous, quelques Esprits remuans qui copioient le caractère de leur nouveau Maître en mignature & selon leur petite capacité! Ce Roi de Pologne, dont la mort vient de causer tant de troubles en Europe, agissoit bien plus conséquemment & plus noblement envers ses Sujets Saxons.

Les Loix de Saxe condamnoient tout Adultère à avoir la tête tranchée. Je n'approfondis point l'origine de cette Loi barbare, qui paraît plus convenable à la jalousie Italienne qu'à la patience Allemande. Un malheureux Transgresseur de cette Loi est condamné, Auguste devoit signer l'arrêt de mort; mais Auguste étoit sensible à l'amour &

à

hureusement ménagée. C'est
que les Ursins s'étant a-
perçus trop tard, que la
grandeur du Duc & du
Pontificat, faisoit leur ruine, ils tinrent une Diéte à
La Magione dans le Ter-
ritoire de Pérouse. Céte
Diéte produisit la révolte
d'Urbin, & les troubles de
la Romagne, & exposa le
Duc à mille dangers, d'où
il sortit hureusement avec
l'aide des François. Mais
après qu'il eut rétabli ses
Afaires, bien loin de se
fier, ni à eux, ni aux autres étrangers, à la discrétion de qui il ne vouloit
plus être, il mit tout son
esprit à les tromper. Ce
qui lui réüssit si bien auprès des Ursins, qu'ils se
réconciliérent avec lui, par
l'entremise du Seigneur
Paul, qu'il gagna à for-
ce de presens, & furent
assés fous que de se métre
entre ses mains à Sinigaille. Aiant donc exterminé
ces Chefs, & fait leurs
Adhérans ses Amis [*], sa
puissances avoit des fondemens d'autant meilleurs,
qu'il tenoit toute la Romagne & le Duché d'Urbin,
& que ces peuples se trouvoient

[*] Ou, ces Chefs étant donc
morts, & leurs Partisans devenus amis du Duc, &c.

à l'humanité, il donna
sa grace au Criminel,
& il abrogea une Loi
qui le condamnoit taci-
tement lui-même. La
conduite de ce Roi é-
toit d'un homme sensi-
ble & humain ; César
Borgia ne punissoit qu'en
Tyran féroce. Borgia
fait mettre ensuite en
piéces le cruel d'Orco
qui avoit si parfaitement
rempli ses intentions,
afin de se rendre agréa-
ble, en punissant l'In-
strument de sa barbarie.
Le poids de la tyrannie
ne s'appesantit jamais
davantage que lorsque
le Tyran veut revêtir
les dehors de l'innocen-
ce, & que l'oppression
se fait à l'ombre des
Loix. Borgia, poussant
la prévoiance jusqu'à-
près la mort du Pape
son pere, commençoit
par exterminer tous
ceux qu'il avoit dépouil-
lés de leurs biens, afin
que le nouveau Pape
ne s'en pût servir con-
tre lui. Voiez la casca-
de du crime : pour four-
nir aux dépenses, il faut
avoir des biens ; pour
en avoir, il faut en dé-
pouiller les possesseurs ;
& pour en joüir avec
sûreté, il faut les ex-
ter-

voient bien de lui. Or comme il mérite d'être imité en ce point, j'en veux dire quelque chose. Quand il eut pris la Romagne, considérant qu'elle avoit eu des Seigneurs avares, qui avoient plûtôt dépouillé que policé leurs Sujets, & que le Vol, les factions, les meurtres régnoient dans la Province, il jugea, que, pour la pacifier, & la rendre obéissante au Bras-Roial, il y faloit établir un bon Gouvernement. Il choisit pour cela un Remiro d'Orco, homme cruel, & actif, à qui il donna tout pouvoir. En peu de tems, ce Gouverneur remit tout en bon état, & s'aquit une très-grande réputation. Mais depuis, le Duc craignant, qu'une autorité si excessive ne devint odieuse[1], il érigea au milieu de la Province, une Chambre Civile, où chaque Ville avoit son Avocat. Et comme il voioit, que les rigueurs du passé lui avoient attiré de la haine, il s'avisa, un Matin, de faire pourfendre Remiro, & de faire exposer sur la Place de Cesene les

[1] *Nec unquam satis fida potentia, ubi nimia est*, dit Tacite, (Hist. 2.)

terminer. Raisonnement des Voleurs de grand-chemin.

Borgia, pour empoisonner quelques Cardinaux, les fait prier à souper avec son père. Le Pape & lui prennent par mégarde du breuvage empoisonné; Alexandre VI. en meurt, Borgia en rechappe pour traîner une vie malheureuse, digne salaire d'Empoisonneurs & d'Assassins.

Voilà la prudence, l'habileté & les vertus que Machiavel ne sauroit se lasser de loüer. Bossuet, Flechier, Pline n'auroient pas mieux dit pour leurs Héros, que Machiavel pour César Borgia. Si l'éloge qu'il en fait, n'étoit qu'une Ode, ou une figure de Réthorique, on pourroit loüer sa subtilité en détestant son choix: mais c'est tout le contraire, c'est un Traité de politique qui doit passer à la Postérité; c'est un Ouvrage très sérieux, dans lequel Machiavel est si impudent que d'accorder des loüanges au Monstre le plus abominable que l'Enfer ait vomi sur la

les piéces de son Corps, plantées sur un pieu, avec un couteau ensanglanté à côté, pour montrer au peuple, que les Cruautés commises ne venoient point de lui, mais du naturel violent de son Ministre [2]. *Ce qui en éfet surprit, & contenta tout ensemble les Esprits. Mais retournons à notre sujet. Le Duc se voiant très-puissant, & presque à couvert de tous les dangers présens, pour s'être armé à sa mode, & s'être défait de la pluspart de ceux, qui lui pouvoient nuire de prés, n'avoit plus à craindre que du côté de la France, sachant bien que ce Roi, qui s'étoit aperçu trop tard de sa faute, ne soufriroit pas, qu'il s'agrandît davantage. C'est pourquoi, il commença de chercher de nouveaux Amis, & de biaiser avec les François, lors qu'ils entrérent dans le Roiaume de Naples, pour chasser les Espagnols, qui assiégeoient Caiéte. Et la résolution, qu'il avoit prise de s'assurer d'eux, lui eût bien tôt réüssi, si son Pére eût vécu encore quelque tems. Et telle fut sa conduite à l'égard des Afaires présentes. Mais quant à celles de l'avenir, comme il avoit à craindre, qu'un nouveau Pape ne voulût lui ôter ce qu'Aléxandre lui avoit donné, il tâcha d'y obvier par quatre moiens; I. en exterminant toute la race des Seigneurs, qu'il avoit dépoüillés* [3], *pour ôter au Pape toute ocasion de les réta-*

la terre. C'est s'exposer de sang froid à la haine du genre humain.

---

2. C'est l'ordinaire des Princes de sacrifier, tôt ou tard, les instrumens de leur cruauté. *Scelerum Ministros,* dit Tacite de Tibére, *ut perverti ab aliis nolebat: ita plerumque satiatus, veteres & prægraves adflixit.* (Ann. 4.) *Levi post admissum scelus gratia, dein graviore odio.* (Ann. 13.)

3. Mucien, Premier-Ministre de Vespasien, fit mourir le fils de Vitellius, pour étoufer, disoit-il, toutes les semences de guerre. *Mucianus Vitellii filium interfici jubet, mansuram discordiam obtendens, ni semina belli restinxisset.* (Hist. 4.) Il y a du danger à laisser la vie à ceux, que l'on a dépouillés. *Periculum ex misericordia..... Ubi Vespasianus Imperium invaserit, non ipsi, non amicis ejus, non exercitibus*

rétablir ; 2. *en se conciliant tous les Gentils-hommes Romains, pour pouvoir tenir le Pape en bride par leur moien* ; 3. *en se faisant le plus de Créatures, qu'il pouvoit dans le Sacré-Colége* ; 4. *en se rendant si grand Seigneur, avant que le Pape mourût, qu'il pût de lui même résister à un premier assaut. De ces quatre choses, il en avoit éxécuté trois, avant la mort d'Aléxandre, & la quatriéme étoit presque faite. Car des Seigneurs dépoüillés, il lui en échapa très-peu, toute la Noblesse Romaine étoit dans ses intérêts, & la plûpart des Cardinaux dans sa dépendance. Quant à l'accroissement de son Etat, il pensoit à se rendre Maître de la Toscane, où il possédoit déja Pérouse & Piombin, outre Pise, qui s'étoit mise sous sa protection, & qu'il ne tenoit plus qu'à lui d'envahir, comme n'aiant plus à ménager les François, chassés du Roiaume de Naples par les Espagnols, & d'ailleurs les uns & les autres aiant besoin de son amitié. Aprés quoi Luques & Sienne faisoient joug, soit en haine des Florentins, ou par crainte. Et les Florentins n'y pouvoient remédier. Et si cela eût réüssi, comme il fût arivé sans doute l'Année même qu'Aléxandre mourut, il devenoit si puissant & si accrédité, qu'il eût pû se soutenir lui même, sans dépendre nullement d'autrui. Mais cinq ans aprés, qu'il avoit commencé de tirer l'épée, Aléxandre le laissa malade à mourir, environné de deux grans Rois ennemis, & n'aiant point d'autre Etat éfectif, que la Romagne, & tout le reste en l'air. Or il étoit si brave, & si habile à connoitre, quand il faloit gagner, ou ruiner les hommes : & les fondemens, qu'il avoit jetés en si peu de tems, étoient si bons, que, s'il eût été en santé, ou qu'il n'eût pas eu deux puissantes Armées à dos, il eût surmonté toutes les dificultés. Et ce qui montre, que ses fondemens étoient bons, c'est que la Romagne l'atendit plus d'un mois, & que bien que les Baglioni, les Vitelli & les Ursins fussent venus à Rome, ils n'y purent rien faire contre lui, tout moribond qu'il étoit. Et s'il*

tibus securitatem, nisi exstincto æmulatu redituram. (Hist. 3.)

[*] Achevé.

S'il ne put pas faire élire Pape celui qu'il vouloit, du moins il fit exclure ceux qu'il ne vouloit pas. Mais tout lui étoit aisé, s'il n'eût pas été malade, quand Aléxandre mourut. Et dans le tems que Ju- les II. fut élu, il me dit, qu'il avoit pensé à tout ce qui pouvoit ariver après la mort d'Aléxandre, & mis reméde à tout, mais qu'il n'avoit pas deviné, qu'il dût être en danger de mort au tems même que mourroit son Pére. Tout cela bien considéré, je ne sai que re- prendre dans la conduite du Duc. Au contraire, il me semble le devoir proposer à imiter à tous ceux, qui sont montés au Trône par la fortune, & par les Armes d'autrui, dautant qu'aiant un grand courage, & de grans desseins, il ne se pouvoit pas gouverner autre- ment. Car ses projets n'ont échoüé, que par sa Mala- die, & par la briéveté du Pontificat d'Aléxandre. C'est pourquoi, le Nouveau Prince, qui veut s'assurer de ses ennemis, se faire des Amis, vaincre par la for- ce, ou par la ruse, être aimé & craint des peuples, respecté & obéi des soldats, se défaire de ceux, qui peuvent, ou qui doivent lui nuire, introduire de nou- veaux Usages, être grave & sevére, Magnanime & li- béral, détruire une Milice infidéle, & en faire une à sa mode, entretenir l'amitié & l'estime des Princes, afin qu'ils lui fassent du bien, ou du moins qu'ils craignent de lui faire du mal. Celui-là, dis-je, ne sauroit trou- ver des exémples plus récens, que les Actions du Va- lentinois. Tout ce qu'on lui peut reprocher est le mau- vais choix qu'il fit [*] en la personne de Jules II. Car s'il ne pouvoit pas faire un Pape à sa mode, il étoit maitre de l'exclusion de tous ceux, qu'il ne vouloit point. Or il ne devoit jamais consentir à l'exaltation des Cardi- naux, qu'il avoit ofensés, ou qui, devenant Papes, avoient lieu de le craindre. Car les hommes nous ofen- sent, ou par crainte 4, ou par haine. Il avoit ofensé les

---

[*] Est d'avoir fait un mau- vais choix en la

4. Néron déposa 4. Tri- buns, seulement parce qu'il les craignoit. *Exuti Tribuna- tu, quasi Principem non qui- dem odissent, sed tamen exti- merentur.* (Ann. 15.) Il fit mou-

les Cardinaux Saint-Pierre-aux-Liens s, Colonne [*], Saint-George [†], & Afcagne [‡]. Tous les autres, excepté le Cardinal de Roüen, & les sujets Espagnols, qui étoient liés d'intérêt, ou de parenté avec lui, venant à être Papes, le devoient apréhender. Ainsi, la prudence vouloit, qu'il essaiât premiérement de faire élire un Espagnol, &, ne le pouvant pas, qu'il acceptât le Cardinal de Roüen, & non Saint-Pierre-aux-Liens, qui fut cause de sa ruine. Tant se trompent ceux, qui croient, que les bienfaits nouveaux font oublier aux Grans les anciennes ofenses. 6.

mourir Oftorius, parce qu'il avoit peur de sa force de corps, & de sa réputation. *Cauffa festinandi (cædem) ex eo oriebatur, quod Oftorius ingenti corporis robore, armorumque scientia, metum Neroni fecerat, ne invaderet pavidum semper.* (Ann. 16.) *Car satis clarus est apud timentem, quisquis timetur.* (Hist. 2.)

5. *Alexandro Pontifice, qui cum veteres & privatas simultates habebat, perpetuis decem annis urbe abfuit.* (Onuphr. in Vita Julii 2.)

[*] *Jean Colonne.*

[†] *Rafaël Riari, Camerlingue.*

[‡] *Afcagne Sforce, fils de Galéas, Duc de Milan.*

6. *Quarum apud præpotentes in longum memoria est.* (Tac. Ann. 5.) Joint que les bienfaits ne pénétrent jamais si avant que les injures, parce que la reconnoissance se fait à nos dépens, & la vangeance aux dépens de ceux que nous haïssons. *Tanto proclivius est injuriæ, quam beneficio vicem exsolvere, quia gratia oneri, ultio in quæsitu habetur.* (Hist. 4.)

***

CHAPITRE VIII.

De ceux qui sont devenus Princes par des crimes.

COmme un Particulier peut encore devenir Prince en deux maniéres, sans

JE ne me sers que des propres paroles de Machiavel pour le con-

D

sans que cela se puisse a-
tribuer entiérement à la Fortune, ni à la Valeur, il
me semble à propos d'en
traiter. L'une est, quand
on monte au Trône par quelque scélératesse. L'autre,
quand un Citoïen particu-
lier devient Prince de sa
Patrie par la faveur de ses
Concitoiens. Quant à la
premiére sans entrer autrement dans le mérite de la
Cause, j'aléguerai deux
exemples, l'un Ancien, &
l'autre Moderne, qui, à
mon avis, sufiront à ceux,
qui auroient besoin de les
imiter. Agatoclés, Sicilien,
de fils d'un misérable Po-
tier de terre devint Roi
de Siracuse. Il fut scélérat
dans tous les divers Etats
de sa fortune, mais toû-
jours homme de cœur &
d'esprit. Etant parvenu par
les degrés de la Milice à la
dignité de Préteur de Si-
racuse, il forma le dessein
de s'en rendre Prince, &
de tenir indépendamment
d'autrui ce qu'on lui avoit
acordé de plein gré. Aprés
en avoir conféré avec Ha-
milcar, qui commandoit
l'Armée des Cartaginois en
Sicile, un Matin, il as-
sembla le peuple & le Sé-
nat de Siracuse, comme
pour délibérer des afaires
publiques; & donnant un
si-

confondre. Que pour-
rois-je dire de lui de
plus atroce, sinon qu'il
donne ici des régles
pour ceux que leurs
crimes élevent à la
grandeur suprême? C'est
le titre de ce Chapitre.
Si Machiavel enseignoit
le crime dans un Sémi-
naire de Scélerats, s'il
dogmatisoit la perfidie
dans une Université de
Traitres, il ne seroit
pas étonnant qu'il trai-
tât des matiéres de cet-
te nature; mais il parle
à tous les hommes, &
s'adresse principalement
à ceux d'entre les hom-
mes qui doivent être les
plus vertueux, puis-
qu'ils sont destinés à
gouverner les autres.
Qu'y a-t-il de plus in-
fame, de plus insolent
que de leur enseigner la
perfidie & le meurtre?
Il seroit plûtôt à sou-
haiter pour le bien de
l'Univers, que des exem-
ples, pareils à ceux d'A-
gatoclès & d'Oliviero di
Fermo que Machiavel se
fait un plaisir de citer,
fussent à jamais ignorés.
La vie d'un Agatoclès, ou
d'un Olivier di Fermo
sont capables de déve-
lopper dans un homme
que son instinct porte à
la

signal à ses soldats, il fit tuer tous les Senateurs, & les plus riches Citoiens, puis s'empara, sans peine, de la Principauté de la Ville. Et quoique les Cartaginois l'eussent défait deux fois, & puis l'eussent assiégé, non seulement, il put défendre sa Ville, mais y aiant laissé une partie de ses gens, pour la garder, il assaillit l'Afrique avec l'autre; & en peu de tems fit lever le siège de Siracuse, & mit les Cartaginois si bas, qu'ils furent contraints de s'acorder avec lui, en lui laissant la Sicile. Quiconque considéra tout cela, n'y verra rien, ou du moins peu de chose, qui se puisse atribuer à la Fortune, atendu qu'il parvint à la Principauté, non par la faveur d'autrui, mais par sa Valeur Militaire, & qu'il se maintint depuis par des conseils également généreux & périlleux. Véritablement, on ne peut pas dire, que ce soit vertu de tuer ses Citoiens, de trahir ses Amis, d'être sans foi, sans Religion, sans humanité; moiens, qui peuvent bien faire aquérir un Empire, mais non une vraie gloire. Mais si je considére l'intrépidité d'Aga-

la scéleratesse, ce germe dangereux qu'il renferme en soi, sans le bien connoître. Combien de jeunes gens se sont gâté l'esprit par la lecture des Romans, qui ne voioient & ne pensoient plus que comme Gandalin, ou Medor? Il y a quelque chose d'épidemique dans la façon de penser, qui se communique d'un esprit à l'autre. Cet homme extraordinaire, ce Roi, dont toutes les vertus outrées dégéneroient en vices, Charles XII. en un mot, portoit avec lui dès sa plus tendre enfance la Vie d'Alexandre le Grand, & bien des personnes, qui ont connu particuliérement cet Alexandre du Nord, assûrent que c'étoit Quinte - Curce qui ravagea la Pologne, que Stanislas devint Roi d'après Abdolomine, & que la bataille d'Arbelle occasionna la défaite de Pultawa. Mais plût au Ciel que Machiavel n'eût cité que des Alexandres! Il donne Agatoclès & Fermo pour des modèles de prudence & de bonheur. Ils se font soutenus dans

leurs

gatoclés dans les dangers, & sa constance invincible dans les adversités, je ne vois pas, qu'il doive étre estimé inférieur à pas-un des plus grans Capitaines, quoique d'ailleurs il ne mérite pas de tenir rang parmi les grans hommes, vû ses cruautés horribles, & mille autres crimes. On ne peut pas donc atribuer à la Fortune, ni à la Vertu des choses, qu'il a faites sans l'une & sans l'autre.

De nôtre tems, Oliverotto da Fermo étant demeuré Orfelin dés son enfance, Jean Fogliani, * son Oncle Maternel, l'éleva, puis le donna tout jeune à Paul Vitelli, pour aprendre le Métier de la Guerre. Paul étant mort depuis, il servit sous Vitellozzo, son frére, & comme il étoit spirituel, adroit, & alerte [*], il ne mit guére à devenir un des premiers hommes de guerre. Mais dautant qu'il lui sembloit lâche de rester comme les autres, il résolut, avec l'apui des Vitelli, de se saisir de Fermo, par le

* Guichardin l'appelle Frangiani.
[*] Ou, vigoureux de corps & d'esprit.

leurs petits Etats, si on l'en croit, parce qu'ils ont commis des cruautés à propos. Etre prudemment barbare, & exercer la tyrannie conséquemment, signifie, selon ce Politique, exécuter tout d'un coup toutes les violences & tous les crimes que l'on juge utiles à ses intéréts. Faites assassiner ceux qui vous sont suspects & ceux qui se déclarent vos ennemis; mais ne faites point trainer votre vengeance. Machiavél approuve des actions, semblables aux Vèpres Siciliennes, à l'affreux massacre de la St. Barthélemi, où se commirent des cruautés qui font frémir l'humanité. Il ne compte pour rien l'horreur de ces crimes, pourvû qu'on les commette d'une manière qui effraïe au moment qu'ils sont récens, & il donne pour raison que les idées s'en évanoüissent plus facilement dans le Public, que celles des cruautés successivès & continuées, comme s'il n'étoit pas également mauvais de faire périr mille personnes en un jour, ou de les fai-

le moien de quelques Ci-
toiens, qui aimoient mieux
voir leur Patrie en servitude, qu'en liberté. Il écrivit donc à son Oncle, qu'a-
prés avoir été plusieurs Années hors de la Maison, il
desiroit de revoir sa Pa-
trie, & de reconnoitre un
peu son Patrimoine, ne
s'étant encore mêlé d'autre
chose, que d'aquérir de la
réputation : & que, pour
montrer à ses Compatrio-
tes, qu'il n'avoit pas perdu son tems, il vouloit entrer avec pompe, acompa-
gné de cent de ses Amis,
ou serviteurs, à cheval.
Qu'à cet éfet, il le prioit
de disposer les habitans à le
recevoir honorablement ;
honneur, qui rejaliroit sur
lui même, qui avoit pris
soin de son éducation. L'Oncle fit tout ce que l'autre
desiroit. Oliverotto fut
reçu en cérémonie dans la
Ville, où il fut quelques
jours à concerter ce qui é-
toit nécessaire pour la réüs-
site de son méchant dessein.
Il fit un festin solennel, où
il invita Fogliani, & tous
les premiers de la Ville,
puis à la fin du repas, &
des réjoüissances ordinaires
en ces rencontres, il ouvrit
à dessein un entretien sérieux de la grandeur du
Pape Aléxandre, & des
ex-

faire assassiner par inter-
valles. Ce n'est pas tout
que de confondre l'af-
freuse Morale de Ma-
chiavel, il faut le con-
vaincre de fausseté &
de mauvaise foi. Il est
premiérement faux
qu'Agatoclès ait joüi en
paix du fruit de ses cri-
mes : il a été presque
toujours en guerre con-
tre les Carthaginois ; il
fut même obligé d'aban-
donner en Afrique son
armée, qui massacra ses
enfans après son départ,
& il mourut lui-même
d'un breuvage empoi-
sonné que son petit-fils
lui fit prendre. Oliviero
di Fermo périt par la
perfidie de Borgia, une
année après son éléva-
tion ; ainsi un Scélerat en
punit un autre, & pré-
vint par sa haine particu-
lière ce que préparoit à
Oliviero la haine publi-
que. Quand même le cri-
me pourroit se commet-
tre avec sécurité, quand
même le Tyran ne crain-
droit point une mort tra-
gique, il sera également
malheureux de se voir
l'opprobre du genre hu-
main. Il ne pourra point
étouffer ce témoignage
intérieur de sa conscien-
ce qui dépose contre

D 3 lui;

exploits de son fils : Et quand il vit son Oncle, & les autres conviés , entrer en raisonnement , il se leva en sursaut , disant , qu'il faloit un lieu plus secret , pour parler de telles afaires : & entra , avec eux , dans une Chambre , où étoient cachés des soldats , qui les égorgérent tous, dés qu'ils furent assis. Aprés quoi Oliverotto monta à cheval , & ala assiéger le Palais du Magistrat , qui fut enfin contraint de le reconnoitre pour Prince. Dignité , où il sût si bien se maintenir , soit en ôtant la vie à tous ceux , qui , étant mécontens , lui pouvoient nuire , soit en faisant de nouvelles Loix Civiles & Militaires , qu'il étoit non seulement en sûreté dans sa Ville , mais même redoutable à tous ses Voisins : & qu'il eût été aussi dificile de le détrôner , qu'Agatoclés , si au bout d'un an il ne se fût pas laissé tromper par le Valentinois , qui le prit avec les Ursins à Sinigaille , où il fut étranglé avec Vitellozzo , son Maître de guerre & de scélératesse. On pourroit s'étonner , comment Agatoclés , & d'autres de même trempe , aprés mille trahisons & cruautés , ont vécu si long-tems dans leur Patrie , sans voir

lui ; supplice réel , supplice insupportable , qu'il porte toujours dans le fonds de son cœur. Non, il n'est point dans la nature de notre être qu'un Scélerat soit heureux. Qu'on lise la Vie d'un Denys , d'un Tibére , d'un Néron , d'un Louïs XI. d'un Jean Basilowitz , & l'on verra que ces hommes méchans finirent de la manière du monde la plus malheureuse. L'homme cruel est d'un tempérament misantrope & atrabilaire: si de son jeune âge il ne combat pas cette malheureuse disposition de son corps, il ne sauroit manquer de devenir aussi furieux qu'insensé. Quand même donc il n'y auroit point de Justice sur la Terre, & point de Divinité au Ciel, il faudroit d'autant plus que les hommes fussent vertueux, puisque la vertu seule les unit, & leur est absolument nécessaire pour leur conservation, & que le crime ne peut que les rendre infortunés & les détruire.

& que ceux-ci le veulent oprimer [1]. Contrariété, qui fait toujours éclorre, ou la Principauté, ou la Liberté, ou la Licence. [2] La Principauté est introduite par le peuple, ou par les Grans, selon que l'un ou l'autre parti en trouve l'ocasion. Car lors que les Grans se voient hors d'état de résister au peuple, ils commencent de jeter les yeux sur un d'entre eux, & le font Prince, pour pouvoir mieux éxercer leurs animosités sous

[1]. Car, au dire de Tacite, l'Avarice & l'Insolence, sont les vices ordinaires des Grans. *Avaritiam & Arrogantiam præcipua Validiorum vitia.* (Hist. 1.)

[2]. *Postquam exui æqualitas, & pro modestia ac pudore ambitio & vis incedebat, provenere dominationes.* Voilà la Principauté. *Postquam Regum pertæsum, Leges maluerunt.* Voilà la liberté. *Tribunis reddita licentia, quoquò vellent populum agitandi .... Exin continua per viginti annos discordia, non mos, non jus, deterrima quæque impune.* Voilà la licence, qui entraine toujours après soi la confusion. *Inter Patres plebemque certamina exarsere. Modò turbulenti Tribuni, modò Consules prævalidi.* (Hist. 2.).

péce d'égalité entre les hommes, & les rapprochent de l'état naturel.

Machiavel donne en ce Chapitre de bonnes maximes de politique à ceux qui s'élevent à la puissance suprême, par le consentement libre des Chefs d'une République. Voilà presque le seul cas, où il permette d'être honnête homme; mais malheureusement ce cas n'arrive jamais. L'esprit Républicain, jaloux à l'excès de sa liberté, prend ombrage de tout ce qui peut lui donner des entraves, & se révolte contre la seule idée d'un Maître. On connoît dans l'Europe des peuples qui ont secoüé le joug de leurs Tyrans pour joüir de l'indépendance; mais on n'en connoît point qui de libres qu'ils étoient, se soient assujettis à un esclavage volontaire.

Plusieurs Républiques sont retombées par la suite des tems sous le Despotisme, il paraît même que ce soit un malheur inévitable qui les attend toutes; car comment une République résisteroit-elle éternel-

D 5 nel-

sous son nom 3. *De même,*
quand le peuple voit, qu'il
ne sauroit résister aux
Grans, il cède son autorité
à un seul, & le fait Prin-
ce, pour en être défendu.
Celui, qui monte à la Prin-
cipauté par la faveur des
Grans, a plus de peine à
se maintenir, que celui, qui
est fait Prince par le peu-
ple, d'autant qu'il a à ses
côtés beaucoup de gens, qui
croient être autant que lui,
& à qui par conséquent il
ne sauroit commander à sa
mode 4 : *Au lieu que celui,*
que

3. Comme firent ceux
d'Héraclée, qui pour se vanger du peuple, qui étoit le
plus fort, rapellerent Cléar-
que de son exil, & le firent
leur Prince, malgré le peuple (Machiavel au Chap. 16.
du livre I. de ses Discours.)

4. Ce qui força Clearque
de les exterminer tous, pour
se délivrer de leur insolence, & contenter en partie
le peuple d'Héraclée, en le
vangeant de ceux, qui lui
avoient ôté sa liberté. Machiavel au même endroit,
où il conclut, que de quelque manière qu'on soit devenu Prince, tôt, ou tard il
faut toujours gagner l'afection du peuple, sans laquelle on ne sauroit être en sûreté : Joint que plus le Prince

nellement à toutes les
causes qui minent sa li-
berté ? Comment pour-
roit-elle contenir tou-
jours l'ambition des
Grands qu'elle nourrit
dans son sein ? Comment
à la longue veiller sur les
séductions, les sourdes
pratiques de ses Voisins,
& sur la corruption de
ses Membres, tant que
l'intérêt sera tout puis-
sant chez les hommes?
Comment peut-elle es-
perer de sortir toujours
heureusement des guer-
res qu'elle aura à soute-
nir ? Comment prévenir
ces conjonctures fâcheu-
ses pour la liberté, ces
momens critiques, ces
hazards qui favorisent
les Corrompus & les Au-
dacieux ? Si ses troupes
sont commandées par
des Chefs lâches & ti-
mides, elle deviendra
la proie de ses ennemis;
& si elles ont à leur tête
des hommes vaillans &
hardis, ils seront dan-
gereux dans la paix, a-
près avoir servi dans la
guerre. Les Républiques
se sont presque toutes
élevées de l'abyme de
la servitude au comble
de la liberté, & elles
sont presque toutes re-
tombées de cette liber-
té

que le peuple éleve à la Principauté, commande seul, & ne trouve personne, qui ne soit prêt de lui obéir, ou du moins très-peu de gens. De plus, on ne peut pas honnétement, ni sans faire tort à autrui, contenter les Grans, mais bien le peuple, qui est plus raisonable que les Grans; Ceux-ci le voulant oprimer, & lui ne le voulant pas souffrir. Ajoutés encore à cela, que le Prince ne se sauroit jamais assurer d'un peuple ennemi, aiant afaire à trop de têtes, au-lieu qu'y aiant peu de Grans il est facile d'en venir à bout. Tout le pis qu'un Prince puisse atendre d'un peuple ennemi, est d'en être abandonné.

ce est cruel envers la Multitude, & plus il devient foible.

5. Cosme de Medicis l'emportoit sur le parti des Nobles de Florence, parceque, dit le Nardi (au livre 1. de son Histoire) ces Nobles étant tous égaux, ils ne s'acordoient pas si bien ensemble, que les Partisans de Cosme, qui, ébloüis de la splendeur & de la reputation de sa Maison, ne tenoient point à deshonneur de dépendre de lui, ni de lui obéïr.

té dans l'esclavage. Ces mêmes Athéniens, qui du tems de Démosthene outrageoient Philippe de Macédoine, ramperent devant Aléxandre ; ces mêmes Romains qui abhorroient la Roïauté, après l'expulsion des Rois, souffrirent patiemment, après la révolution de quelques siécles, toutes les cruautés de leurs Empereurs ; & ces mêmes Anglais, qui mirent à mort Charles I. parce qu'il avoit usurpé quelques faibles droits, plierent la roideur de leur courage sous la tyrannie fiére & adroite de leur Protecteur. Ce ne sont donc point ces Républiques qui se sont données des Maîtres par leur choix, ce sont des hommes entreprenans, qui, aidés de quelques conjonctures favorables, les ont soumises contre leur volonté. De même que les hommes naissent, vivent un tems, & meurent par maladies, ou par l'âge ; de même les Républiques se forment, fleurissent quelques siécles, & périssent enfin par l'audace d'un Citoïen, ou par

les

né. Mais il n'a pas seulement cela à craindre des Grans, les aiant pour ennemis, mais encore qu'ils ne viennent fondre sur lui, d'autant qu'aiant plus de pénétration d'esprit, ils anticipent toujours, pour se métre en sûreté, & cherchent à gagner l'afection de celui, qu'ils espérent qui vaincra. Enfin, c'est une nécessité, que le Prince vive toujours avec le même peuple, mais non pas avec les mêmes Grans, lesquels il peut acréditer, ou décréditer, conserver ou détruire, quand il lui plaît. Pour mieux débroüiller céte Matiére, il faut considérer la conduite, que tiennent les Grans. Ceux, qui s'atachent entiérement à la Fortune du Prince, doivent être honorés & aimés, pourvu qu'ils ne soient point gens de rapine. Ceux, qui ne s'obligent pas au Prince, le font manque de courage, ou par finesse. Si c'est par crainte, c'est alors que tu te dois servir d'eux, & sur tout de ceux, qui sont de bon conseil, parceque tu t'en fais honneur dans la prospérité, & que tu n'as rien à craindre d'eux dans l'adversité. Mais si c'est par ménagement, & par ambition, c'est

les armes de leurs ennemis. Tout a son période, les plus grandes Monarchies même n'ont qu'un tems. Les Républiques sentent toutes que ce tems arrivera, & elles regardent toute famille trop puissante, comme le germe de la maladie qui doit lui donner le coup de la mort. On ne persuadera jamais à des Républicains, vraiment libres, de se donner un Maître; je dis le meilleur Maître : car ils vous diront toujours, ,, Il vaut ,, mieux dépendre des ,, Loix que du caprice ,, d'un seul homme, Les ,, Loix sont justes de ,, leur nature, & l'hom-,, me est né injuste; el-,, les sont le remède à ,, nos maux, & ce re-,, mède peut trop aisé-,, mént se tourner en ,, poison mortel entre ,, les mains de celui qui ,, n'a qu'à vouloir. En-,, fin la liberté est un ,, bien qu'on apporte en ,, naissant, par quelles ,, raisons, diront les Ré-,, publicains, nous dé-,, pouillerons-nous de ,, notre bien ? Autant ,, donc qu'il est crimi-,, nel de se révolter ,, con-

c'est signe, qu'ils pensent plus à eux, qu'à toi, & par conséquent tu t'en dois autant garder, que s'ils étoient tes ennemis déclarés [6], atendu que si tu

,, contre un Soüverain
,, établi par les Loix,
,, autant l'est-il de vou-
,, loir asservir une Ré-
,, publique. ,,

tombes dans l'adversité, ils aideront toujours à te ruiner. Celui donc, qui devient Prince par la faveur du peuple, se le doit conserver Ami, & cela est facile, le peuple ne demandant rien, si non de n'être pas oprimé. Mais celui, qui, malgré le peuple, est fait Prince par les Grans, doit, avant toutes choses, essaier de le gagner, ce qui lui sera aisé, s'il le prend en sa protection. Et comme les hommes, quand ils reçoivent du bien de celui, de qui ils n'atendoient que du mal, en deviennent plus obligés à leur Bienfaiteur, le Prince devient plus agréable au peuple, que s'il tenoit de lui sa Principauté. Or la bienveillance du peuple se peut gagner par divers moiens, dont je ne parlerai point, comme n'en pouvant pas donner de règle certaine, à cause de la nécessité d'en changer selon les tems. Je dirai seulement, qu'un Prince a besoin de l'Amitié [*] du peuple, faute de quoi il n'a point de ressource dans l'Adversité. Quand Nabis, Prince de Sparte, fut ataqué de toute la Gréce & de l'Armée Victorieuse des Romains, il lui sufit de s'assurer de quelques Nobles, pour se tirer de danger. Ce qui ne lui eût pas sufi, s'il eût été haï du peuple. Et que l'on ne m'objecte point le commun Proverbe, qui dit, que de faire fond sur le peuple, c'est bâtir sur la boüe. Car cela n'est vrai, qu'à l'égard du Citoien particulier, qui s'atend, que le peuple le tirera

des

---

6. Un Valerius Flaccus Festus, qui parloit en faveur de Vitellius dans ses létres, & donnoit à Vespasien des Avis secrets de ce qui se passoit, pour se faire un mérite auprès de l'un & de l'autre, & avoir toujours pour Ami celui qui resteroit Empereur, devint justement suspect à tous les deux (Tacite Hist. 2.)

[*] Afection.

des mains [*] *de ſes ennemis, ou des Magiſtrats. En quoi il pourroit ſouvent ſe trouver deçu, comme il ari- va aux Gracques 7 à Rome, & à George Scali 8 à Florence. Mais lors que c'eſt un Prince, qui ſait com- mander, & qui ne manque point de cœur dans l'Ad- verſité, ni de ce qu'il faut pour entretenir l'eſprit du peuple, il ne ſe trouvera jamais mal d'avoir fait fond ſur ſon afection. D'ordinaire, les Principautés Civi- les périclitent, quand il s'agit d'établir une Domina- tion abſolüe. Car ces Princes commandent par eux- mêmes, ou par des Magiſtrats. Si c'eſt par autrui, le danger eſt plus grand, dautant qu'ils dépendent de la volonté des Citoiens, qui ſont en charge, les quels, au premier remüement qui arive, leur peuvent très-fa- cilement ôter leur Etat, ſoit en ne voulant pas leur o- béir, ou en ſe ſoulevant contre eux. Et alors le Prin- ce n'eſt plus à tems de ſe rendre Maitre abſolu, parce- qu'il ne ſait à qui ſe fier, & que les Sujets, qui ont accoutumé d'obéir aux Magiſtrats, ne lui veulent point obéir. Joint qu'il ne ſauroit ſe régler ſur ce qu'il voit, lors qu'il eſt en paix, & que les Citoiens ont be- ſoin de l'Etat. Car alors un chacun court, un chacun promet, un chacun veut mourir pour lui, parce que la Mort eſt éloignée. Mais lors que l'Etat a beſoin des Citoiens, il s'en trouve peu, qui ſervent 9. Et l'ex- périence eſt d'autant-plus dangereuſe, qu'on ne la peut faire qu'une fois. Ainſi, un Prince ſage doit faire en ſorte, que ſes ſujets aient beſoin de lui en tout tems, moïennant quoi ils lui ſeront toujours fidèles.*

[*] Ou, le protégera con- tre l'opreſſion de ſes &c.

7. Tiberius Gracchus fut aſſailli & tué par le peuple, ſur ce ſeul mot de Scipio Naſicá, *Qui ſalvam vellent Reimp. ſe ſequerentur.* (Pa- terc. Hiſt. 2.) Et Caïus, ſon frere, fût tué enſuite.

8. Décapité, dit Machia- vel (au 3. liv. de ſon Hiſt.) devant un peuple, qui peu auparavant l'adoroit. L'a- fection du peuple, ajoute- t-il, ſe perd auſſi aiſément qu'elle ſe gagne.

9. *Proſperis Vitellii rebus certaturi ad obſequium, ad- verſam ejus fortunam ex æquo detrectabant,* dit Tacite (Hiſt. 2.) *Languentibus omnium ſtu- diis, qui primò alacres fidem atque animum oſtentaverant.* (Hiſt. 1.)

CHA-

CHAPITRE X.

Des forces des Etats.

MAintenant il est bon d'éxaminer la qualité du Prince, c'est-à-dire, s'il a un si grand état, qu'il puisse de lui même se soutenir dans le besoin, ou bien, s'il ne sauroit se passer de l'assistence d'autrui. Pour débroüiller ce Point, je dis, que comme, à mon avis, ceux-là peuvent se soutenir d'eux mêmes, qui ont assés d'hommes, ou d'argent, pour métre une bonne Armée sus pié, & donner bataille à qui que ce soit qui les vienne assaillir: Au contraire, ceux-là ont toujours besoin d'autrui, qui sont contraints de se tenir enfermés dans leurs Villes, faute de pouvoir paroitre en Campagne. Nous avons discouru du premier cas, & nous en dirons encore dans la suite ce qui viendra à point. Quant au second, il sufit d'avertir les Princes, de munir & fortifier la Ville de leur résidence,
sans

DEpuis que Machiavel écrivit son *Prince politique*, le monde est si changé, qu'il n'est presque plus reconnoissable. Si quelque habile Capitaine de Loüis XII. réparoissoit de nos jours, il seroit entiérement désorienté. Il verroit qu'on fait la guerre avec des troupes innombrables, entretenues en paix comme en guerre; au lieu que de son tems, pour frapper les grands coups, & pour exécuter les grandes entreprises, une poignée de monde suffisoit, & les troupes étoient congédiées après la guerre finie. Au lieu de ces vêtemens de fer, de ces lances, de ces arquebuses à roüet, il trouveroit des habits d'ordonnance, des fusils avec de bayonnettes, des méthodes nouvelles pour camper, pour assiéger,
pour

fans fe métre nullement en peine du refte. Car quand le Prince aura bien fortifié fa Ville, & qu'il fe fera menagé envers fes autres fujets, comme je l'ai dit ci-deffus, & le dirai ci-deffous, il ne fera jamais ataqué de gayeté de cœur¹, les hommes craignant toujours de s'embarquer dans les entreprifes dificiles². Or il ne fait jamais bon à ata-

1. C'eft pour cela que Tacite reprend Bardanés de s'être embaraffé au Siége d'une Ville forte, & pourvüe de toutes fortes de munitions. Où il entra, dit-il, plus de paffion de fe vanger, que de prudence. *Solis Seleucenfibus Dominationem ejus abnuentibus, in quos, ut Patris fui quoque defectores, ira magis quàm ex ufu præfenti accenfus, implicatur obfidione Urbis validæ, Muroque & Commeatibus firmatæ.* (Ann. XI.)

2. *Omnes, qui magnarum rerum confilia fufcipiunt, æftimare debent, an quod inchoatur promptum effectu, aut certé non arduum fit.* (Hift. 2.) Ceux, qui font une grande entreprife, dit Tacite, doivent férieufement éxaminer, fi l'éxécution en fera aifée, ou dificile.

pour donner bataille, & fur-tout l'art de faire fubfifter des troupes, auffi néceffaire que celui de battre l'ennemi. Mais que ne diroit pas Machiavel lui-même, s'il pouvoit voir la nouvelle forme du Corps politique de l'Europe, tant de grands Princes qui figurent à préfent dans le monde, qui n'y étoient pour rien alors, la puiffance des Rois folidement établie, la maniére de négocier des Souverains, & cette balance qu'établit en Europe l'alliance de quelques Princes confidérables pour s'oppofer aux Ambitieux, & qui n'a pour but que le repos du monde?

Toutes ces chofes ont produit un changement fi général & fi univerfel, qu'elles rendent la plûpart des maximes de Machiavel inapplicables à notre politique moderne; c'eft ce que fait voir principalement ce Chapitre, je dois en en rapporter quelques exemples. Machiavel fuppofe qu'un Prince, dont le Païs eft étendu, qui avec cela a beaucoup

ataquer un Prince, qui tient sa place en état de se bien défendre, & qui n'est point haï du peuple. Les Villes d'Alemagne sont très-libres, ont peu de Territoire, & n'obéissent qu'à leur mode à l'Empereur, qu'elles ne craignent point, ni pas-un autre voisin puissant. Car comme elles ont toutes de fortes murailles, de grans fossés, & autant d'artillerie qu'il leur en faut : & qu'il y a toujours dans leurs Magazins des provisions de vivres & de bois pour un An, un chacun voit, que les siéges de ces Villes seroient longs & pénibles. Joint que pour nourrir le menu - peuple, sans qu'il soit à charge au Public, elles ont toujours de quoi lui donner à travailler pour un an à ces sortes d'ouvrages, qui sont les Nerfs & le soutien de la Ville. Outre cela, elles tiennent la Discipline & les éxercices Militaires en vigueur. Ainsi donc, un Prince, qui a une Ville forte, & qui n'y est pas haï, ne peut pas être assailli, & ceux qui l'ataqueroient, en sortiroient à leur deshonneur, parceque les Choses du Monde sont si sujétes au changement, qu'il est presque impossible de

coup d'argent & des troupes, peut se soutenir par ses propres forces, sans l'assistance d'aucun Allié, contre les attaques de ses ennemis.

C'est ce que j'ôse contredire. Je dis même plus, & j'avance qu'un Prince, quelque redouté qu'il soit, ne sauroit lui seul résister à des ennemis puissans, & qu'il lui faut nécessairement le secours de quelques Alliés. Si le plus formidable, le plus puissant Prince de l'Europe, si Louïs XIV. fut sur le point de succomber dans la guerre de la succession d'Espagne, & que faute d'Alliances il ne put presque plus résister à la Ligue de tant de Rois & de Princes, prête à l'accabler ; à plus forte raison tout Souverain qui lui est inférieur, ne peut-il, sans hazarder beaucoup, demeurer isolé & privé de fortes Alliances.

On dit, & cela se repete sans beaucoup de réflexions, que les Traités sont inutiles, puisqu'on n'en remplit presque jamais tous les points, & qu'on n'est

E pas

de tenir, un an durant, le siége devant une Place. Mais, me dira quelqu'un, si le peuple a ses biens au dehors, & voit sacager ses Terres, il perdra patience, & l'amour propre, outre les incommodités d'un long siége, lui fera abandonner le Prince. Je répons, qu'un Prince puissant & courageux surmontera toujours ces dificultés, soit en faisant esperér au peuple, que le mal ne durera pas; soit en lui faisant peur de la cruauté de l'ennemi, ou en s'assurant finement de ceux, qui lui paroitront trop remuans. Ajoutés à cela, que comme d'ordinaire l'ennemi fait le dégât d'abord qu'il entre parceque c'est le tems, que les esprits sont boüillans, & mieux résolus à la défense: le Prince en doit tenir plus ferme: Vu qu'aprés que la premiere chaleur est passée, ses sujets considerant, que tout le mal est déja fait, & qu'il n'y a plus de reméde, ils s'unissent d'autant plus étroitement avec lui, qu'ils se le croient plus obligé, étant pour l'amour de lui, que leurs Terres ont été sacagées. Car c'est la coutume des hommes d'aimer autant pour le bien qu'ils font, que pour celui, qu'ils font, que pour celui, qu'ils re-

pas plus scrupuleux dans notre siécle qu'en tout autre. Je réponds à ceux qui pensent ainsi, que je ne doute nullement qu'ils ne trouvent des exemples anciens, & même très récens, de Princes qui n'ont pas rempli exactement leurs engagemens; mais cependant il est toujours très avantageux de faire des Traités. Les Alliés que vous vous faites, feront autant d'ennemis que vous aurez de moins, & s'ils ne vous sont d'aucun secours, vous les réduirez à observer au moins quelque tems la neutralité.

Machiavel parle ensuite de *Princhipini*, de ces Souverains en mignature, qui, naiant que de petits Etats, ne peuvent mettre d'armée en campagne. L'Auteur appuie beaucoup sur ce qu'ils doivent fortifier leur Capitale, afin de s'y renfermer avec leurs troupes en tems de guerre. Les Princes dont parle Machiavel, ne sont proprement que des Hermaphrodites de Souverain & de Particulier; ils ne joüent le

reçoivent. Tout cela bien considéré, il ne sera pas dificile à un Prince prudent de résoudre la Bourgeoisie à soutenir un long siége, pourvu que la Ville ait de quoi vivre, & de quoi se défendre. 3

3. Conforme à ce que Tacite dit, qu'Agricola renouvelloit tous les ans les garnisons & les Munitions des Places, afin qu'elles pussent soutenir un long Siége. (In Agricola.)

le rôle de Souverain que sur un trop petit théatre. S'ils ne sont entourés que de Princes aussi foibles qu'eux, ils ont raison de fortifier leurs petites places; deux bastions, & deux cens soldats sont pour eux & pour leurs Voisins, ce que sont de vraies forteresses & cent mille hommes pour des grands Rois.

Mais si ces Seigneurs sont dans la situation où étoient les Barons de France où d'Angleterre, si ce sont des Seigneurs de l'Empire, je crois que des troupes & des forteresses peuvent les ruiner, & ne peuvent les agrandir. Le faste de la Souveraineté est dangereux quand le pouvoir de la Souveraineté manque: on ruine souvent sa Maison pour en soutenir trop la grandeur; plus d'un Prince apanagé en a fait la triste expérience. Avoir une espéce d'armée, quand on ne doit avoir qu'une foible garde, entretenir une garde, quand on doit s'en tenir à des domestiques, ce n'est point là de l'ambition, ce n'est que de la vanité, & cette vanité conduit bientôt à l'indigence.

Pourquoi auroient-ils des places? Ils ne sont pas dans le cas de pouvoir être assiégés par leurs semblables, puisque des Voisins, plus puissans qu'eux, se mêlent d'abord de leurs démêlés & leur offrent une Médiation qu'il ne dépend pas d'eux de refuser; ainsi, au lieu de sang répandu, deux coups de plume terminent leurs petites querelles.

A quoi leur serviroient leurs forteresses? Quand même elles seroient en état de soutenir un siége

E 2 de

de la longueur de celui de Troïe, contre leurs
petis ennemis, elles n'en soutiendroient pas un,
comme celui de Jerico, devant les armées d'un
Monarque puissant. Si d'ailleurs de grandes
guerres se font dans le voisinage, il ne dépend
point d'eux de rester neutres; ou ils sont totale-
ment ruinés. Et s'ils embrassent le parti d'une
des Puissances belligérantes, leur Capitale devient
la place de guerre de ce Prince.

L'idée que Machiavel nous donne des Villes
Impériales d'Allemagne, est toute différente de
ce qu'elles sont à présent. Un petard suffiroit,
& au defaut de cela, un Mandement de l'Empereur, pour le rendre maître de ces Villes. Elles
sont toutes mal fortifiées, la plûpart avec d'anciennes murailles, flanquées en quelques endroits
par de grosses tours, & entourées de fossés, que des terres écroulées ont presque entiérement refermés. Elles ont peu de troupes, &
celles qu'elles entretiennent, sont mal disciplinées; leurs Officiers sont pour la plûpart des
Vieillards hors d'état de servir. Quelques-unes
des Villes Impériales ont une assez bonne artillerie; mais cela ne suffiroit point pour s'opposer à l'Empereur, qui a coutume de leur faire sentir assez souvent leur foiblesse. En un mot,
faire la guerre, livrer des batailles, attaquer ou
défendre des forteresses, est uniquement l'affaire des grands Princes, & ceux qui veulent les
imiter sans en avoir la puissance, ressemblent à
celui qui contrefaisoit le bruit du tonnerre, & se
croioit Jupiter.

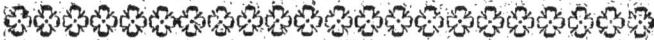

꙰꙰꙰꙰꙰꙰꙰꙰꙰꙰꙰꙰꙰꙰꙰꙰꙰꙰꙰꙰꙰꙰

CHAPITRE XI.

Des Etats Ecclésiastiques.

IL ne me reste plus à parler, que des Principautés Ecléfiastiques, qui sont, dificiles à aquerir, mais faciles à conserver, parcequ'elles sont apuiées sur de vieilles Coutumes de Religion, qui sont toutes si puissantes, que de quelque maniére qu'on se gouverne, l'on s'y maintient toujours. Il n'y a que ces Princes, qui ont un Etat, & qui ne le défendent point; qui ont des sujets, & qui ne les gouvernent point. Il n'y a qu'eux, qui ne sont point dépoüillés de leurs Etats, quoiqu'ils les laissent sans défense, & qui ont des sujets, qui n'ont ni la pensée, ni le pouvoir de s'aliéner d'eux. Ce sont donc là les seules Principautés assurées & hureuses. Mais comme elles sont régies & soutenües par des Causes supérieures, où l'esprit humain ne sauroit ateindré, ce seroit présomption & témérité à moi d'en discourir. Néanmoins, si quelqu'un

JE ne vois guères dans l'Antiquité de Prêtres devenus Souverains. Il me semble que de tous les peuples dont il nous est resté quelque faible connoissance, il n'y a que les Juifs qui aient eu une suite de Pontifes despotiques; mais par-tout ailleurs il parait que les Chefs de la Religion ne se mêloient que de leurs fonctions. Ils sacrifioient, ils recevoient un salaire, ils avoient des prérogatives; mais ils instruisoient rarement, & ne gouvernoient jamais: & c'est, je crois, parce qu'ils n'avoient ni dogmes qui peuvent diviser les peuples, ni autorité dont on peut abuser, qu'il n'y eût jamais chez les Anciens de guerre de Religion.

Lorsque l'Europe dans la décadence de l'Empire Romain fut une Anarchie de Barbares,

E 3 tout

qu'un me demande, d'où
vient que l'Eglise est devenüe si puissante dans le Temporel, qu'un Roi de Fran-
ce en tremble aujourd'hui,
& qu'elle l'a pu chasser de
l'Italie, & ruiner les Venitiens : au lieu qu'avant
le Pontificat d'Aléxandre,
non seulement les Potentats
d'Italie, mais même les moindres Barons & Seigneurs
Italiens la craignoient peu
à l'égard du Temporel ; il
ne me paroit pas inutile de
le remémorer en partie,
bien que cela soit assés connu. Avant que Charles,
Roi de France, passât en
Italie, céte Province étoit
sous l'Empire du Pape, des
Venitiens, du Roi de Na-
ples, du Duc de Milan,
& des Florentins. Ces Po-
tentats avoient deux principaux soucis, l'un d'empê-
cher, que les Armes Etran-
géres n'entrassent en Italie ; l'autre, que pas un
d'eux ne s'agrandit davantage. Ceux, de qui l'on
prenoit le plus d'ombrage,
étoient le Pape & les Vé-
nitiens. Pour contenir ceux-
ci, il faloit une ligue de
tous les autres, comme l'on
avoit fait pour la défense
de Ferrare. Pour humilier
le Pape, l'on se servoit des
Barons Romains, qui é-
tant

tout fut divisé en mil-
le petites Souveraine-
tés; beaucoup d'Evéques
se firent Princes, & ce
fut l'Evêque de Rome
qui donna l'exemple.
Il semble que sous ces
Gouvernemens Ecclé-
siastiques les peuples dus-
sent vivre assez heureux;
car des Princes électifs,
dont les Etats sont très
bornés, tels que ceux
des Ecclésiastiques, doi-
vent ménager leurs Su-
jets, si non par Reli-
gion, au moins par po-
litique.

Il est certain cepen-
dant qu'aucun Païs ne
fourmille plus de Man-
dians que ceux des Ec-
clésiastiques. C'est-là
qu'on peut voir un ta-
bleau de toutes les mi-
féres humaines, non pas
de ces Pauvres que la
liberalité & les aumô-
nes des Souverains y
attirent, de ces Insectes
qui s'attachent aux Ri-
ches & qui rampent à
la suite de l'opulence;
mais de ces Faméliques,
privés du nécessaire &
des moïens de se le pro-
curer. On diroit que les
peuples de ces Païs vi-
vent sous les Loix de
Sparte qui défendoient
l'or

ont partagés en deux fac-
tions, les Ursins & les Colonnes, avoient toujours les
Armes à la main, pour
vanger leurs queréles, juf-
que fous les yeux du Pape.
Ce qui énervoit le Ponti-
ficat. Et bien qu'il vinst
quelquefois un Pape courageux, tel que fut Sixte IV.
fi eft-ce qu'il ne pouvoit
jamais fe tirer d'embaras,
à caufe de la courte durée
du Pontificat. Car une dix-
aine d'années, que vivoit un
Pape, fufifoit à peine, pour
abaiffer l'une des factions.
Et fi, [*] par exemple,
celle des Colonnes étoit prefque éteinte fous un Pape,
elle réfufcitoit fous un autre, qui en vouloit aux
Urfins. Et cela faifoit,
que les forces temporelles du
Pape étoient méprifées en
Italie. Il vint enfin un A-
léxandre VI. qui montra
mieux, que tous fes Pré-
déceffeurs ce qu'un Pape eft
capable de faire avec de
l'argent & des Armes. Té-
moin tout ce que j'ai dit,
qu'il fit par le moien du
Duc de Valentinois, & des
François. Et quoique fon
in-

[*] Ou, & s'il arivoit, qu'un
Pape eût prefque éteint les Colonnes, un autre les refufci-
toit en perfécutant les Urfins.

l'or & l'argent; il n'y a
guères que leurs Sou-
verains exceptés de la
Loi.

La raifon générale en
eft, que parvenus tard
au Gouvernement, aiant
peu d'années à joüir, &
des héritiers à enrichir,
ils ont rarement la vo-
lonté, & jamais le tems
d'exécuter des entrepri-
fes longues & utiles.
Les grands établiffe-
mens, le Commerce,
tout ce qui exige des
commencemens lents &
penibles, ne font point
faits pour eux; ils fe
regardent comme des
Paffagers reçus dans une
maifon d'emprunt. Leur
Trône leur eft étranger,
ils ne l'ont point reçu
de leurs Peres, ils ne
le laiffent point à leur
Poftérité. Ils ne peu-
vent avoir ni les fenti-
mens d'un Roi, Père de
famille, qui travaille
pour les fiens, ni d'un
Républicain qui immole
tout à fa Patrie; ou fi
quelqu'un d'eux penfe
en Pere du peuple, il
meurt avant de fertili-
fer le champ que fes
prédéceffeurs ont laiffé
couvrir de ronces &
d'épines.

Voilà pourquoi on a
mur-

E 4

intention ne fût pas d'a-
grandir l'Eglife, mais fon
fils, néanmoins, après fa
mort, & celle de ce Duc,
Elle profita de toutes leurs
aquifitions. Jules, Succeffeur d'Aléxandre, trou-
vant l'Etat Ecléfiaftique
acru de toute la Romagne,
les factions des Barons Romains éteintes par les rigueurs de fon Prédéceffeur,
&, avec cela, un chemin
ouvert aux moiens de té-
faurifer (de quoi nul Pape
ne s'étoit encore avifé a-
vant Aléxandre) non feu-
lement il fuivit ces traces,
mais enchériffant même par
deffus, il fe mit en tête d'a-
quérir Bologne, de ruiner
les Vénitiens, & de chaf-
fer les François de l'Italie.
Ce qui lui réuffit avec d'autant plus de gloire, qu'il
fit tout cela, pour agrandir l'Eglife, & non pour
avancer les fiens. Il laiffa
les Urfins & les Colonnes
au même état qu'il les trouva, & bien qu'il y eût
quelque fujet d'altération
entre eux, néanmoins deux
chofes les retinrent dans le
devoir, l'une la grandeur
de l'Eglife, qui les abaif-
foit, l'autre de n'avoir
point de Cardinaux de leur
Maifon *. D'où font ve-
nües

* Les Urfins & les Colonnes
fu-

murmuré long-tems
contre quelques Souve-
rains Eccléfiaftiques, qui
engraiffoient de la fub-
ftance des peuples leurs
maitreffes, leurs ne-
veux, ou leurs bâtards.

L'hiftoire des Chefs
de l'Eglife ne devroit
fournir que des monu-
mens de vertu. On fait
ce qu'on y trouve, on
fait combien ce qui de-
vroit être fi pur, a été
quelquefois corrompu.

Ceux qui refléchiffent
peu, s'étonnent que les
peuples aient fouffert a-
vec tant de patience
l'oppreffion de cette ef-
péce de Souverains;
qu'ils aient enduré d'un
front profterné à l'Autel,
ce qu'ils ne fouffriroient
point d'un front cou-
ronné de lauriers.

Machiavel attribuera
cette docilité du peu-
ple à la grande habileté
de fes Maîtres qui é-
toient à la fois fages &
méchans; pour moi, je
penfe que la Religion a
beaucoup contribué à
retenir les peuples fous
le joug. Un mauvais
Pape étoit haï, mais fon
caractére étoit révéré;
le refpect, attaché à fa
place, alloit jufques à
fa perfonne? Il eft ve-
nu

nlles toutes leurs diffenfions & queréles, qui ne cefferont jamais, tant qu'elles auront des Cardinaux, d'autant que ces fujets fomentent au dedans & audehors des queréles, que les Seigneurs de l'une & de l'autre faction font contraints d'époufer. De forte que la difcorde, qui eft entre les Barons, vient de l'ambition des Prélats. Ainfi, Léon X. a trouvé le Pontificat à un très-haut degré de puiffance : Et il y a lieu d'efpérer, que comme Aléxandre & Jules l'ont agrandi par les Armes, il le rendra encore plus grand, & plus vénérable par fa bonté, & par mille autres bonnes qualités, dont il eft doüé.

furent encore abaiffés par la création, que Sixte VI fit de plufieurs Ducs & Princes, qui étant devenus leurs égaux, par ce nouveau titre, devinrent auffi leurs ennemis par la pretenfion de la prefféance.

nu cent fois dans l'efprit des nouveaux Romains de changer de Maitre ; mais il portoit entre fes mains une arme facrée qui les arrêtoit. On s'eft révolté quelquefois contre les Papes ; mais il n'y a jamais eu dans Rome, foumife à la Tiare, la centiéme partie des révolutions de Rome Païenne ; tant les mœurs des hommes peuvent changer !

L'Auteur remarque ce qui contribua le plus à l'élevation du St. Siége. Il en attribue la raifon principale à l'habile conduite d'Alexandre VI. de ce Pontife qui pouffoit la cruauté & l'ambition à un excès énorme, & qui ne connoiffoit de juftice que fon intérêt.

Or, s'il eft vrai qu'un des plus méchans hommes qui ait jamais porté la Tiare, foit celui qui ait le plus affermi la puiffance Papale, que doit-on naturellement en conclure ?

L'éloge de Léon X. fait la conclufion de ce Chapitre. Il avoit des talens, mais je ne fais s'il avoit des vertus ; fes débauches, fon irréligion, fa mauvaife foi, fes caprices font affez connus. Machiavel ne le loüe pas précifément par ces qualités-là ; mais il lui fait fa cour,

E 5 &

& de tels Princes méritoient de tels Courtifans. Machiavel loüe Léon X. & refuſe des éloges à Louïs XII. le Pere de fon peuple.

✳✳✳✳✳✳✳✳✳✳✳✳✳✳✳✳✳✳✳✳✳✳✳✳✳✳✳✳✳

CHAPITRE XII.

Des Milices.

Ayant traité un détail de toutes les fortes de Principautés, & montré les moiens, par où pluſieurs les ont acquiſes & confervées; &, à peu prés, les dificultés qu'il y a à les aquérir, ou à s'y maintenir. Il ne me reſte plus, qu'à diſcourir en général de ce qui concerne l'ofenſive, ou la défenſive. Nous avons dit, que le Prince a beſoin de jeter de bons fondemens, autrement, qu'il faut, qu'il périſſe. Les principaux fondemens, qu'aient les Etats nouveaux, anciens, ou mixtes, font les bonnes Loix, & les bonnes Armes. [1] *Or comme les bonnes*

T Out eſt varié dans l'Univers; les tempéramens des hommes font différens, & la Nature établit la même variété, ſi j'ôſe m'exprimer ainſi, dans les tempéramens des Etats. J'entends en général par le tempérament d'un Etat, fa ſituation, fon étendue, le nombre, le génie de ſes peuples; ſon commerce, ſes coutumes, ſes loix, fon fort, fon foible, ſes richeſſes & ſes reſſources. Cette différence de Gouvernement eſt très ſenfible; elle eſt infinie, lorſqu'on veut deſcendre juſques dans les détails; & de même que les Médecins ne poſſedent aucun ſecret qui convienne à toutes les maladies & à toutes les com-

[1]. *Imperatoriam Majeſtatem*, dit Juſtinien dans la Préface de ſes Inſtituts, *non ſolùm armis decoratam; ſed*

nes Loix ne peuvent rien, où il n'y a pas de bonnes Armes : & qu'où il y a de bonnes Armes, il faut qu'il y ait de bonnes Loix, je ne parlerai que des Armes. Je dis donc, que les Armes, avec les quelles un Prince défend son Etat, sont Propres, ou Mercenaires : Auxiliaires, ou Mixtes. Les Mercenaires & les Auxiliaires sont inutiles & dangereuses : & le Prince, qui fera fond sur les Soldats Mercenaires, ne sera jamais en sûreté, dautant qu'ils sont désunis, ambitieux, & sans Discipline, infidéles, braves parmi les amis, lâches parmi les ennemis, & qu'ils n'ont ni crainte de Dieu, ni bonne foi envers les hommes. Si bien que la ruine ne se difére, qu'autant que se difére l'assaut. Ils te dépoüillent durant la Paix ; au lieu que les ennemis ne le font que durant la Guerre. Car ils n'ont point d'autre Amour, ni d'autre motif, qui les lie à ton service, que leur paie, qui d'ailleurs n'est pas suffisante, pour

sed etiam legibus oportet esse armatam, ut utrumque tempus, & bellorum & pacis recte possit gubernari.

complexions, de même les Politiques ne sauroient prescrire des régles générales dont l'application soit à l'usage de toutes les formes de Gouvernement. Cette réflexion me conduit à examiner le sentiment de Machiavel sur les troupes étrangères & mercénaires. L'Auteur en rejette entiérement l'usage, s'appuiant sur des exemples, par lesquels il prétend que ces troupes ont été plus dangereuses que secourables aux Etats qui s'en sont servis.

Il est sûr, & l'expérience a fait voir en général, que les meilleures troupes d'un Etat sont les nationales. On pourroit appuier ce sentiment par les exemples de la valeureuse résistance de Léonidas aux Termopilles, & surtout par ces progrès étonnans de l'Empire Romain & des Arabes.

Cette maxime de Machiavel peut donc convenir à tous les Païs, assez riches d'habitans pour qu'ils puissent fournir un nombre suffisant de soldats. Je suis persuadé, comme l'Auteur, qu'un

pour leur donner envie de mourir pour toi. Ils veulent bien être tes soldats, tant que tu ne fais point la Guerre : mais aussi tôt qu'elle vient, ils s'enfuient, ou veulent s'en aler. Et je n'aurois pas de peine à prouver cela, puisque la ruine de l'Italie ne vient aujourd'hui, que de s'être reposée si long-tems sur les soldats Mercenaires, qui d'abord ont fait quelque progrés, [*] & sembloient entre eux être de braves gens ; mais qui ont montré ce qu'ils sont, quand les Etrangers ont paru. En sorte que Charles, Roi de France prit l'Italie avec de la Craie. [†] Et ceux, qui disoient, que nos péchés en étoient la cause, disoient vrai, bien que ce ne fussent pas les péchés qu'ils croioient, mais ceux que j'ai racontés [‡], c'est-à-dire, l'ambition & la cupidité des Princes, qui aussi en ont porté la peine.

[*] Ou, firent quelque progrés. &c. mais qui montrèrent ce qu'ils étoient, quand les Étrangers parurent.

[†] Mot d'Aléxandre VI. qui comparoit Charles à un Maréchal des Logis, qui passe par tout, & ne reste nulle-part.

[‡] Au Chapitre 3.

qu'un Etat est mal servi par des Mercénaires, & que les Compatriotes sentent redoubler leur courage par les liens qui les attachent.

Il est principalement dangereux de laisser languir dans l'inaction ses Sujets, dans les tems que les fatigues de la guerre & les combats aguérissent ses Voisins.

On a remarqué plus d'une fois que les Etats qui sortoient des guerres civiles, ont été très supérieurs à leurs ennemis ; car tout est soldat dans une guerre civile. Le génie s'y distingue indépendamment de la faveur ; & quiconque mérite de joüer un rôle, & le veut, en vient à bout. Il se forme des hommes en tout genre, & ces hommes raniment la Nation ; triste, mais sûre manière de s'aguérrir ! Un Roi sage entretient autrement l'esprit guérrier de son peuple, tantôt en secourant ses Alliés ; tantôt par des marches & des revûes fréquentes.

Ce n'est que dans un Etat menacé & presque dépeuplé, qu'on doit absolument prendre à
sa

ne. : *Mais, pour rentrer dans mon sujet. Les Capitaines Mer-*

2. Guichardin (au Livre I. de son Histoire d'Italie) dit, que Pierre de Medicis disant à Louis Sforce, Duc de Milan, qu'il avoit été au devant de lui, mais en vain, parceque Louis avoit manqué le droit chemin ; Le Duc lui répondit en ces termes, *il est vrai qu'un de nous deux a manqué le chemin, mais c'est peut-être vous.* Pour lui reprocher obliquement de s'être engagé si mal à propos avec la France. Mais, la suite a bien montré, ajoute Guichardin, qu'ils avoient tous deux manqué leur chemin, & principalement le Duc, qui se piquoit d'être le Guide de tous les autres, par son habileté & par sa prudence. A raison de quoi ses flateurs n'avoient pas honte de dire, ni lui de leur entendre dire, qu'il n'y avoit que Jesus-Christ au Ciel, & Louis le More au Monde, qui sussent où se termineroit la Guerre de France. (Nardi au livre 3me. de son Histoire de Florence.) Où il ajoute, que ce Duc raillant un jour avec un Gentilhomme Florentin, & lui montrant un grand Tableau de l'Italie, où étoit représenté un More, qui sembloit en chasser, avec

sa solde des troupes étrangères.

On trouve alors des expédiens qui corrigent ce qu'il y a de vicieux dans cette espéce de Milice ; on mêle soigneusement les Etrangers avec les Nationaux pour les empêcher de faire bande à part ; on les façonne à la même discipline ; on leur inspire peu à peu la même fidélité ; l'on porte sa principale attention sur ce que le nombre d'Etrangers n'approche pas du nombre des Nationaux. Il y a un Roi du Nord, dont l'armée est composée de cette sorte de mixtes, & qui n'en est pas moins puissant, ni moins formidable.

La plûpart des troupes Européannes sont composées de Nationaux & de Mercénaires. Ceux qui cultivent les terres, ceux qui habitent les villes, moïennant une certaine taxe qu'ils païent pour l'entretien des troupes qui doivent es défendre, ne vont plus à la guerre. Les soldats ne sont composés que de la plus vile

Mercenaires font d'excel-
lens hommes, ou non. Si ce
font de braves-gens, tu ne
faurois t'y fier. Car ils ten-
dent toujours à leur propre
grandeur, foit en t'opri-
mant, toi, qui es leur Maî-
tre; ou en oprimant les au-
tres contre ton intention.
S'ils ne le font pas, d'ordi-
naire ils perdent tes afai-
res. Et fi l'on me répond,
que tout autre Capitaine,
qui aura les armes à la
main, fera de même, je
répliquerai, que c'eft un
Prince, ou une Républi-
que, qui a à prendre les Ar-
mes. Le Prince doit faire
lui même la charge de Ca-
pitaine. La République la
doit donner à quelqu'un de
fes Citoiens. Et s'il arive,
que celui-là n'y foit pas
propre, elle le doit chan-
ger : & s'il eft bon pour
cet emploi, le tenir fi dé-
pendant, qu'il ne puiffe con-

vec un balai à la main,
beaucoup de Coqs & de pe-
tits pouffins de toutes les
fortes, il lui demanda, *que*
dites vous ce deffein? Que
vôtre More, voulant balaier
& nétoier l'Italie, fe remplit
lui même de pouffiére & d'or-
dure, répondit le Florentin.
Par où il lui prédifoit ce
qui lui ariva bientôt aprés.

le partie du peuple, de
Fainéans qui aiment
mieux l'oifiveté que le
travail, de Débauchés
qui cherchent la licen-
ce & l'impunité dans
les troupes, de jeunes
Ecervelés indociles à
leurs Parens, qui s'en-
rôlent par légéreté.
Tous ceux-là ont auffi
peu d'inclination & d'at-
tachement pour leur
Maître, que les Etran-
gers.

Que ces troupes font
différentes des Romains
qui conquirent le Mon-
de ! Ces défertions, fi
fréquentes de nos jours
dans toutes les armées,
étoient quelque chofe
d'inconnu chez les Ro-
mains. Ces hommes,
qui combattoient pour
leurs familles, pour
leurs Penates, pour tout
ce qu'ils avoient de plus
cher dans cette vie, ne
penfoient pas à trahir
tant d'intérêts à la fois
par une lâche défer-
tion. Ce qui fait la fû-
reté des grands Princes
de l'Europe c'eft que
leurs troupes font à peu
près toutes femblables,
& qu'ils n'ont de ce cô-
té aucuns avantages les
uns fur les autres. Il n'y

a

contrevenir aux Loix. Et l'expérience montre, que les Princes tout seuls, & les Républiques armées font de grans progrès, & que la Milice Mercenaire ne fait jamais que du domage. Joint qu'une République, armée de ses propres Armes, se garantit mieux de l'opreſſion de son Citoien, que ne fait une, qui se sert d'Armes étrangéres. Rome & Sparte se sont mainte-nües libres pluſieurs ſiécles avec leurs Armes : & les Suiſſes, avec les leurs, sont aujourd'hui très-libres. Pour éxemples de l'Ancien-ne Milice Mercenaire nous avons les Cartaginois, qui, quoiqu'ils euſſent leurs pro-pres Citoiens pour Capi-taines, faillirent d'être opri-més des Armes Mercenai-res, au sortir de la pre-miére Guerre qu'ils eurent contre les Romains. Filip-pe de Macédoine, devenu Capitaine des Thébains, a-prés la mort d'Epaminon-das, leur ôta la liberté, aprés qu'il eut vaincu leurs ennemis. Sforce abandon-na tout-à coup Jeanne II. Reine de Naples, qu'il ſer-voit. Ce qui la contrai-gnit de se jeter entre les bras du Roi d'Aragon, * pour

* Alfonſe qu'elle adopta, & puis

a que les troupes Sué-doiſes, qui sont bour-geois, païsans & soldats en même tems ; mais lorsqu'ils vont à la guer-re, presque perſonne ne reſte dans l'intérieur du Païs pour labourer la terre : ainſi, ils ne peuvent rien à la lon-gue, sans se ruiner eux-mêmes plus que leurs ennemis.

Voilà pour les Mer-cénaires. Quant à la manière dont un grand Prince doit faire la guer-re, je me range entié-rement du ſentiment de Machiavel.

Effectivement un grand Prince doit prendre ſur lui la conduite de ſes troupes. Son armée eſt sa réſidence ; son intérêt, son devoir, sa gloire, tout l'y engage. Com-me il eſt Chef de la Ju-ſtice diſtributive, il eſt également défenſeur de ſes peuples ; c'eſt un des objets les plus impor-tans de son miniſtère, il ne doit par cette rai-son le confier qu'à lui-même.

Sa préſence met fin d'ailleurs à la meſintel-ligence des Généraux, ſi funeſte aux armées, & ſi préjudiciable aux inté-

*pour sauver son Etat. François Sforce, son fils, aiant batu les Vénitiens à Caravas, s'unit avec eux, pour oprimer les Milanois, qui l'avoient fait leur Capitaine, après la mort de leur Duc Filippe. Et si l'on me dit, que les Vénitiens & les Florentins n'ont acru leur Empire que par cête Milice, & que leurs Capitaines ne sont pourtant jamais devenus leurs Princes, mais au contraire les ont bien défendus: Je répons, que les Florentins ont eu beaucoup de bonheur, dautant que de divers Capitaines, de qui ils avoient à craindre, les uns n'ont point vaincu, les autres ont rencontré des obstacles, ou ont porté leur Ambition ailleurs. Jean d'Acut * fut celui; qui ne vainquit point, & de qui par conséquent on ne pût pas reconnoître la fidélité. Mais un chacun m'avoüera, que, s'il eût vaincu, les Florentins restoient à sa discretion. Sforce eut toujours les Braces*

puis rejeta pour adopter Louis d'Anjou.

* Capitaine Anglois, qui commandoit quatre mille Anglois au secours des Gibelins de la Toscane. Mach. liv. I. de son Histoire.

intérêts du Maître; elle met plus d'ordre pour ce qui regarde les magazins, les munitions & les provisions de guerre, sans lesquelles un César, à la tête de cent mille combattans, ne fera jamais rien. Comme c'est le Prince qui fait livrer les batailles, il semble que ce seroit aussi à lui d'en diriger l'exécution, & de communiquer par sa présence l'esprit de valeur & d'assûrance à ses troupes; il n'est à leur tête que pour donner l'exemple.

Mais, dira-t-on, tout le monde n'est pas né soldat, & beaucoup de Princes n'ont ni l'esprit, ni l'expérience, ni le courage nécessaire pour commander une armée. Cela est vrai, je l'avoüe; mais ne se trouve-t-il pas toujours des Généraux entendus dans une armée? Le Prince n'a qu'à suivre leurs conseils, la guerre s'en fera toujours mieux que lorsque le Général est sous la tutelle du Ministère, qui, n'étant point à l'armée, est hors de portée de juger des choses, & qui met

cés à dos, & ils se servoient réciproquement de surveillans. Son fils tourna son ambition contre la Lombardie *, Brace contre l'Etat Eclésiastique † & le Roiaume de Naples ‡. Mais venons à ce que nous avons vu de nos jours. Les Florentins ont pris pour Capitaine Paul Vitelli, personage très-prudent, & qui, d'une fortune privée, étoit venu à une très-haute réputation. S'il eût pris Pise, il faloit, que les Florentins lui obéissent. Car ils étoient perdus, s'il fût passé au service de leurs ennemis. Si l'on considère les progrés des Vénitiens, on verra qu'ils ont fait des merveilles, lors qu'ils ont fait eux-mêmes la guerre, je veux dire, lors qu'ils se sont contentés de combatre en Mer : & qu'ils n'ont perdu leur valeur, que depuis qu'ils ont commencé de combatre par Terre, & de prendre les Coutumes & les Mœurs Italiennes. Dans les commencemens de leur éta-

* Et devint Duc de Milan.

† Où il s'empara de Pérouse, & de Montone.

‡ Contre la Reine Jeanne II.

met souvent le plus habile Général hors d'état de donner des marques de sa capacité. Je finirai ce Chapitre, après avoir relevé une phrase de Machiavel, qui m'a paru très singuliére. Les Vénitiens, dit-il, se défiant du Duc de Carmagnole qui commandoit leurs troupes, furent obligés de le faire sortir de ce Monde. Je n'entends point, je l'avoüe, ce que c'est que d'être obligé de faire sortir quelqu'un de ce Monde, à moins que ce ne soit l'empoisonner, l'assassiner. C'est ainsi que le Docteur du crime croit rendre innocentes les actions les plus noires & les plus coupables, en adoucissant les termes.

Les Grecs avoient coutume de se servir de périphrases lorsqu'ils parloient de la mort, parce qu'ils ne pouvoient pas soutenir, sans une sécrete horreur, tout ce que le trépas a d'épouvantable, & Machiavel périphrase les crimes, parce que son cœur, révolté contre son esprit, ne sauroit digérer toute crue l'exé-

F

cra-

crable morale qu'il en-
seigne.

établissement en Terre - Ferme , ils n'avoient pas lieu
de craindre beaucoup leurs
Capitaines , parce qu'ils n'y possédoient pas un
grand Etat , & que d'ailleurs ils étoient encore dans
une haute réputation. Mais ils s'apperçurent de leur
faute , quand ils se furent étendus, & qu'ils eurent
batu le Duc de Milan , sous la conduite de Carmignole.
Car voiant d'un côté , que c'étoit un très-brave homme, & de l'autre , qu'il commençoit d'aler lentement,
pour faire durer la Guerre [*] , ils jugérent bien, qu'ils
ne devoient plus s'atendre à vaincre , puis que ce Général ne le vouloit pas : comme aussi , qu'ils ne le pouvoient pas licentier sans perdre ce qu'il leur avoit aquis.
Ainsi , pour s'en assurer ils furent contraints de lui ôter
la vie. Ils eurent depuis pour Capitaine Bartelemi Co-
léoné * , Robert de Saint-Severin , le Comte de Pétil-
lane , & d'autres , de qui ils n'avoient pas à craindre
les victoires, mais les pertes, ainsi qu'il leur ariva depuis à Vaïla , où ils perdirent , dans une Bataille, tout
ce qu'ils avoient aquis avec tant de peines en 800 ans.
Parceque ces sortes de gens ne font que de foibles & de
lentes aquisitions , mais de prontes & prodigieuses pertes. Or puisque ces éxemples m'ont mis en train de parler de l'Italie, qui se sert depuis longtems d'Armes Mercenaires , il est bon de remonter jusqu'à l'origine de ces
Armes, & d'en voir le progrés. Il est à savoir qu'aussi tôt que l'Empire eut commencé de n'avoir plus de
pouvoir en Italie, & le Pontificat d'y être en plus grande réputation, l'Italie se divisa en plusieurs Etats. La
pluspart des grandes Villes prirent les Armes contre la Noblesse, qui, apuiée de la faveur de l'Empereur, les tenoit dans la servitude : Et le Pape les seconda , pour
devenir puissant dans le Temporel. Quelques autres
tombérent sous la domination de leurs Citoiens [†]. Par
où

[*] Ou, qu'il vouloit faire durer &c.
* Bergamasque.
[†] Ou , furent oprimées par leurs &c.

où l'Italie devint presque toute sujette de l'Eglise, & de quelques Républiques. Si bien que les uns étant des Ecléfiaftiques, & les autres des Bourgeois, qui ne savoient pas manier les Armes, ils commencérent de se servir des Etrangers. Le premier, qui mit cête Milice en crédit, fut un Albéric da Conio, Gentil-homme de la Romagne *, de qui furent éleves Brace & Sforce, qui, en leur tems, furent les Arbitres de l'Italie. A ceux-ci ont succédé tous les autres, qui ont commandé les Armes en Italie jusqu'à nos jours. Et tout ce qu'ils y ont fait s'eft terminé à la voir envahir par Charles VIII. ravager par Louïs XII. oprimer par Ferdinand, & infulter par les Suiffes. L'ordre qu'ils tinrent, fut premiérement d'ôter la réputation à l'Infanterie, pour se metre eux-mémes en crédit. Car n'aiant point d'Etats, & ne subsiftant, que de leur induftrie, ils ne pouvoient pas aquérir de l'autorité avec un petit nombre de Fantaffins, ni auffi en nourrir beaucoup. De forte qu'ils trouvoient mieux leur compte à la Cavalerie, dont un nombre médiocre les faifoit vivre avec honneur. Et les chofes étoient réduites à ce point, que, dans une Armée de 20000. hommes, il y avoit à peine 2000. Fantaffins. Outre cela, ils avoient trouvé le fecret de s'éxemter de toute fatigue, eux & leurs foldats, & de les guérir de toute peur, en introduifant l'Ufage de ne point tuer dans les efcarmouches, mais feulement de faire des prifonniers, & de les renvoier fans rançon. Ils ne tiroient point la nuit fur les Terres, ni pareillement les habitans de ces Terres fur leurs tentes. Ils ne faifoient point de retranchemens dans leur Camp [*]. Ils ne campoient jamais l'hiver. Difcipline inventée, pour éviter, comme j'ai dit, & le travail & les dangers, & qui rendit l'Italie efclave & méprifable.

---

* Un Autre da Conio, que Machiavel apelle Louis, remit la Milice Italienne en credit, en inftituant une Compagnie de foldats Italiens, apellée la Ligue de S. Georges. Hift. liv. 1.

[*] Ou, ils ne favoient ce que c'étoit de Cloture de Camp, ni de fortification.

CHA-

✳✳✳✳✳✳✳✳✳✳✳✳✳✳✳✳✳✳✳✳✳✳

CHAPITRE XIII.

Des Troupes auxiliaires.

LEs autres Armes inutiles font les Auxiliaires, c'est-à-dire, celles, que tu apelles, pour te secourir, & te défendre, comme fit, il y a quelques années, le Pape Jules II. qui aiant fait une malheureuse experience des Armes Mercenaires dans l'Entreprise de Ferrare, en emploia d'Auxiliaires, que Ferdinand, Roi d'Espagne, lui envoia. Céte Milice peut être utile à celui qui l'envoie, mais elle est toujours pernicieuse à celui, qui s'en sert [1]. Car si elle a du pire, tu restes défait, & si elle a l'avantage, tu deviens son prisonnier. Les Anciennes Histoires sont pleines de ces éxemples. Mais je veux m'aréter à celui de Jules II. qui voulant

[1]. Ambiguus Auxiliorum animus, dit Tacite (Hist. 4.)

MAchiavel pousse l'hyperbole à un point extrême, en soutenant qu'un Prince prudent aimeroit mieux périr avec ses propres troupes, que de vaincre avec des secours étrangers.

Je pense qu'un homme en danger de se noïer, ne prêteroit pas l'oreille aux discours de ceux qui lui diroient qu'il seroit indigne de lui de devoir la vie à d'autres qu'à lui-même, & qu'il devroit plûtôt périr que d'embrasser la corde qu'on lui tend pour le sauver.

En approfondissant cette maxime de Machiavel, on trouvera peut-être que ce n'est qu'une jalousie travestie qu'il s'efforce d'inspirer aux Princes. Il veut qu'ils se défient de leurs

Su-

lant avoir *Ferrare*, ne pouvoit faire pis, que de se métre entre les mains d'un *Etranger*. Mais sa bonne *Fortune* fit naitre un *Accident*, qui fut cause, qu'il ne porta pas la peine de son mauvais choix. C'est que ses *Troupes Auxiliaires* aiant été défaites à *Ravenne*, vinrent les *Suisses*, qui, par un bonheur, auquel ni lui, ni les siens ne s'atendoient pas, mirent en fuite les *Vainqueurs*. De sorte qu'il ne resta prisonnier, ni de ses ennemis, parcequ'ils s'étoient enfuis; ni de ses soldats *Auxiliaires*, dautant qu'ils n'avoient vaincu, que par les *Armes d'autrui*. Les *Florentins*, étant entiérement sans *Armes*, apellérent dix mille *François* à leur service, pour réduire la *Ville de Pise*. Faute, qui leur atira plus de maux, qu'il ne leur étoit jamais arivé. L'*Empereur de Constantinople*, pour s'oposer à ses *Voisins*, fit entrer en *Gréce* dix mille *Turcs*, qui n'en voulurent pas sortir la *Guerre* finie *. Par où com-

* *Andronic Paleologue fut contraint de laisser Trebisonde aux Turcs, qu'il avoit apellés*
à

Sujets, à plus forte raison de leurs Généraux, & des troupes auxiliaires. Cette défiance a été souvent bien funeste, & plus d'un Prince a perdu des batailles pour n'en avoir pas voulu partager la gloire avec des Alliés.

Un Prince ne doit pas sans doute faire la guerre uniquement avec des troupes auxiliaires; mais il doit être auxiliaire lui-même, & se mettre en état de donner autant de secours qu'il en reçoit. Voilà ce que dicte la prudence, *Mets-toi en état de ne craindre ni tes ennemis, ni tes amis*; mais quand on a fait un Traité, il faut y être fidèle. Tant que l'Empire, l'Angleterre & la Hollande ont été de concert contre Louïs XIV. tant que le Prince Eugene & Marlbouroug ont été bien unis, ils ont été vainqueurs. L'Angleterre a abandonné les Alliés; & Louïs XIV. s'est relevé dans l'instant. Les Puissances qui peuvent se passer de troupes mixtes, ou d'auxiliaires, font bien de les exclure de leurs armées;

F 3   mais

commença la servitude de la Gréce sous les Infidéles. Celui donc, qui a résolu de ne jamais vaincre, n'a qu'à se servir de ses Armes, qui sont bien plus dangereuses que les Mercenaires, comme étant toutes unies, & toutes sous l'obéissance d'un autre que toi : au lieu qu'il faut plus de tems, & plus de précautions aux Troupes Mercenaires, pour t'ofenser, aprés qu'elles ont vaincues, parce qu'elles ne font pas un Corps, & que c'est toi, qui les a levées, & qui les paies. De sorte qu'un troisiéme, que tu en fais Chef, ne peut se rendre tout-à-coup si puissant, qu'il lui soit aisé de t'ofenser. Enfin tu as à craindre également [*] la lâcheté des Mercenaires, & la Valeur des Auxiliaires. C'est pourquoi, un Prince sage se passera toujours des uns & des autres : Aimant mieux être vaincu en combatant avec

mais comme peu de Princes de l'Europe sont dans une pareille situation, je crois qu'ils ne risquent rien avec les auxiliaires, tant que le nombre des Nationaux leur est supérieur.

Machiavel n'écrivoit que pour de petits Princes, & j'avoüe que je ne vois guéres que de petites idées dans lui; il n'a rien de grand ni de vrai, parce qu'il n'est pas honnête homme.

Qui ne fait la guerre que par autrui, n'est que faible; qui la fait conjointement avec autrui, est très fort.

L'entreprise, par laquelle trois Rois du Nord dépouillerent Charles XII. d'une partie de ses Etats d'Allemagne, fut exécutée pareillement avec des troupes de différens Maîtres, réunis par des Alliances; & la guerre de l'année 1734. que la France commença, fut faite par les François & les Espagnols, joints aux Savoyards. Que reste-t-il à Machiavel après tant d'exemples, & à quoi se réduit l'allégorie des armes de Saül, que David

---

à la défense de Constantinople.
Et Jean Paleologue I. perdit toute la Thrace, qu'Amurat I. voulut avoir pour récompense du secours qu'il lui avoit fourni contre les Serviens.

[*] Ou, tu as à te défier des

avec ses propres Armes, que de vaincre par celles d'autrui, & d'autant plus, que ce n'est pas une vraie victoire, que celle qu'on gagne par d'autres Armes que les siennes. Je ne me lasserai jamais de proposer l'exemple de Cesar Borgia. Il prit Imola & Furli avec des Troupes Auxiliaires, toutes Françoises, mais depuis n'y trouvant pas de sûreté, il emploia de Mercenaires, qu'il jugeoit être moins dangereuses, savoir, celles des Ursins & des Vitelli, puis y aiant reconnu de l'infidélité, il s'en défit, & ne se servit plus que de ses propres soldats. Or pour connoitre la diference, qu'il y a entre l'une & l'autre Milice, il n'y a qu'à voir, combien la réputation du Duc, pendant qu'il fut entre les mains des François, ou celles des Ursins, & des Vitelli, fut diférente de celle, qu'il aquit, quand il combatit indépendamment d'autrui. Car on ne connut jamais ce qu'il valoit, que lors qu'il fut le Maitre absolu de ses Armes. Je voulois

des Mercenaires, à cause de leur lâcheté, & des Auxiliaires, à cause de leur bravoure.

vid refusa à cause de leur pesanteur, lorsqu'il devoit combattre Goliath?

Comparaison n'est pas preuve. J'avoüe que les Auxiliaires incommodent quelquefois les Princes; mais je demande si l'on ne s'incommode pas volontiers, lorsqu'on y gâgne des villes & des Provinces?

A l'occasion de ces Auxiliaires, Machiavel parle des Suisses qui sont au service de France. Il est indubitable que les Français ont gagné plus d'une bataille par leur secours, & que si la France congédioit les Suisses & les Allemands qui servent dans son Infanterie, ses armées en seroient affaiblies.

Voilà pour les erreurs de jugement, voions à présent celle de morale. Les mauvais exemples que Machiavel propose aux Princes, sont de ces méchancetés que la saine politique & la morale réprouvent également. Il allegue Hiéron, qui, considérant que les troupes auxiliaires étoient également dangereuses à garder, ou à congédier,

F 4

les

lois m'en tenir aux éxem-
ples modernes d'Italie, mais
je ne dois pas omêtre celui
d'Hiéron de Siracufe de qui
j'ai déja parlé. Auffi tôt
que fa Ville lui eut donné
le commandement de fon
Armée, il reconnut l'inu-
tilité de la Milice Merce-
naire, dont les Chefs fe
gouvernoient dés lors, com-
me font aujourd'hui nos
Italiens. Mais voiant, qu'il
ne la pouvoit ni garder,
ni laiffer, il la fit toute
tailler en piéces, puis il fit
la Guerre avec fes propres
Armes, toutes feules.

Je veux encore rappel-
ler en mémoire une figure
du Vieux Teftament qui
fait à mon fujet. David,
ofrant à Saül d'aler com-
batre Goliat, ce redouta-
ble Filiftin, Saul, pour l'en-
courager, l'arma de fa Cui-
raffe, de fon Cafque, &
de fon Epée. Mais David
lui dit, qu'il ne fe pouvoit
manier avec ces Armes, &
qu'il ne vouloit combatre

les fit toutes tailler en
piéces. Je ne voudrois
pas garantir l'Hiftoire
de ces tems reculés;
mais fi ce qu'on raconte
d'Hiéron II. de Siracufe
eft vrai, je ne confeil-
lerois à perfonne de l'i-
miter. On prétend que
dans une bataille contre
les Mamertins il parta-
gea fon armée en deux
Corps, l'un des auxi-
liaires, l'autre des troupes nationales; il laiffa
exterminer les premié-
res, pour remporter la
victoire avec les autres.
Je fuppofe que dans la
derniére guerre de 1701.
l'Empereur eût facrifié
ainfi les Anglais, auroit-
ce été un moïen bien
affûré de vaincre la
France? Se couper le
bras gauche pour mieux
combattre avec le droit,
eft, ce me femble, une
folie bien cruelle, ou
bien dangereufe.

fon

---

2. *Induit Saül David vef-*
timentis fuis, & impofuit ga-
leam æream fuper caput ejus,
& veftivit eum lorica. Ac
cinctus ergo David gladio ejus
fuper veftem fuam, cœpit ten-
tare, fi armatus poffet ince-
dere, dixitque ad Saül, Non
poffum fic incedere, quia non
ufum babeo. Et depofuit ea.
Et tulit baculum fuum, & e-
legit fibi quinque limpidiffi-
mas

son Ennemi, qu'avec sa fronde & son 2 bâton *. Enfin, il arive toujours, que les Armes d'autrui, ou te
pésent, ou te servent, ou te manquent au besoin †.
Charles VII. Roi de France, aprés avoir chassé les
Anglois, connoissant la nécessité de s'armer de ses propres Armes, établit par tout le Roiaume des Compagnies
d'Ordonnance de Cavalerie & d'Infanterie. Louis XI.
son Fils cassa depuis les Compagnies d'Infanterie,
en la place desquelles, il prit les Suisses. Et céte faute, que firent aussi ses Successeurs, est la source de
tous les maux de ce Roiaume, ainsi qu'il se voit bien
aujourd'hui. Car ces Rois, en acréditant les Suisses,
ont avili leurs propres Sujets, qui acoutumés qu'ils
sont d'avoir les Suisses pour Compagnons d'Armes, ne
croient pas pouvoir vaincre sans eux. Ce qui fait,
que les François ne susisent pas, pour tenir téte aux
Suisses, &, sans eux, ne font rien qui vaille contre
les autres. Les Armées de France sont donc partie mercenaires, partie propres : Et ces Armes, toutes ensemble, sont bien meilleures, que les simples Mercenaires, ou les simples Auxiliaires, mais aussi de beaucoup inférieures aux Armes propres, comme je l'ai
montré ‡. Et la France seroit invincible, si l'on y
eût gardé l'ordre établi par Charles VII. Mais c'est un
éfet du manque de prudence des hommes de commencer une chose, parce qu'ils y trouvent un avantage
présent, qui les empêche de voir le mal caché dessous,
comme je l'ai dit ci-dessus de la Fiévre Etique. Ainsi, le Prince, qui ne connoit les maux, que lors
qu'ils sont nés, n'est pas vraiment sage. Mais il arive à très-peu de gens de les prévoir & de les détourner.
Et si l'on cherche la première origine de la décadence de l'Empire Romain, on trouvera, que ç'a été
d'a-

---

mos lapides, & fundam ma-
nu tulit. (1. Reg. 17.)
   * Machiavel dit son Couteau. Mais l'Ecriture dit, qu'il
n'en porta point, & qu'il prit
celui de Goliat, pour lui couper
la téte.

† L'Auteur dit, te tom-
bent des épaules. Ce qui n'a
ni grace, ni sens, en notre Langue.
   ‡ Par l'exemple du Valentinois.

d'avoir apellé les Gots. Ce qui commença d'énerver les forces des Romains, & de transmétre leur valeur aux Gots [*]. Je conclus donc, que tout Prince, qui n'a point d'Armes propres, n'est point en sûreté : qu'au contraire il est à la merci de la Fortune, faute d'avoir de quoi se défendre dans l'Adversité. Et ç'a toujours été le sentiment des Sages, qu'il n'y a rien de si foible, ni de si fragile, que la puissance, qui n'est pas apuiée sur ses propres fondemens ³. Or la Milice propre est celle, qui est composée de tes Sujets, de tes Citoiens, ou de tes Créatures. Toutes les autres Armes sont Mercenaires, ou Auxiliaires. Et il sera aisé de métre sus pié une Milice Domestique, si l'on se sert des moiens, que j'ai marqués, & sur tout de ceux, que Filippe, Pére d'Aléxandre le Grand, & plusieurs autres Princes, & Républiques, ont emploiés, aux quels je me remets entiérement.

---

[*] Ou, Car dés lors les forces de l'Empire commencérent de s'énerver, & celles des Gots de s'augmenter.

3. *Nihil rerum mortalium tam instabile ac fluxum est, quàm fama potentiæ, non sua vi nixæ.* (Tac. Ann. 13.).

CHAPITRE XIV.

S'il faut ne s'appliquer qu'à la guerre. Digression sur la Chasse.

LE Prince doit apliquer tout son esprit, & toute son étude au Métier de la

UN Prince ne remplit que la moitié de sa vocation, s'il ne s'applique

la Guerre, qui est le seul, qu'il lui importe d'aprendre[1]. Car c'est par cète science, que se maintiennent ceux, qui sont nés Princes[2], & que souvent même les Particuliers le deviennent. Au contraire, il se voit, que les Princes, qui se sont plus adonnés au repos, qu'aux Armes, ont perdu leur Etat. Et véritablement, la première chose, qui te le fait perdre, c'est de négliger cet Art; comme de le professer, c'est le meilleur moien de parvenir à la Domination. François Sforce, de Particulier,

1. Un Roi de Thrace disoit, qu'il ne diféroit en rien de son Palfrenier, lorsqu'il ne faisoit pas la Guerre. Néron, faisant le Plan de son Regne futur, dit, qu'il ne se mèleroit d'autre chose, que de commander les Armées. (Tac. Ann. 13.)

2. Tiridate, Roi d'Arménie, dit que les Etats ne se maintiennent pas par la lâcheté, mais par les Armes. Que les Particuliers n'ont pour but, que de conserver leur bien : au lieu que les Princes font vanité de conquérir celui d'autrui. *Non ignavia magna imperia contineri : Et sua retinere, privatæ domus : de alienis certare, Regiam laudem esse.* (Tac. Ann. 15.)

que qu'au métier de la guerre. Il est évidemment faux qu'il ne doit être que soldat, & l'on peut se souvenir de ce que j'ai dit sur l'origine des Princes au premier Chapitre de cet Ouvrage; ils sont Juges & Généraux. Le *Prince* de Machiavel est comme les Dieux d'Homere, que l'on dépeignoit robustes & puissans; mais jamais équitables. Louïs Sforce avoit raison de n'être que Guerrier, parce qu'il n'étoit qu'un Usurpateur.

Machiavel, ailleurs violent, me paroît ici fort faible. Quelle est sa raison de recommander la Chasse aux Princes ? Il est dans l'opinion que les Princes aprendront par ce moïen à connoître les situations & les passages de leurs Païs. Si un Roi de France, si un Empereur prétendoit acquérir de cette manière la connoissance de ses Etats, il leur faudroit autant de tems dans le cours de leur Chasse, qu'en emploie l'Univers dans la grande révolution des Astres.

Qu'on me permette d'en-

culier, *devint Duc de Mi-*
lan, parce qu'il étoit ar-
mé : & fes enfans, pour
avoir renoncé aux Armes,
de Ducs devinrent des Par-
ticuliers. Car un des maux,
qui t'arivent d'être défar-
mé, c'eft que tu deviens mé-
prifable [3] ; qui eft une des
infamies, qu'un Prince doit
éviter, comme je le dirai
ci-aprés. Car il n'y a point
de proportion entre un qui
eft armé, & un, qui eft dé-
farmé : Et la raifon ne veut
pas, que celui, qui eft ar-
mé obéiffe volontiers à ce-
lui,

3. Tacite en donne deux
éxemples en la perfonne de
Tibére. L'un d'un Gouver-
neur de Province, qui ofa
bien lui écrire des létres de
menaces de fe foulever, fi
on lui donnoit un Succeffeur.
Quia res Tiberii, magis Fa-
mâ, quàm vi ftabant. dit Tacite. (Ann. 6.) L'autre,
d'un Roi des Parthes, qui
eut l'audace de lui envoier
des Ambaffadeurs, pour lui
faire des demandes infolen-
tes, & le menacer de Guerre, s'il ne les acordoit. Et
la raifon, que Tacite en rend,
eft, que ce Roi méprifoit la
Vieilleffe de Tibére, & la
Vie voluptueufe qu'il menoit
alors. Par où il étoit inca-
pable de penfer à la Guerre.
Senectutem Tiberii ut inermem
defpiciens. (Ibid.)

d'entrer en un plus grand
détail fur cette Matiére ;
ce fera comme une ef-
péce de digreffion à l'occafion de la Chaffe : &
puifque ce plaifir eft la
paffion presque générale
des Nobles, des grands
Seigneurs & des Rois,
fur-tout en Allemagne,
il me femble qu'elle mé-
rite quelque difcuffion.

La Chaffe eft un de
ces plaifirs fenfuels qui
agitent beaucoup le
corps, & qui laiffent
l'efprit fans culture. Les
Chaffeurs me diront d'a-
bord que la Chaffe eft le
plaifir le plus noble &
le plus ancien des hom-
mes ; que des Héros ont
été Chaffeurs. Cela peut
être, & je ne condamne
que l'excès ; ce qui fait
aujourd'hui un plaifir de
quelques heures, étoit
une occupation férieufe
de tous les jours dans
les tems barbares.

Nos Ancêtres ne fa-
voient pas s'occuper, ils
promenoient leurs en-
nuis à la Chaffe, ils per-
doient dans les Bois à la
pourfuite des bêtes, les
momens qu'ils n'avoient
ni la capacité, ni l'efprit
de paffer en compagnie
de perfonnes raifonna-
bles. Je demande fi ce
font

lui, qui est désarmé: ni que le Seigneur désarmé soit en sûreté parmi des serviteurs armés 4. *Car il est impossible, que ceux-là s'entendent bien ensemble, dont l'un a du mépris, & l'autre du soupçon. Et par conséquent, un Prince, qui ne sait point l'Art Militaire, ne peut jamais être estimé de ses soldats, ni se fier à eux. C'est donc une nécessité au Prince de se donner tout entier aux éxercices de la Guerre : Et il y doit même être plus assidu en tems de paix, que durant la Guerre* 5. *Ce qu'il peut faire en deux manieres.*
L'u-

4. *Inter impotentes & validos falsò quiescas. Ubi manu agitur, modestia ac probitas nomina Superioris sunt.* (Tac. in Germ.) Ceux, qui sont les plus forts, sont toujours les plus estimés.

5. Comme faisoit ce Cassius, Gouverneur de Sirie, qui, quoique l'on fût en paix, ne laissoit pas d'éxercer ses Legions, & de rétablir l'ancienne Discipline, avec autant de soin, que s'il eût été en pleine guerre. *Quantum sine bello dabatur, revocare priscum morem, exercitare Legiones, cura, provisu, perinde agere, ac si hostis ingrueret.* (Ann. 12.)

sont des exemples à imiter, si la grossiéreté doit instruire la politesse, ou si ce n'est pas plûtôt aux siécles éclairés à servir de modèle aux autres?

Si quelque chose devoit nous donner de l'avantage sur les animaux que nous poursuivons, c'est assûrément notre raison ; mais ceux qui font leur profession unique de la Chasse, ont souvent la tête trop remplie de chevaux, de chiens & de toutes sortes d'animaux. Ils sont quelquefois grossiers, & il est à craindre qu'ils deviennent aussi inhumains envers les hommes, qu'ils le sont à l'égard des bêtes, ou que du moins la cruelle coutume de faire souffrir avec indifférence, ne les rende moins compatissans aux malheurs de leurs semblables.

Est-ce là ce plaisir dont on nous vante tant la noblesse? Est-ce là cette occupation si digne d'un Etre pensant?

On m'objectera que la Chasse est salutaire à la santé ; que l'expérience a fait voir que ceux qui chassent, deviennent vieux ; que c'est un plaisir

L'une, par les actions, l'autre, par l'esprit. Quant à la première, il doit, outre le soin de tenir ses gens en haleine, s'exercer ordinairement à la Chasse, pour se faire à la fatigue, & d'ailleurs, pour connoître l'Assiéte des Lieux, la pente des Montagnes, les entrées & les issües des Valées, la largeur des plaines, la Nature des Fleuves & des Marais[6]. Ce qui sert à deux cho-

6. Céte connoissance, (dit Machiavel au chap. 39. de son 3. livre des Discours) s'aquert mieux par la Chasse, que par tout autre éxercice. Et outre céte connoissance la Chasse t'enseigne mille choses, qu'il faut savoir à la Guerre. Et Cirus, au raport de Xénofon, alant à la Guerre contre le Roi d'Armenie, disoit à ses Gens, que céte entreprise n'étoit rien autre chose, qu'une de ces Chasses, où il les avoit déja menés tant de fois. Comparant ceux qu'il métoit en embuscade sur les Montagnes à ceux qui tendoient les rets, & ceux qui batoient le plat-païs, à ceux, qui faisoient sortir les Bêtes-fauves de leur giste, pour les enveloper dans ses filets. Ce qui montre, ainsi que Xénofon en convient, que la Chasse est une representation

sir innocent, & qui convient aux grands Seigneurs, puisqu'il étale leur magnificence, qu'il dissipe leurs chagrins, & qu'en tems de paix il leur présente les images de la guerre. Je suis loin de condamner un exercice modéré; mais qu'on y prenne garde, l'exercice n'est nécessaire qu'aux intempérans. Il n'y a point de Prince qui ait vécu plus que le Cardinal de Fleuri, le Cardinal de Ximenès, le présent Pape *; cependant ces trois hommes n'étoient pas Chasseurs.

De plus, importe-t-il tant qu'un homme traine jusqu'à l'âge de Methusalem, le fil indolent & inutile de ses jours? Plus il aura refléchi; plus il aura fait d'actions belles & utiles, & plus il aura vécu.

La Chasse, il est vrai, a un air de magnificence, & il en faut aux Princes; mais en combien de manières plus utiles peuvent-ils faire voir leur grandeur?

S'il se trouvoit que l'a-

* Cela étoit écrit en 1737.

chofes: (1.) *à connoitre fon Païs, & comment on le peut défendre*: (2.) *à comprendre plus facilement, comment font faits les autres lieux, que l'on a befoin de connoitre. Car les Collines, les Valées & les Plaines, les Riviéres & les Marécages, qui, par éxemple, font en Tofcane, ont une certaine reffemblance avec les autres. De forte que de la connoiffance de l'affiéte d'une Province l'on peut venir aifément à la connoiffance des autres. Et quand céte partie manque au Prince, il manque de la premiére condition requife à un Capitaine. Car c'eft celle, qui lui aprend à trouver l'ennemi, à fe bien camper* [*], à conduire les Armées* 7, *à donner les batailles*,

tion de la Guerre. A raifon de quoi l'on dit communément, que l'homme de Guerre doit avoir l'affaut du Lévrier, la fuite du Loup (qui fe retire en montrant les dents) & la defenfe du Sanglier.

[*] Ou, à bien prendre l'affiéte de fon Camp.

7. Qui font les qualités, que Tacite atribüe à fon Beaupére. *Loca Caftris ipfe capere, Æftuaria ac Silvas ipfe prætentari; disjectos coërcere.* Et

l'abondance du gibier ruinât les gens de la campagne, le foin de détruire les animaux pourroit très bien fe commettre aux Chaffeurs, païés pour cela. Les Princes ne dévroient proprement être occupés que du foin de s'inftruire & de gouverner, afin d'acquérir d'autant plus de connoiffances, & de pouvoir d'autant plus combiner d'idées. Leur profeffion eft de penfer bien, & d'agir en conféquence.

Je dois fur-tout répondre à Machiavel qu'il n'eft point néceffaire d'être Chaffeur, pour être grand Capitaine. Guftave-Adolphe, Turenne, Marlbouroug, Eugene, à qui on ne difputera pas la qualité d'hommes illuftres & d'habiles Généraux, n'ont point été Chaffeurs. Nous ne lifons point que Céfar, Alexandre, Scipion l'aient été.

On peut, en fe promenant, faire des réflexions plus judicieufes & plus folides fur les différentes fituations d'un Païs rélativement à l'art de la guerre, que lorfque des perdrix, des chiens

les, à affiéger les Villes. Filopémen, Prince d'Acaie, est loüé par les Anciens E-crivains de ce qu'en tems de paix il penſoit toujours à la guerre, & que, dans les voiages qu'il faiſoit avec ſes amis, il s'arrétoit ſouvent, pour leur demander, ſi les ennemis étoient ſur cette colline, & que nôtre Armée fût ici, qui auroit l'avantage? Comment pourions nous aler à eux, & les ataquer dans les formes? Et ſi nous voulions nous retirer, comment ferions nous? Et s'ils ſe retiroient, comment les pourſuivrions nous? Et leur propoſant ainſi tous les cas, qui peuvent arriver à la Guerre, il écoutoit leurs avis, puis leur diſoit le ſien, & ſes raiſons. Si bien que lors qu'il étoit à la Guerre, il ne lui arivoit jamais rien qu'il n'eût prévu. Mais quant à l'exercice de l'eſprit, le Prince doit lire les Hiſtoires, pour y conſidérer les Actions des Grans-Capitaines, & les cauſes de leurs Victoires ou de leur défaite. Mais ſur tout il doit faire ce qu'ont fait quelques excellens hommes, qui ont pris à tâche d'en imiter quelque autre, dont

chiens couchans, des cerfs, toutes ſortes d'animaux, & l'ardeur de la Chaſſe vous diſtraïent.

Un grand Prince, qui a fait ſa ſeconde Campagne en Hongrie, a riſqué d'être fait priſonnier des Turcs, pour s'être égaré à la Chaſſe. On devroit même défendre la Chaſſe dans les armées; car elle a cauſé beaucoup de deſordre dans les Marches.

Je conclus donc qu'il eſt très pardonnable aux Princes d'aller à la Chaſſe, pourvû que ce ne ſoit que rarement, & pour les diſtraire de leurs occupations ſérieuſes, & quelquefois fort triſtes. Je ne veux interdire encore une fois, aucun plaiſir honnête: mais le ſoin de bien gouverner, de rendre ſon Etat floriſſant, de proteger, de voir le ſuccès de tous les Arts, eſt ſans doute le plus grand plaiſir; & malheureux l'homme, à qui il en faut d'autres!

Et une page après. *Adnotabant periti, non alium Du-cem opportunitates locorum ſa-pientiùs legiſſe.* (In Agricola.)

dont la *Vie* avoit été glorieuſe, ainſi qu'il eſt raconté qu'Aléxandre-le Grand imitoit Achilles, Céſar
Aléxandre, & Scipion Cirus. Car, quiconque lira la *Vie*
de Cirus, écrite par Xénofon, verra [*], que Scipion a pratiqué 8 de point en point toutes les *Vertus*,
que cet Hiſtorien atribüe à Cirus *. Voilà comme un
Prince ſage doit gouverner, ſans jamais ſe tenir oiſif en
tems de paix; afin que ſi la Fortune vient à changer, il ſoit toujours preſt de lui reſiſter.

[*] Ou, lira la Vie de Scipion, reconnoitra, qu'il a pris
pour modéle celle de Cirus,
compoſée par Xénofon.

8. Tous les Princes ont
à imiter Scipion l'Africain,
qui, au témoignage de Pa-
terculus partageoit tout ſon
tems entre les éxercices de
la paix & de la Guerre,
toujours parmi les Armes,
ou parmi les Livres, tou-
jours ocupé de corps ou
d'eſprit. *Neque quiſquam bâc
Scipione elegantius intervalla
negotiorum otio diſpunxit:
ſemperque aut belli, aut pacis
ſerviit Artibus: ſemper inter
Arma ac Studia verſatus, aut
corpus periculis, aut animum
diſciplinis exercuit.* Hiſt. I.)
* Dont Scipion avoit tou-
jours la Vie entre les mains.

✻✻✻✻✻✻✻✻✻✻✻✻✻✻✻✻✻

CHAPITRE XV.

*Ce qui fait loüer, ou blâmer les hommes, & ſur-
tout les Princes.*

IL nous reſte maintenant
de voir comment un Prin-
ce doit ſe gouverner envers
ſes ſujets & ſes Amis. Et
comme je ſai, que pluſieurs
ont traité céte matiére, je
crains de paſſer pour un
préſomptueux, ſi je la traite autrement qu'eux. Mais
mon deſſein étant d'écrire
pour ceux, qui ſavent ce
que
LEs Peintres & les
Hiſtoriens ont cela
de commun entre eux,
qu'ils doivent copier la
Nature: les premiers
peignent les traits & le
coloris des hommes; les
ſeconds, leurs caraĉté-
res & leurs aĉtions.
Il ſe trouve des Pein-
tres ſinguliers, qui n'ont
peint

que c'eſt, il vaut mieux, à mon avis, parler ſelon la vérité de la choſe, que ſelon ce que le vulgaire s'en imagine. Pluſieurs ſe ſont figuré des Républiques, & des Principautés, qui n'ont jamais été, & qui ne ſe- rónt jamais [1]. Mais il y a ſi loin de la maniére, dont on vit à celle dont on de- vroit vivre, que celui, qui laiſſe ce qui ſe fait pour ce qui ſe devroit faire, cher- che à ſe perdre plutót qu'à ſe conſerver. Et par con- ſéquent, il faut qu'un hom- me, qui veut faire profeſ- ſion d'être tout-à-fait bon, parmi tant d'autres, qui ne le ſont pas, périſſe tôt ou tard. Il eſt donc de né- ceſſité abſolüe, que le Prin- ce, qui veut ſe maintenir, aprenne à pouvoir n'être pas bon, pour en faire uſa- ge ſelon le beſoin de ſes Afai- res. Ainſi, laiſſant à part les choſes, qui ne ſont qu'en imagination, & ne m'arrê- tant qu'à celles, qui ſont vraies

[1]. Cunctas Nationes & Ur- bes Populus, aut Primores, aut ſinguli regunt. Delecta ex his & conſtituta Reip. forma, laudari faciliùs, quam evenire; Vel, ſi evenit, haud diuturna eſſe poteſt. (Tac. Ann. 4.)

peint que des Monſtres & des Diables; Machia- vel eſt un Peintre de ce genre. Il repréſente l'Univers comme un En- fer, & tous les hommes comme des Démons; on diroit que ce Politi- que a voulu calomnier le genre humain par haine pour l'eſpéce en- tiére, & qu'il ait pris à tâche d'anéantir la vertu, pour rendre tous les habitans de ce Continent ſes ſembla- bles.

Machiavel avance qu'il n'eſt pas poſſible d'être tout-à-fait bon dans un monde, auſſi ſcélerat & auſſi corrompu, ſans qu'on périſſe. Et moi, je dis que pour ne pas pé- rir, il faut être bon & prudent; alors les Scé- lerats vous craindront & vous reſpecteront.

Les hommes & les Rois, comme les autres, ne ſont d'ordinaire ni tout-à-fait bons, ni tout- à-fait méchans; mais & méchans, & bons, & mé- diocres s'accorderont tous à ménager un Prin- ce puiſſant, juſte, & habile. J'aimerois mieux faire la guerre à un Ty- ran qu'à un bon Roi, à un Louïs XI. qu'à un
Louïs

*vraies & réelles, je dis, que tous les hommes, & particuliérement les Princes, de qui l'on parle davantage, parceque leur haute élévation les met plus en vûe, ont tous quelque surnom de louange, ou de blâme. L'un est appellé libéral, l'autre ménager *; l'un grand-donneur, l'autre grand-voleur; l'un cruel, l'autre clément; l'un homme de parole, l'autre, sans foi; l'un éfeminé & imbécille, l'autre, hardi & courageux; l'un humain & afable, l'autre superbe; l'un lascif, l'autre chaste; l'un homme droit, l'autre fourbe; l'un rude & revêche, l'autre facile; l'un grave, l'autre étourdi; l'un Religieux, l'autre impie. Un chacun me dira, que ce seroit un trésor, qu'un Prince, qui, de toutes les qualités, que je viens de nommer, n'en auroit que les bonnes. Mais dautant qu'on ne les peut pas avoir toutes, ni les métre toutes en usage, la condition humaine ne le soufrant pas 2, le Prince*

a

Loüis XII., à un Domitien qu'à un Trajan; car le bon Roi sera bien servi, & les Sujets du Tyran se joindront à mes troupes. Que j'aille en Italie avec dix mille hommes contre un Alexandre VI. la moitié de l'Italie sera pour moi; que j'y entre avec quarante mille hommes contre un Innocent II. toute l'Italie se soulévera pour me faire périr.

Jamais Roi bon & sage n'a été détrôné en Angleterre par de grandes armées, & tous leurs mauvais Rois ont succombé sous des Compétiteurs qui n'avoient pas commencé la guerre avec quatre mille hommes de troupes réglées.

Ne sois donc point méchant avec les Méchans, mais sois vertueux & intrépide avec eux: tu rendras ton peuple vertueux comme toi; tes Voisins voudront t'imiter, & les Méchans trembleront.

---

* Machiavel use du mot, Misero, qui est un Mot Florentin, parceque, dit il, avaro en nôtre langue, signifie aussi un homme, qui s'enrichit de rapines, au lieu que nous apellons Misero,

celui qui épargne trop le sien. Parentese qui rompt le fil du discours, & que pour cela j'ai trouvé mieux de métre à la Marge.

2. Adhuc nemo extitit, dit le Jeune-Pline dans son pa-

neg,

a besoin d'être si prudent, qu'il sache éviter l'infamie des vices, qui lui feroient perdre son Etat, & de se preserver des autres, si cela est possible : mais s'il ne le peut pas, il ne s'en doit pas trop embarasser, ni même se soucier d'encourir l'infamie de ces vices, sans qui il est dificile de sauver son Etat. Car, tout bien considéré, [*] telle chose, qui paroit une vertu, le ruineroit s'il la pratiquoit : & telle autre, qui paroit un vice, se trouvera être cause de sa félicité ;

neg. *cujus virtutes nullo vitiorum confinio læderentur.*

[*] Ou, il se trouvera, que ce qui paroissoit une vertu, l'eût perdu, s'il s'en fût servi : au lieu qu'une autre, qui sembloit être un Vice, est la cause de tout son bonheur.

3. Il y a des vices, qui n'empêchent point de bien regner, ni que le Prince, qui les a, ne soit un bon Prince. Salomon étoit sujet aux Femmes, Trajan au vin, & aux garçons &c. Il faut distinguer dans les Princes la vie domestique d'avec la Vie publique, les vertus Roiales d'avec les Vertus particulieres. Et c'est comme Tacite l'entend, quand il dit, *Palam laudares, secreta malè audiebant.* (Hist. 1.) Il est toujours loüable de bien faire, mais il n'y fait pas toujours bon. Telle chose est conforme à la Raison, qui ne l'est pas à l'Expérience, & par conséquent il faut que le Prince, pour faire sa fonction s'acommode au besoin des Afaires, & fasse à cause de son Etat ce qu'il ne feroit pas, ou ne devroit pas faire, s'il n'étoit que Particúlier. *Morem accommodari, prout conducat.* (Ann. 12.) Il sufit, qu'il soit Vertueux, quand il faut nécessairement l'être. *Quoties expedierat, magna virtutes.* (Hist. 1.) Il faut qu'il sache tout le bien, mais il n'est pas toujours à propos qu'il le fasse. *Omnia scire, non omnia exequi.* (In Agricola.)

CHA·

CHAPITRE XVI.

De la libéralité & de l'œconomie.

COmmençant par les deux premiéres qualités, je dis, qu'il est bon d'être cru libéral, mais que si tu éxerces ta libéralité de façon que tu sois craint, tu t'en trouves mal. Car si tu n'es libéral, que comme il le faut être *, ta libéralité ne sera point connüe, & l'on t'acusera du vice contraire. Si bien que pour avoir le renom de libéral, il ne faut éviter aucune sorte de dépense. D'où il arive, que le Prince venant à s'épuiser, il est enfin contraint (s'il veut conserver ce renom) de charger extraordinairement son peuple [1], & de recourir aux Confiscations, & à

DEux Sculpteurs fameux, Phidias & Alcaméne, firent chacun une Statuë de Minerve, dont les Athéniens devoient choisir la plus belle, pour être placée sur le haut d'une colonne. On les présenta toutes les deux au Public: celle d'Alcaméne remporta les suffrages; l'autre, disoit-on, étoit trop grossiérement travaillée. Phidias ne se déconcerta point par le jugement du Vulgaire, & demanda que les Statuës aiant été faites pour être placées sur une colonne, on les y élevât toutes les deux; alors celle de Phidias remporta le prix. Phidias devoit son succès à l'Etude de l'Optique & des proportions.

Le luxe qui naît de l'abondance, & qui fait circuler les richesses par toutes les veines d'un Etat, fait fleurir un grand Roïau-

---

* C'est-à-dire avec choix & mesure.

1. Si nous épuisons le Tresor public, dit Tibére chés Tacite, il faudra le remplir par des moiens injustes. Si Ærarium ambitione exhauserimus, per scelera supplendum erit. (Ann. 2.)

à tous les autres moiens d'avoir de l'argent. Par où il commence de devenir odieux à ses Sujets, & de perdre l'estime d'un chacun, à cause de sa pauvreté. Ce qui fait, qu'au premier revers de Fortune, il est en danger de périr, sa libéralité lui aiant fait beaucoup d'ennemis, & peu d'amis [2].

Aprés

2. Cicéron dit, que le Prince Libéral perd plus de cœurs, qu'il n'en gagne, & que la haine de ceux, à qui il ôte, est bien plus grande, que la reconnoissance de ceux, à qui il donne. *Nec tanta Studia assequuntur eorum, quibus dederunt, quanta odia eorum, quibus ademerunt.* (Off. lib. 2.) Que le Prince, dit le Jeune-Pline, ne donne rien, pourvu qu'il n'ôte rien. *Nihil largiatur Princeps, dùm nihil auferat.* (Paneg.) Tacite, en parlant d'Oton, dit un beau mot, *perdere iste sciet, donare nesciet.* (Hist. I.) Il ne donnera pas, il dissipera. *Falluntur,* ajoute-t-il, *quibus luxuria specie liberalitatis imponit.* Ceux-là se trompent fort, qui prennent la prodigalité pour la liberalité. Le Jeune-Pline ne veut point qu'on apelle libéraux ceux, qui ôtent à l'un pour donner à l'autre, & dit, que c'est aquérir le renom

de

Roïaume. C'est lui qui entretient l'industrie, c'est lui qui multiplie les besoins des Riches, pour les lier par ces mêmes besoins avec les Pauvres.

Si quelque Politique mal-habile s'avisoit de bannir le luxe d'un grand Empire, cet Empire tomberoit en langueur; le luxe tout au contraire feroit périr un petit Etat. L'argent, sortant en plus grande abondance du Païs, qu'il n'y rentreroit à proportion, feroit tomber ce Corps délicat en consomption, & il ne manqueroit pas de mourir Etique. C'est donc une régle indispensable à tout Politique de ne jamais confondre les petits Etats avec les grands, & c'est en quoi Machiavel péche grièvement en ce Chapitre.

La premiére faute que je dois lui reprocher, est qu'il prend le mot de *libéralité* dans un sens trop vague; il ne distingue pas assez la libéralité de la prodigalité. Un Prince, dit-il, pour faire de grandes choses, doit passer pour avare: moi, je soutiens qu'il doit passer pour libéral,

&

*Aprés quoi, s'il veut chan-
ger de conduite, il encourt
aussi tôt le reproche d'avaricieux. Puisque donc un
Prince ne sauroit faire connoître sa libéralité, sans se
faire tort, [*] il ne doit
pas, s'il est prudent, se
soucier d'être apellé chiche.
Car lors qu'on verra dans
la suite, que ses revenus lui
sufisent, qu'il peut résister
aux Armes de ses Ennemis,
& faire même des entre-
prises, sans charger son
peuple, il sera tenu libéral
de tous ceux, à qui il n'ô-
te rien, dont le nombre est
infini : au lieu que ceux,
qui le croient avaricieux,
à cause qu'il ne leur donne
pas ce qu'ils demandent,
sont très-peu. De notre tems
nous n'avons vu faire de
grandes choses qu'à ceux,
qui ont passé pour Ména-
gers. Tous les autres ont
péri. Jules II. se servit du
renom de libéral, pour parvenir au Pontificat, mais
il ne se soucia plus de l'ê-
tre, quand il fut Pape.
Sa*

de libéralité par une véritable Avarice. *Qui quod huic
donant, auferunt illi, Famam
liberalitatis avaritia petunt.*
(Ep. 30. lib. 9.)

[*] Ou, qu'à son dom-
mage,

& qu'il doit l'être; je
ne connois point de Hé-
ros qui ne l'ait été. Affi-
cher l'avarice, c'est di-
re aux hommes, n'atten-
dez rien de moi, je païe-
rai toujours mal vos ser-
vices; c'est éteindre l'ardeur que tout Sujet a
naturellement de servir
son Prince.

Sans doute il n'y a
que l'homme œconome
qui puisse être libéral;
il n'y a que celui qui
gouverne prudemment
son bien, qui puisse faire
du bien aux autres.

On connoît l'exemple
de François I. Roi de
France, dont les dé-
penses excessives furent
en partie la cause de ses
malheurs. Ce Roi n'étoit
pas libéral, mais prodi-
gue, & sur la fin de sa
vie il devint un peu ava-
re. Au lieu d'être bon
ménager, il mit des tré-
sors dans ses coffres;
mais ce n'est pas des tré-
sors sans circulation qu'il
faut avoir, c'est un am-
ple revenu, & un trésor.

Tout Particulier &
tout Roi qui ne sait
qu'entasser, enterrer
seulement de l'argent,
n'y entend rien; il faut
le faire circuler pour
être vraiment riche.

Les

Sa longue épargne lui a si bien sufi dans toutes ses Guerres, qu'il n'a jamais mis d'impôt extraordinaire. Le Roi d'Espagne d'aujourd'hui * ne fût pas venu à bout de tant d'entreprises, s'il eût été libéral. C'est pourquoi, un Prince, qui ne veut pas devenir pauvre, ni méprisable, ni se voir contraint de piller ses Sujets, pour se défendre contre ses Ennemis, se doit peu soucier du reproche d'avarice, ce vice étant un de ceux, qui le font regner. Mais, me dira quelqu'un, c'est par la libéralité, que César est parvenu à l'Empire, & beaucoup d'autres aux plus hautes Dignités. Je répons : ou tu es Prince, ou tu es encore à le devenir. Au premier cas, la libéralité porte dommage 3. Au second, il est besoin d'être estimé libéral : & César s'étudioit à passer pour tel, comme voulant ariver à la Principauté. Mais si, après y être parvenu, il eût vécu plus long-tems, & qu'il n'eût pas modéré sa dépense,

* Il parle de Ferdinand, Roi de Castille & d'Aragon.

3. *Liberalitas, ni adsit modus, in exitium vertitur.* Dit Tacite (Hist. 3.)

Les Médicis n'ont eu la Souveraineté de Florence que parce que le grand Côsme, Pere de la Patrie, simple Marchand, fut habile & libéral. Tout Avare est un petit génie, & je crois que le Cardinal de Retz a raison quand il dit, *que dans les grandes affaires il ne faut jamais regarder à l'argent.* Que le Souverain se mette donc en état d'en avoir beaucoup à propos, en favorisant le Commerce & l'industrie de ses Sujets, afin qu'il puisse en dépenser beaucoup à propos ; il sera aimé & estimé.

Machiavel dit que la libéralité le rendra méprisable, voilà ce que pourroit dire un Usurier ; mais est-ce ainsi que doit parler un homme qui se mêle de donner des leçons aux Princes ?

Un Prince, si je l'ôse dire, est comme le Ciel qui répand chaque jour ses rosées & ses pluïes, & qui en a toujours un fonds inépuisable, destiné à la fertilité de la terre.

Quant

fe , il eût ruiné l'Empire. Et fi l'on me réplique, que plufieurs Princes trés-libéraux ont fait de grandes chofes en Guerre, je répons : ou le Prince dépenfe le fien , & celui de fes Sujets , ou celui d'autrui. Quant au fien , il en doit être ménager 4. *Mais de l'autre , il en doit être prodigue : autrement il ne feroit pas fuivi des foldats. Joint qu'il n'y a point d'inconvénient à donner largement ce qui n'eft ni à toi, ni à tes Sujets, comme faifoient Cirus , Céfar & Aléxandre. Au contraire cela te rend plus formidable. Rien ne te nuit, que de dépenfer le tien : Et à mefure que tu es libéral , tu perds la commodité de l'être, & tu deviens ou pauvre, & méprifable; ou, fi tu veux te garantir de la pauvreté, voleur, & o-dieux à un chacun* 5. *Or entre toutes les chofes, dont*
le

Quant à ce que Machia-dit, que, pour devenir Prin-ce, il faut être libéral, mais ceffer de l'être, lors qu'on eft Prince éfectif (*Principe fatto*) cela eft conforme à ce que Tacite raconte d'Oton, qui, n'étant encore que Par-ticulier, faifoit une dépen-fe, qui eût été même à char-ge à un Prince. (*Luxuria etiam Principi onerofa.* (Hift. I.) Et qui toutes les fois, que Galba mangeoit chés lui, diftribuoit de l'argent à cha-que foldat de la Cohorte, qui étoit de garde, comme pour paier leur diner. Mais lorfqu'il fut Princé, il de-vint Ménager à tel point, qu'à fa mort il diftribua fon argent à fes domeftiques, non pas en homme, qui aloit mourir, mais comme s'il eût eu encore longtems à vivre. *Eò progreffus eft , ut per fpe-*

ciem convivii , quoties Galba apud Othonem epularetur , Co-horti excubias agenti , viri-tim centenos nummos divide-ret. (Hift. I.) Voilà Oton, qui veut devenir Empereur. *Pecunias diftribuit parcè , nec ut periturus.* (Hift. 2.) Alors il étoit Prince.

4. Tacite loüe Galba d'a-voir été ménager de fon bien, & avare de celui du Public, *Pecuniæ fuæ parcus, publicæ avarus.* (Hift. I.) Henri IV. Roi de France étoit de ce caractére.

5. Comme Néron, qui par fon luxe confumoit les ri-cheffes de l'Empire, fur l'ef-pérance d'un trefor imagi-naire, qui devoit fournir à toutes fes dépenfes. Atente, qui fut caufe de la Pauvreté publique, & le rendit d'au-tant plus ridicule à tout le monde, que fes flateurs a-voient

G 5

le Prince se doit garder, l'une est, d'être haï & mé-prisé. A quoi la libéralité t'expose toujours. Il vaut donc mieux avoir le renom d'être trop Ménager, défaut; qui ne te rend pas odieux; que de tomber, par une afectation de libéralité dans la nécessité de pren-dre à toutes mains. Ce qui, outre le déshonneur, te fait encore haïr.

voient fait sonner haut la fe-licité de son Regne. *Nova ubertate provenire terras, & obvias opes deferre Deos..... Gliscebat interim luxuria Spe inani, consumebanturque ve-* *teres opes, quasi oblatis, quas multos per annos prodigeret. Quin & inde jam largieba-tur: & divitiarum expectatio inter caussas paupertatis pu-blicæ erat.* (Ann. 16.)

CHAPITRE XVII.

De la cruauté & de la clémence, & s'il vaut mieux être craint qu'aimé.

J'Avoüe, que tous les Princes doivent desirer d'avoir le renom de Clémence: mais aussi, ils doivent prendre garde à l'usage, qu'ils font de cête vertu. César Borgia pas-soit pour cruel, & néan-moins sa Cruauté avoit reüni, pacifié, & réformé toute la Romagne. Et, cela bien considéré, l'on a-voüera, qu'il a été beau-coup plus clément, que le peuple de Florence, qui, pour éviter le reproche de cruel,

LE dépôt le plus pré-cieux qui soit con-fié aux Princes, c'est la vie de leurs Sujets: leur charge leur don-ne le pouvoir de con-damner à mort, & de pardonner aux Coupa-bles.

Les bons Princes ré-gardent ce pouvoir sur la vie de leurs Sujets, comme le poids le plus pesant de leur Couron-ne. Ils savent qu'ils sont hommes comme ceux qu'ils

cruel, laiſſa détruire Piſ-
toie *. Quand il s'agit de
contenir ſes ſujets dans le
devoir, le Prince ne ſe doit
point ſoucier du reproche de
cruauté, d'autant qu'à la
fin il ſe trouvera; qu'il
aura été plus humain en
puniſſant de mort quelques
Broüillons, que ceux, qui,
par trop d'indulgence, laiſſent ariver des déſordres,
d'où naiſſent des Maſſacres
& des Sacagemens [1]. Car
ces tumultes bouleverſent
toute une Ville: au lieu que
les punitions, que le Prince fait, ne tombent que ſur
quel-

* Faute d'avoir voulu ex-
terminer deux familles, les Pan-
ciatiques & les Cancelliers, qui
partageoient céte Ville en deux
factions, & la métoient toute
en combuſtion par leurs querétes
(Machiavel diſc. lib. 3, cap. 27.)

1. Cela revient à ce que
Tacite dit de Corbulon, que
l'on ſe trouva mieux de ſa
ſévérité, qui tenoit la Diſci-
pline Militaire en vigueur;
que de l'indulgence des autres Généraux, qui à force
de pardonner aux deſerteurs,
ruinoient leurs Armées. Quia
duritiem Cœli Militiæque multi abnuebant, deſerebantque,
remedium ſeveritate quæſitum
eſt..... Idque uſu ſalubre,
& miſericordia melius appa-
ruit. quippe pauciores illa Ca-
ſtra deſeruere quam ea, in quibus ignoſcebatur. (Ann. 13.)

qu'ils doivent juger, ils
ſavent que d'autres in-
juſtices peuvent ſe ré-
parer; mais qu'un ar-
rêt de mort précipi-
té eſt un mal irrépa-
rable. Ils ne ſe por-
tent à la ſévérité que
pour éviter une rigueur
plus fâcheuſe qu'ils pré-
voient, ſemblables à un
homme qui ſe laiſſe re-
trancher un membre
cangrené.

Machiavel traite des
choſes auſſi importan-
tes de bagatelles. Chez
lui, la vie des hom-
mes n'eſt comptée pour
rien, & l'intérêt, ce ſeul
Dieu qu'il adore, eſt
compté pour tout. Il pré-
fere la cruauté à la clé-
mence, il conſeille à
ceux qui ſont nouvelle-
ment élevés à la Sou-
veraineté, de mépriſer
plus que les autres, la
réputation d'être cruels.

Ce ſont des Bour-
reaux qui placent les
Héros de Machiavel ſur
le Trône, & qui les
y maintiennent. Céſar
Borgia eſt le refuge de
ce Politique lorſqu'il
cherche des exemples
de cruauté. Machiavel
cite encore quelques
Vers que Virgile met
dans la bouche de Di-
don.

quelques *Particuliers. Au reste, il est impossible, qu'un Prince Nouveau s'éxemte d'être cruel, toute domination Nouvelle étant pleine de dangers* ², *comme Virgile le fait dire à Didon.*

Res

2. Tout Prince nouveau étant chancelant, *Novum & nutantem Principem.* (Ann. 1.) Tacite dit, que l'on se soulève souvent contre le Prince nouveau, quoi même qu'il n'en donne point de sujet, seulement parceque le changement de Prince donne une plus belle occasion de broüiller, & fait concevoir aux broüillons l'espérance de faire mieux leurs afaires dans une Guerre Civile. *Seditio incessit, nullis novis caussis nisi quod mutatus Princeps licentiam turbarum, & ex Civili bello spem præmiorum ostendebat.* (Ann. 1.) C'est pourquoi Louis XI. disoit, que s'il n'eût usé de rigueur au commencement de son Regne, il eût été du nombre des *Nobles Malheureux*, dont il est parlé dans Bocace. Et ce qui fait encore qu'un Prince nouveau a bien de la peine à s'abstenir d'être cruel; c'est que les sujets prennent d'ordinaire trop de liberté parcequ'ils ne le croient pas encore assés fort, pour rien entreprendre. *Usurpata statim libertate, licentius, ut erga Prin-*

don : mais cette citation est entiérement déplacée ; car Virgile fait parler Didon, comme un Auteur moderne fait parler Jocaste dans Oedipe. Le Poëte fait tenir à ces personnages un langage qui convient à leur caractére ; ce n'est donc point l'autorité de Didon, ce n'est donc point l'autorité de Jocaste qu'on doit emprunter dans un Traité de politique, il faut l'exemple des hommes habiles & vertueux.

Le Politique recommande sur-tout la rigueur envers les troupes. Il oppose l'indulgence de Scipion à la sévérité d'Hannibal, il préfere le Carthaginois au Romain, & conclut tout de suite que la cruauté est le mobile de l'ordre, de la Discipline, & par conséquent des triomphes d'une armée.

Machiavel n'en agit pas de bonne foi ; car il choisit Scipion, le plus mou de tous les Généraux quant à la Discipline, pour l'opposer à Hannibal, & pour favoriser la cruauté.

J'avoüe que l'ordre dans une armée ne peut sub-sis-

Res dura, & regni No-
vitas, me talia cogunt
Moliri, & late fines cuf-
tode tueri. *

*Toutefois, il ne faut pas,
qu'il ait peur de son Om-
bre, mais il doit être lent
à croire, à se remuer, &
mêler si bien la prudence
avec la douceur, que le trop
de confiance [*] ne l'empêche pas de se tenir sur ses
gardes, ni le trop de fiance d'être traitable. A ce
propos il est question de savoir, lequel vaut mieux
d'être aimé, ou d'être craint.
Je répons, qu'il faudroit
être l'un & l'autre, mais
d'autant que cela est dificil-
le, & que par conséquent
il faut choisir, il est plus
sûr d'être craint. Car il
est vrai de dire, que tous
les hommes sont ingrats, in-
constans, dissimulés, timi-
des, intéressés. Tandis que tu
leur fais du bien, & que
tu*

Principem novum. (Hist. 1.)
Le Duc de Valentinois di-
soit que la maxime, *Oderint
dùm metuant*, étoit aussi bonne pour ceux, qui ont aquis
leur Etat, que dangereuse
pour ceux, qui l'ont hérité.
* (Æneid. 1.)
[*] Ou, que le trop de confiance ne le rende pas mal-
avisé, ni le trop de défiance
insuportable.

sister sans sévérité : car
comment contenir dans
leur devoir des Liber-
tins, des Débauchés, des
Scélerats, des Poltrons,
des Téméraires, des A-
nimaux grossiers & mé-
chaniques, si la peur des
châtimens ne les arrête
en partie ? Tout ce que
je demande sur ce sujet
à Machiavel, c'est de la
modération. Si la clé-
mence d'un honnê-
te homme le porte à
la bonté, sa sagesse ne
le force pas moins à
la rigueur; mais il en
est de lui comme d'un
habile Pilote, on ne lui
voit couper les mâts,
ni les cordages de son
Vaisseau que lorsqu'il y
est forcé par l'orage.
Il y a des occasions
où il faut être sévé-
re, mais jamais cruel;
& j'aimerois mieux un
jour de bataille être ai-
mé, que craint de mes
soldats.

Mais Machiavel ne s'est
pas épuisé encore, j'en
suis à présent à son ar-
gument le plus captieux.
Il dit qu'un Prince trou-
ve mieux son compte
en se faisant craindre,
qu'en se faisant aimer,
puisque la plûpart du
monde est porté à l'in-
gra-

*tu n'as pas besoin d'eux,
ils t'ofrent leurs biens,
leurs vies, & leurs enfans;
& tout est à toi : mais
quand la Fortune te tourne
le dos, ils te le tournent
aussi* 3. *Et tu péris pour
avoir fait fond sur leurs
paroles, & n'avoir pas
pris de meilleures assuran-
ces. Car pour ceux,
que l'on gagne à force de
bienfaits, & non par une
vraie grandeur de courage,
l'on mérite plûtôt de les
avoir pour Amis, qu'on ne
les a* [*]: *& par conséquent
on ne sauroit compter sur
eux dans le besoin* 4. *Joint
que*

3. *Prosperis Vitellii rebus
certaturi ad obsequium ; ad-
versam ejus fortunam ex æquo
detrectabant* (Hist. 2.) *languentibus omnium studiis, qui
primò alacres fidem atque animum ostentaverant.* (Hist. 1.)
*Amicos tempore, fortuna, cu-
pidinibus aliquando, aut er-
roribus, imminui, transfer-
ri, desinere.* (Hist. 4.)
[*] Ou, Car on ne sauroit
emploier dans le besoin ceux
que l'on a gagnés par des bienfaits, & non par son propre
mérite, & l'on est plutôt digne de les avoir que l'on ne
les a en éfet pour amis.
4. *Amicitias, dum magni-
tudine Munerum, non con-
stantia morum continere pu-
tat, meruit magis, quàm ba-
buit.*

gratitude, au change-
ment, &c.

Je ne nie point qu'il
y ait des Ingrats, je ne
nie point que la crainte
ne soit dans quelques
momens très puissante:
mais j'avance que tout
Roi, dont la politique
n'aura pour but que de
se faire craindre, re-
gnera sur de vils Es-
claves; qu'il ne pour-
ra point s'attendre à
de grandes actions de
ses Sujets ; que tout
ce qui s'est fait par
crainte, en a toujours
porté le caractére; qu'un
Prince qui aura le don
de se faire aimer, re-
gnera sur les cœurs,
puisque ses Sujets trou-
vent leur propre inté-
rêt à l'avoir pour Maî-
tre, & qu'il y a un grand
nombre d'exemples dans
l'Histoire de grandes &
de belles actions qui se
font faites par amour &
par fidélité. Je dis en-
core que la mode des ré-
volutions paraît être en-
tiérement finie de nos
jours. On ne voit au-
cun Roïaume, excepté
l'Angleterre, où le Roi
ait le moindre sujet de
craindre ses peuples, &
qu'encore en Angleter-
re le Roi n'a rien à craindre,

que les hommes craignent moins d'ofenfer celui, qui fe fait aimer que celui, qui fe fait craindre. Parceque l'Amour n'eſt retenu que par un certain lien de bien-féance [5], *que les hommes, qui ſont tous méchans, rompent toutes les fois, qu'ils trouvent leur Avantage ailleurs* [6] *: au lieu que la crainte eſt entretenüe par la peur de la peine, qui ne ceſſe jamais. Si eſt-ce que le Prince doit ſe faire craindre de maniére, que s'il n'eſt pas aimé, du moins il ne ſoit pas haï. Car il lui ſera aiſé d'acorder l'un & l'autre enſemble, s'il s'abſtient de toucher aux biens & aux femmes de ſes Sujets. Et ſi quelquefois il eſt contraint d'en faire mourir quelqu'un, ce ne doit être, qu'aprés en avoir juſtifié les raiſons, & ſur tout, ſans profiter du bien d'autrui, dautant que les hommes oublient plus volontiers la mort de leur Pére, que la perte de leur Patrimoine. Outre que les raiſons d'ôter les biens ne manquent jamais, & que lors qu'une fois on commence de vivre de rapine, l'on trouve aſſés d'ocaſion de prendre le bien d'autrui : au lieu que celles de verſer le ſang ſont plus rares* *. Mais quand le Prince*

dre, ſi ce n'eſt lui qui ſouleve la tempête. Je conclus donc qu'un Prince cruel s'expoſe plûtôt à être trahi qu'un Prince débonnaire, puisque la cruauté eſt inſupportable, qu'on eſt bientôt las de craindre, que la bonté eſt toujours aimable, & qu'on ne ſe laſſe point de l'aimer.

Il ſeroit donc à ſouhaiter pour le bonheur du monde, que les Princes fuſſent bons, ſans être trop indulgens, afin que la bonté fût en eux toujours une vertu, & jamais une faibleſſe.

---

buit. (Hiſt. 3.) L'Amitié, que l'Intéreſt a liée, dit un Ancien, l'Intéreſt la délie.

5. *Infirma vincula Caritatis.* (In Agricola.)

6. *Poſtquam merces proditionis, fluxa fide.* (Hiſt. 3.)

Majore ex diverſo mercede jus faſque exuunt. (Hiſt. 3.)

* *Quand le Prince n'a pas l'humeur portée à la rapine, ajoute Machiavel Chap.* 19. *du livre* 3. *de ſes Diſcours. Car quand il eſt afamé d'argent, il trouve*

Prince commande une bonne Armée, c'est alors qu'il ne doit nullement se soucier d'être tenu cruél *, parceque, faute de cela, son Armée ne sera jamais bien unie, ni en état de rien entreprendre. Entre les merveilleuses Actions d'Hannibal, on raconte, qu'aiant mené en païs étranger une grosse armée composée de mille sortes de gens, il ne s'y éleva jamais le moindre bruit, ni entre eux, ni contre lui, ni dans la bonne, ni dans la mauvaise Fortune †. Ce qui ne se peut atribuer qu'à son extrême rigueur, qui jointe à ses autres vertus, le rendoit vénérable, & formidable à ses soldats, & sans qui tout le reste ne lui sufisoit pas, pour faire cet éfet. Cependant, des Ecrivains, peu judicieux, admirent d'un coté ses Actions, & de l'autre en condannent la principale cause. Et ce qui montre, que ses autres vertus ne lui eussent pas sufi, c'est que les Armées se révoltérent en Espagne contre Scipion, Capitaine si fameux, non seulement de son tems, mais dans la Mémoire de tous les Siécles. Ce qui ne vint, que de sa trop grande douceur ‡, qui avoit donné plus de licence aux soldats, que ne vouloit la Discipline Militaire. A raison de quoi Fabius Maximus l'apella en plein Sénat Corrupteur de la Milice-Romaine. Ceux de Locres aiant été tirannisés par un Lieutenant de Scipion ‡, il n'en fit point de chatiment. Tant il étoit indulgent. Et pour l'éxcuser, un Sénateur § dit, qu'il y avoit beaucoup de gens, qui savoient mieux ne pas faillir, que corriger les fautes d'autrui. Or il est certain, qu'avec le tems

Sci-

---

ve toujours des ocasions de verser le sang, pour avoir en suite la confiscation.

* Sur tout s'il a une grande réputation, dit Machiavel au Chapitre 21. du livre 3. de ses Discours, d'autant que céte reputation éface toutes les fautes, que sa rigueur lui fait comméttre.

† Il dit la mesme chose dans le Chap. 21. du liv. 3.

‡ Qu'il fut depuis contraint d'assaisonner d'un peu de cruauté, dit Machiavel ibid.

‡ Plutarque l'apelle Pleminius. Ce fut à l'occasion des plaintes faites contre ce Lieutenant, qu'on voulut oter le Gouvernement de Sicile à Scipion, & lui faire son procés.

§ Quintus Metellus.

Scipion eût flétri sa reputation & sa gloire, s'il eût tenu la même conduite dans la Principauté: au lieu que son défaut, non seulement ne parut point, mais lui tourna même à gloire, à cause qu'il vivoit sous un Gouvernement de République. D'où je conclus, que les hommes aimant à leur fantaisie, & craignant selon que le Prince veut-être craint, un Prince sage doit compter sur ce qui dépend absolument de lui, & non sur ce qui dépend du caprice d'autrui 7, mais se ménager si bien, qu'il se garantisse de la haine.

7. Plutarque dit dans la Vie de Licurgus, qu'Eurition, Roi de Sparte, aiant un peu trop relâché l'Autorité Roiale, pour complaire au peuple, le peuple, se sentant la bride lâchée, en devint insolent & licentieux. Ce qui fit, que quelques-uns de ses Successeurs furent haïs à mort, parcequ'ils voulurent reprendre l'Autorité, qu'Eurition avoit laissé aliéner.

❀❀❀❀❀❀❀❀❀❀❀❀❀❀❀❀❀❀❀❀❀❀❀❀

CHAPITRE XVIII.

Comme les Princes doivent tenir leur parole.

UN chacun sait, combien il est loüable, dans un Prince, de garder la foi, & de procéder rondement, & sans finesse. Mais l'expérience de ces tems-ci montre, qu'il n'est arivé de faire de grandes choses, qu'aux Princes, qui ont fait peu de cas de leur parole, & qui ont sû tromper les autres: au lieu que ceux, qui ont procédé loialement, s'en sont toujours mal-

LE Précepteur des Tyrans ôse assurer que les Princes peuvent abuser le monde par leur dissimulation ; c'est par où je dois commencer à le confondre.

On sait jusqu'à quel point le Public est curieux, c'est un animal qui voit tout, qui entend tout, & qui divulgue tout. Si la curiosité de ce Public examine la conduite des Particu-

H

mal-trouvés à la fin. Il est donc à savoir, qu'il y a deux manières de combatre, l'une avec les Loix; l'autre avec la force. La première est celle des hommes, & la seconde celle des Bêtes. Mais comme très souvent la première ne sufit pas, il est besoin de recourir à la seconde. Il est donc nécessaire aux Princes de savoir bien faire l'homme & la bête. Et c'est ce que les Anciens leur enseignent figurément, quand ils racontent, qu'Achilles, & divers autres Princes furent donnés à élever au Centaure Chiron. Pour signifier, que, comme le Précepteur étoit demi-homme & demi-bête, ses Disciples devoient tenir [*] des deux Natures, l'une ne pouvant pas durer longtems sans l'autre. Or le Prince aiant besoin de savoir bien contrefaire la bête, il doit revêtir le Renard & le Lion, parceque le Lion ne se défend point des filets, ni le Renard des Loups. Il faut donc être Renard, pour connoître les filets; & Lion, pour faire peur aux Loups. Ceux-là ne l'entendent pas,
qui

[*] Ou, avoir l'Usage des deux Natures, &c.

ticuliers, c'est pour divertir son oisiveté; mais lorsqu'il juge du caractére des Princes, c'est pour son propre intérêt: aussi les Princes sont-ils exposés, plus que tous les autres hommes, aux jugemens du monde; ils sont comme les Astres que les Astronomes observent. La Cour fait chaque jour ses remarques, *un coup d'œil, un regard, un geste les trahit,* & les peuples se rapprochent d'eux par des conjectures. En un mot, aussi peu que le Soleil peut couvrir ses tâches, aussi peu les grands Princes peuvent-ils cacher leurs vices.

Quand même le masque de la dissimulation couvriroit pour un tems la difformité naturelle d'un Prince, il ne peut garder ce masque continuellement. Il le leve quelquefois, ne fût-ce que pour respirer, & une occasion seule suffit pour contenter les Curieux.

L'artifice habitera donc en vain sur les lévres de ce Prince. On ne juge pas les hommes sur leurs paroles, mais on compare

qui ne contrefont que le Lion. Et par conféquent un Prince prudent ne doit point tenir fa parole, quand cela lui tourne à dommage, & que les ocafions, qui la lui ont fait engager, ne font plus. Cête Maxime ne vaudroit rien, fi tous les hommes étoient bons, mais comme ils font tous méchans, & qu'ils ne te tiendroient pas leur parole, tu ne dois pas non plus la leur tenir : Et tu ne manqueras jamais de prétextes, pour en colorer l'inobfervation. J'en pourois donner mille éxemples Modernes, & montrer, combien de promeffes, combien de Traités, ont échoué par l'infidélité des Princes, entre qui celui, qui a le mieux fù faire le Renard, a le mieux réuffi dans fes Afaires. Mais il faut favoir bien déguifer cet efprit de Renard, il faut être proprè à feindre & à diffimuler. Car les hommes font fi fimples, & fi acoutumés à céder au tems, que celui, qui trompe, en trouvera toujours, qui fe laifferònt tromper. De tous les éxemples récens je n'en faurois oublier un. Le Pape Aléxandre VI. ne fit jamais autre chofe que tromper : jamais homme ne fut plus perfuafif : jamais perfonne ne

re leurs actions enfemble, puis leurs actions & leurs difcours ; & c'eft contre quoi la fauffeté & la diffimulation ne pourront jamais rien. On ne joue bien que fon propre perfonnage, & il faut avoir effectivement le caractére que l'on veut que le monde vous fuppofe.

Sixte-Quint, Philippe II., Cromwel pafferent dans le monde pour des hommes entreprenans ; mais jamais pour vertueux.

Machiavel ne raifonne pas mieux fur les motifs qui doivent porter les Princes à la fourbe & à l'hypocrifie. L'application ingénieufe & fauffe de la Fable du Centaure ne conclut rien ; car que ce Centaure ait eu moitié la figure humaine, & moitié celle d'un cheval, s'enfuit-il que les Princes doivent être rufés & féroces ? Il faut avoir bien envie de dogmatifer le crime, lorfqu'on emploie des argumens auffi foibles & tirés de fi loin.

Ce Politique dit qu'un Prince doit avoir les qualités du lion & du renard,

H 2

ne promit rien avec de plus grans fermens, ni ne tint moins fa parole ; & néanmoins fes tromperies lui réuſſirent toujours. Tant il ſavoit bien ce métier, & par où il faloit prendre les hommes. Il n'eſt donc pas néceſſaire qu'un Prince ait toutes les qualités, que j'ai marquées, mais ſeulement qu'il paroiſſe les avoir[1]*. J'oſe même avancer, qu'il lui ſeroit dangereux de les avoir, & de les métre en pratique, au lieu qu'il lui eſt utile de paroitre les avoir. Tu dois paroitre clément, fidéle, courtois, intégre & Religieux, mais avec cela tu dois être ſi bien ton Maitre, qu'au beſoin tu ſaches & tu puiſſes faire tout le contraire. Et je poſe en fait, qu'un Prince, & particuliérement un Prince nouveau, ne peut pas obſerver toutes les choſes, qui font paſſer les hommes pour bons, par-*

1. Maxime, qui veut dire en bon François,

Il faut ſembler homme de bien,

Et cependant ne valoir rien.

Charle - quint juroit toujours à fé de bombre de bien, & faiſoit toujours le contraire de ce qu'il juroit.

nard, & il conclut, *ce qui fait voir qu'un Prince n'eſt pas obligé de garder ſa parole.* Voilà une étrange concluſion. Il y a des renards & des loups dans les Forêts, donc il faut qu'un Prince ſoit fourbe.

Si l'on vouloit prêter la probité & le bon ſens aux penſées embrouillées de Machiavel, voici à peu près peut-être comme on pourroit les tourner. Le Monde eſt comme une partie de jeu, où il ſe trouve des Joüeurs honnêtes, mais auſſi des Fourbes. Pour qu'un Prince qui doit joüer à cette partie, n'y ſoit pas trompé, il faut qu'il ſache de quelle manière l'on trompe au jeu, non pas afin qu'il pratique jamais de pareilles leçons ; mais pour qu'il ne ſoit pas la dupe des autres.

Retournons aux chutes de notre Politique. *Parce que tous les hommes,* dit-il, *font des Scélerats, & qu'ils vous manquent à tout moment de parole, vous n'étes point obligé non plus de leur garder la vôtre.* Voici premiérement une contradiction ; car l'Auteur dit un moment après,

parceque les besoins de son Etat l'obligent souvent de violer la Foi, & d'agir contre la Charité, l'Humanité, & la Religion. De sorte qu'il faut, qu'il tourne & manie son Esprit, selon que souflent les vents de la Fortune, sans s'écarter du bien, tant qu'il le peut ; mais aussi, sans faire scrupule d'entrer dans le mal, quand il le faut. Au reste, le Prince doit s'étudier à ne dire jamais rien, qui ne sente les cinq qualités, que j'ai marquées. En sorte qu'à le voir & à l'entendre, l'on croie, que c'est la bonté même, la fidélité, l'intégrité, la civilité & la Religion. Mais cête derniére qualité est celle, qu'il lui importe davantage d'avoir extérieurement, dautant que les hommes en general jugent plus par les yeux, que par les mains, un chacun aiant la liberté de voir, mais tres-peu aiant celle de toucher. Un chacun voit ce que tu parois être, mais presque personne ne connoit ce que tu es, & le petit nombre n'ose pas contredire la multitude, qui a la Majesté de l'Etat pour bouclier. Or dans les Actions de tous les hommes, & sur tout des Princes, contre qui il n'y a point de juges à réclaper-

après, que les hommes dissimulés trouveront toujours des hommes assez simples pour les abuser. Comment cela s'accorde-t-il ? Tous les hommes font des Scélerats, & vous trouverez les hommes assez simples pour les abuser ?

Il est encore très faux que le Monde ne soit composé que de Scélerats. Il faut être bien Misantrope pour ne point voir que dans toute Société il y a beaucoup d'honnêtes gens, & que le grand nombre n'est ni bon ni mauvais. Mais si Machiavel n'avoit pas supposé le monde scélerat, sur quoi auroit-il fondé son abominable maxime ?

Quand même nous supposerions les hommes aussi méchans que le veut Machiavel, il ne s'ensuivroit pourtant point que nous dussions les imiter. Que Cartouche vole, pille, assassine, j'en conclus que Cartouche est un Malheureux qu'on doit punir, & non pas que je dois régler ma conduite sur la sienne. S'il n'y avoit plus d'honneur & de vertu dans le monde,

H 3 disoit

clamer, on ne regarde qu'à l'iſſüe qu'elles ont. Un Prince n'a donc qu'à maintenir ſon Etat, tous les moiens, dont il ſe ſera ſervi, ſeront toujours trouvés honnêtes [2], & chacun l'en loüera. Car le Vulgaire ne ſe prend qu'aux aparences, & ne juge que par les événemens : Et il n'y a preſque dans le Monde, que le Vulgaire : & le petit nombre n'a lieu, que lors que la Multitude ne ſait à quoi ſe déterminer.

Un Prince de ce tems-ci, qu'il n'eſt pas à propos de nommer, ne nous prêche rien que la paix & la bonne foi, mais s'il eût gardé lui même l'une & l'autre, il eût perdu bien des fois ſa réputation & ſes Etats [3].

2. Nihil glorioſum, niſi tutum, & omnia retinendæ dominationis honeſta. (Saluſte.) Et Tacite dit, qu'Agrippine, Mére de Néron ne trouvoit rien au Monde qu'on ne dût ſacrifier pour une Couronne. Decus, pudorem, corpus, cunſta regno viliora habere. (Ann. 12.)

3. Il veut parler de Ferdinand, Roi de Caſtille & d'Arragon, qui ne devoit la conquête des Roiaumes de Naples & de Navarre, qu'à ſa mauvaiſe foi, & à ſa perfidie.

diſoit Charles le Sage, ce ſeroit chez les Princes qu'on en devroit retrouver les traces.

Après que l'Auteur a prouvé la néceſſité du crime, il veut encourager ſes Diſciples par la facilité de le commettre. Ceux qui entendent bien l'art de diſſimuler, dit-il, trouveront toujours des hommes aſſez ſimples pour être dupés ; ce qui ſe réduit à ceci, Votre Voiſin eſt un Sot, & vous avez de l'eſprit : donc il faut que vous le dupiez parce qu'il eſt un Sot. Ce ſont des ſyllogiſmes, pour leſquels des Ecoliers de Machiavel ont été pendus & roüés en Gréve.

Le Politique, non content d'avoir démontré, ſelon ſa façon de raiſonner, la facilité du cime, réleve enſuite le bonheur de la perfidie ; mais ce qu'il y a de fâcheux, c'eſt que Céſar Borgia, le plus grand Scélerat, le plus perfide des hommes, ce Céſar Borgia, le Héros de Machiavel, a été très malheureux. Il ſe garde bien de parler de lui à cette occaſion, il lui falloit des exemples ; mais

mais d'où les auroit-il pris que du Régitre des Procès criminels, ou de l'Hiſtoire des Nérons & de leurs ſemblables ?

Il aſſûre qu'Alexandre VI. l'homme le plus faux, le plus impie de ſon tems, réuſſit toujours dans ſes fourberies, puiſqu'il connoiſſoit parfaitement la faibleſſe des hommes ſur la crédulité.

J'ôſe aſſûrer que ce n'étoit pas tant la crédulité des hommes que de certains évenemens, & de certaines circonſtances qui firent réuſſir quelquefois les deſſeins ce Pape; ce fut le contraſte de l'ambition Françaiſe & Eſpagnole, ce fut la deſunion & la haine des Familles d'Italie, & la faibleſſe de Loüis XII.

La fourberie eſt même un défaut en ſtyle de politique, lorſqu'on la pouſſe trop loin. Je cite l'autorité d'un grand Miniſtre, c'eſt Don Loüis de Haro, qui diſoit du Cardinal Mazarin qu'il avoit un grand défaut en politique; c'eſt qu'il étoit toujours fourbé. Ce même Mazarin voulant emploïer Monſieur de Faber à une négociation ſcabreuſe, le Maréchal de Faber lui dit : *Souffrez, Monſeigneur, que je refuſe de tromper le Duc de Savoye, d'autant plus qu'il n'y va que d'une bagatelle; on ſait dans le monde que je ſuis honnête-homme, réſervez-donc ma probité pour une occaſion où il s'agira du ſalut de la France.*

Je ne parle point dans ce moment de l'honnêteté, ni de la vertu; mais ne conſidérant ſimplement que l'intérêt des Princes, je dis que c'eſt une très mauvaiſe politique de leur part d'être Fourbes & de duper le monde. Ils ne dupent qu'une fois, ce qui leur fait perdre la confiance de tous les Princes.

On voit quelquefois des Puiſſances déclarer dans un Manifeſte les raiſons de leur conduite, & agir enſuite d'une maniére directement oppoſée. Des traits, auſſi frappans que ceuxlà, aliénent entiérement la confiance; car plus

H 4   la

la contradiction se suit de près, & plus elle est grossiére. L'Eglise Romaine, pour éviter une contradiction pareille, a très sagement fixé à ceux qu'elle place au nombre des Saints, le Noviciat de cent années après leur mort; moïen- nant quoi, la mémoire de leurs faiblesses périt avec eux. Les témoins de leur vie, qui pour- roient déposer contre eux, ne subsistant plus, rien ne s'oppose à l'apothéose.

J'avoüe d'ailleurs qu'il y a des nécessités fâ- cheuses, où un Prince ne sauroit s'empêcher de rompre ses Traités & ses Alliances; mais il doit s'en séparer en honnête homme, en avertissant ses Alliés à tems, & sur-tout n'en venir jamais à ces extrémités, sans que le salut de ses peuples & une grande nécessité l'y obligent.

Je finirai ce Chapitre par une seule réflexion. Qu'on remarque la fécondité dont les vices se propagent entre les mains de Machiavel. Il veut qu'un Roi incrédule couronne son incréduli- té de l'hypocrisie, il pense que les peuples seront plus touchés de la dévotion d'un Prince, que révoltés des mauvais traitemens qu'ils souffri- ront de lui. Il y a des personnes qui sont de son sentiment; pour moi, il me semble qu'on doit avoir quelque indulgence pour des erreurs de spéculations, lorsqu'elles n'entrainent point la corruption du cœur à leur suite, & que les peuples aimeront plus un Prince sceptique, mais honnête homme & qui fait leur bonheur, qu'un Orthodoxe scélerat & mal-faisant. Ce ne sont pas les pensées des Princes; mais leurs actions qui rendent les hommes heureux.

CHA-

✱✱✱✱✱✱✱✱✱✱✱✱✱✱✱✱✱✱✱✱✱✱✱✱✱✱✱✱✱

CHAPITRE XIX.

Qu'il faut éviter d'être méprisé & haï.

*APrés avoir parlé sé-
parément des plus im-
portantes qualités du Prince, je veux, pour être
court, comprendre les au-
tres sous ce titre général,
que le Prince doit se garder de toutes les choses, qui
le peuvent rendre odieux,
ou méprisable : moiennant
quoi il sera à couvert de
tous les dangers. Rien ne
le rend plus odieux, com-
me je l'ai dit, que de prendre le bien & les femmes
de ses Sujets : au contraire, ils vivent contens de
lui, quand il s'en abstient.
Et pour lors il n'a plus à
combatre que l'ambition de
quelques brouillons, dont
il vient facilement à bout.
Il devient méprisable,
quand il passe pour chan-
geant, léger, éféminé, pu-
sillanime, irrésolu [1]. Défauts,*

[1]. *Vitellium subitis offen-
sis, aut intempestivis blandi-
tiis mutabilem contemnebant,
metuebantque.* (Tac. Hist. 2.)

LA rage des systêmes
n'a pas été la folie
privilégiée des Philoso-
phes, elle l'est aussi déve-
nue des Politiques. Ma-
chiavel en est infecté plus
que personne, il veut
prouver qu'un Prince
doit être méchant &
fourbe ; ce sont-là les
paroles sacramentales de
sa Religion. Machiavel
a toute la méchanceté
des Monstres que ter-
rassa Hercule, mais il
n'en a pas la force : aussi
ne faut-il pas avoir la
massue d'Hercule pour
l'abattre ; car qu'y a-til
de plus simple, de plus
naturel, de plus con-
venable aux Princes que
la justice & la bonté? Je
ne pense pas qu'il soit
nécessaire de s'épuiser
en argumens pour le
prouver, le Politique
est confondu en soute-
nant le contraire. Car
s'il soutient qu'un Prin-
ce, affermi sur le Trône,

H 5 doit

fauts, dont il se doit gar-
der, comme d'autant d'E-
cüeils, s'étudiant à montrer
de la grandeur, du coura-
ge, de la force & de la
gravité dans ses actions.
Quand il prendra connoif-
sance des Afaires particu-
liéres de ses Sujets, il faut
qu'il en juge de maniére,
que ce qu'il aura prononcé
soit irrévocable, afin que
personne n'ose entreprendre,
ni espérer de le tromper,
ni de le faire changer d'a-
vis. Le Prince, qui se met
sur ce pié, est toujours très-
estimé, & céte estime fait,
que l'on ne conspire pas fa-
cilement contre lui, & que
les Etrangers ne risquent
pas volontiers de l'ataquer,
sur tout s'ils savent qu'il est
révéré de ses Sujets. Car un
Prince a toujours deux
craintes, l'une, du côté de ses
Sujets, l'autre, du côté des
Etrangers. De ceux-ci, il
s'en défend avec de bon-
nes Armes, & de bons A-
mis : & quand il aura de
bonnes Armes, il aura tou-
jours de bons Amis. Joint
que les Afaires du dedans
seront toujours tranquilles,
à moins que quelque Con-
spiration ne les broüille,
tandis que celles du dehors
demeureront paisibles. Et
quand même les Etrangers
se remüeroient, si le Prin-
ce

doit être cruel, fourbe,
traitre, &c. il le fera
méchant à pure perte :
& s'il veut revêtir de
tous ces vices un Prin-
ce qui s'eleve sur le Trône pour affermir son u-
surpation, l'Auteur lui
donne des conseils qui
souleveront tous les
Souverains, & toutes
les Républiques contre
lui. Car comment un
Particulier peut-il s'élever à la Souveraineté,
si ce n'est en dépossé-
dant un Prince souve-
rain de ses Etats, en u-
surpant l'autorité d'une
République ? Ce n'est
pas-assûrément ainsi que
l'entendent les Princes
de l'Europe. Si Machia-
vel avoit composé un
Récueil de fourberies à
l'usage des Voleurs, il
n'auroit pas fait un Ou-
vrage plus blâmable que
celui-ci.

Je dois cependant ren-
dre compte de quelques
faux raisonnemens qui
se trouvent dans ce Cha-
pitre. Machiavel pré-
tend que ce qui rend
un Prince odieux, c'est
lorsqu'il s'empare inju-
stement du bien de ses
Sujets, & qu'il attente
à la pudicité de leurs
femmes. Il est sûr qu'un
Prin-

ce se gouverne, comme j'ai dit, & qu'il ne vienne point à se relâcher, il leur résistera toujours, comme j'ai montré que fit Nabis, Tiran de Sparte. Mais quant aux Sujets, lorsque le dehors ne branle point, comme il est à craindre, qu'ils ne conspirent secretement, le Prince y pourvoit assés, en fuiant ce qui le peut rendre odieux & méprisable. Ce qui est absolument nécessaire, ainsi qu'il a été déja dit amplement. Et l'un des meilleurs remédes, que le Prince ait contre les Conjurations, c'est de n'être ni haï, ni méprisé de son peuple. Car d'ordinaire ceux, qui conspirent contre lui, croient, que le peuple sera bien aise de sa mort: au lieu que s'ils croioient qu'il en dût être fâché, ils n'oseroient jamais prendre une résolution si dangereuse. Nous voions, qu'il y a eu beaucoup de Conjurations, mais peu, qui aient eu une bonne issüe. Car celui, qui conspire, ne sauroit être seul: & s'il prend des Compagnons, ce sont toujours des gens, qu'il croit être Mécontens. Or d'abord que tu as découvert ta pensée à un Mécontent, tu lui donnes de quoi se contenter, je veux dire un moien de tirer

Prince intéressé, injuste, violent cruel sera détesté; il n'en est pas toutefois de même de la galanterie. Jules César, que l'on appelloit à Rome le mari de toutes les femmes, & la femme de tous les maris; Loüis XIV. qui aimoit beaucoup les femmes; Auguste I. Roi de Pologne, ces Princes ne furent point haïs à cause de leurs amours. Si César fut assassiné, si la Liberté Romaine enfonça tant de poignards dans son flanc, ce fut parce que César étoit Usurpateur, & non pas à cause que César étoit galant.

On m'objectera peut-être, pour soutenir le sentiment de Machiavel, l'expulsion des Rois de Rome, au sujet de l'attentat commis contre la pudicité de Lucréce. Je réponds que ce n'est pas l'amour du jeune Tarquin pour Lucréce; mais la maniére violente de faire cet amour qui donna lieu au soulevement de Rome. Comme cette violence réveilloit dans la mémoire du peuple l'idée d'autres violences, commises par les

tirer une grosse récompen-
se 2. *Si bien que voiant*
d'un côté une Fortune tou-
te aquise , & de l'autre
seulement du danger , il
faut , ou que ce soit un
ennemi irréconciliable du
Prince , ou un Ami tout
extraordinaire, pour vou-
loir bien te garder le Se-
cret

2. Tacite en donne un bel
éxemple dans le 15. livre de
ses Annales, ou il parle d'un
Volusius Proculus, qui a la
dénoncer à Néron, une femme , qui le solicitoit de se
vanger du Prince, dont elle savoit par lui même qu'il
étoit tres-mécontent , pour
avoir été mal recompensé du
Meurtre d'Agrippine [*]. *Is*
mulieri , dum merita erga Ne-
ronem sua , & quàm in inri-
tum cecidissent aperit , adji-
citque questas , & destinatio-
nem vindictæ si facultas ori-
retur , spem dedit posse im-
pelli. Ergo Epicharis omnia
scelera Principis orditur. Ac-
cingeretur modò, navaret ope-
ram & militum acerrimos du-
ceret in partes, ac digna pre-
tia exspectaret..... Proculus,
ea quæ audierat ad Neronem
detulit.
[*] Ou, Témoin ce Volu-
sius Proculus qui étant mécontent de n'avoir pas été récompensé du Meurtre d'Agrippine,
témoignoit un grand desir de
se vanger, & néanmoins a la
dénoncer à Néron la Femme,

les Tarquins , ils songe-
rent alors sérieusement
à s'en venger , si pour-
tant l'avanture de Lu-
créce n'est pas un Ro-
man.

Je ne dis point ceci
pour excuser la galan-
terie des Princes , elle
peut être moralement
mauvaise; je ne me suis
attaché à autre cho-
se qu'à montrer qu'elle
ne rendoit point odieux
les Souverains. On re-
garde l'amour dans les
bons Princes comme
une faiblesse pardonna-
ble, pourvû qu'elle ne
soit point accompagnée
d'injustices. On peut faire l'amour comme Louïs
XIV. comme Charles II.
Roi d'Angleterre, com-
me le Roi Auguste; mais
il ne faut ni violer Lu-
créce, ni tuer Poppée,
ni faire périr Urie.

Voici, ce me semble,
une contradiction en
forme. Le Politique veut
qu'un Prince se fasse ai-
mer de ses Sujets pour
éviter les conspirations,
& dans le Chapitre
XVII. il dit qu'un Prin-
ce doit songer princi-
palement à se faire
craindre, puisqu'il peut
compter sur une chose
qui dépend de lui , &
qu'il

à

tret [3]. *Mais, pour tran-cher court, je dis, que du côté des Conjurés il n'y a que de l'incertitude, de la jalousie, & de la crainte d'être punis. Ce qui leur ôte tout courage* [4] : *au lieu*

à qui il faisoit auparavant confidence de tous les Sujets de ressentiment, qu'il avoit contre le Prince.

3. Il faut, que l'afection du complice soit bien grande, si le danger, ou il s'expose, ne lui paroit pas encore plus grand, dit Machiavel (Disc. lib. 3. c. 6.)

4. Tacite marque dans le 15. Livre de ses Annales tout ce qui fait avorter une Conspiration. 1. L'espérance de l'impunité, toujours contraire aux grans desseins. *Impunitis cupido, magnis semper conatibus adversa; &, promissa impunitas.* 2. L'espérance & la crainte *spes ac metus.* 3. La lenteur. *Accendere conjuratos, lentitudinis eorum pertæsa.* 4. La crainte d'être trahi. *Metus proditionis.* 5. La jalousie. Car il dit, que Pison refusa de tuer Néron dans sa Maison de Campagne, où Néron venoit souvent, de peur que Silanus ne fût mis sur le Trône, ou que le Consul Vestinus ne voulût rétablir la Liberté, ou faire un Empereur à sa mode. 6. *Proditio.* La Tra-hison,

qu'il n'en est pas de même de l'amour des peuples. Lequel des deux est le véritable sentiment de l'Auteur ? Il parle le langage des Oracles, on peut l'interpréter comme on le veut ; mais ce langage des Oracles, soit dit en passant, est celui des Fourbes.

Je dois dire en général à cette occasion que les conjurations & les assassinats ne se commettent plus guéres dans le monde. Les Princes sont en sûreté de ce côté-là : ces crimes sont usés, ils sont sortis de mode, & les raisons qu'en allegue Machiavel, sont très bonnes ; il n'y a tout au plus que le Fanatisme qui puisse faire commettre un crime aussi épouvantable.

Parmi les bonnes choses que Machiavel dit à l'occasion des conspirations, il y en a une très-bonne ; mais qui devient mauvaise dans sa bouche, la voici. ,, Un ,, Conjurateur, dit-il, ,, est troublé par l'ap-,, préhension des châti-,, mens qui le mena-,, cent, & les Rois sont ,, soutenus par la majes-,, té

lieu que le Prince a de son côté la Majesté de l'Etat, les *hison,* qui arive souvent sur le point de l'éxécution. *Pridie insidiarum.* 7. *Præmia perfidiæ, immensa pecunia & potentia.* L'espoir de la recompense, comme aussi la crainte de la laisser aller à un autre, en se laissant prévenir. *Multos adstitisse, qui eadem viderint: nihil profuturum unius silentium. At præmia penes unum fore, qui indicio prævenisset.* Il y a encore une autre sorte de trahison, qui est celle du Visage & de la Contenance, qui découvre quelquefois ce qui est caché dans le cœur d'un Conjuré. *Ipse mœstus, & magnæ cogitationis manifestus erat.* 8. L'imprudence, par éxemple, de faire de certains préparatifs devant des Valets, de leur faire éguiser un poignard. *Pugionem asperari saxo, & in mucronem ardescere jussit.* Ce qui leur donne du soupçon, *arreptis suspicionibus de consequentibus.* 9. La vûe des tourmens *tormentorum aspectus ac minæ.* 10. La créance, que l'on a, que quelqu'un de ses Compagnons a tout dit, & qu'il est inutile de garder le silence. *Cuncta jam patefacta credens, nec ullum silentii emolumentum, edidit cæteros.* Ajoutés à cela le hazard, qui domine assés souvent dans ces Afai-

,, té de l'Empire & par ,, l'autorité des Loix. ,, Il me semble que l'Auteur politique n'a pas bonne grace à parler des Loix, lui qui n'insinue que l'intérêt, la cruauté, le despotisme & l'usurpation.

Machiavel conseille donc aux Princes de se faire aimer, de se ménager pour cette raison, & de gagner également la bienveillance des Grands & des peuples. Il a raison de leur conseiller de se décharger sur d'autres de ce qui pourroit leur attirer la haine d'un de ces deux états, & d'établir pour cet effet des Magistrats, Juges entre le peuple & les Grands; il allegue le Gouvernement de France pour modèle. Cet ami outré du despotisme & de l'usurpation d'autorité approuve la puissance que les Parlemens de France avoient autrefois. Il me semble que s'il y a un Gouvernement dont on pourroit de nos jours proposer la sagesse pour modèle, sans blâmer les autres, c'est celui d'Angleterre. Là le Parlement est l'Arbitre du peu-

les Loix, fes Amis & fes Alliés. De forte que s'il a encore l'afection du peuple, il eft impoffible, que perfonne foit affés téméraire, pour conjurer contre lui. Car au lieu que d'ordinaire les Conjurés ont fort à craindre avant que d'en venir au fait, pour lors ils ont encore plus à craindre après, dautant qu'ils ont le peuple à dos, & par conféquent point de refuge. J'en pourrois donner mille exemples, mais je me contenterai d'un feul, arivé de nôtre tems. Hannibal Bentivole, Aieul de celui d'aujourdhui, lequel étoit Prince de Bologne, aiant été tué par les Canneſques *, le peuple ſe ſouleva auſſi tôt, & maſſacra tous les Canneſques. Tant les Bentivoles étoient alors aimés à Bologne. Et comme il n'en reſtoit aucun, qui pût gouverner l'Etat, le fils qu'Hannibal laiſſoit étant en

Afaires. Le Comte de Licefre manqua l'entreprife de Leiden, fur ce qu'un des Conjurés aiant été arrêté pour déte, la plûpart des autres s'enfuirent, croiant, que quelqu'un d'entre eux les avoit trahis.

* *Famille rivale des Bentivoles. (en 1445.)*

peuple & du Roi, & le Roi a tout le pouvoir de faire du bien ; mais il n'en a point pour faire le mal.

Machiavel entre enfuite dans une grande difcuffion fur la Vie des Empereurs Romains, depuis Marc-Aurele jufqu'aux deux Gordiens. Il attribue la caufe de ces changemens fréquens à la vénalité de l'Empire ; mais ce n'en eft pas la feule caufe. Caligula, Claude, Néron, Galba, Othon, Vitellius firent une fin funefte, fans avoir acheté Rome comme Didius Julianus. La vénalité fut enfin une raifon de plus pour affaffiner les Empereurs ; mais le fond véritable de ces révolutions étoit la forme du Gouvernement. Les Gardes Prétoriennes devinrent ce qu'ont été depuis les Mamelouces en Egypte, les Janiffaires en Turquie, les Strélitz en Mofcovie. Conftantin caffa habilement les Gardes Prétoriennes ; mais enfin les malheurs de l'Empire expoferent encore fes Maîtres à l'affaffinat & à l'empoifonnement. Je re-

en maillot *, Bologne en envoia demander un, qu'elle avoit apris qui étoit à Florence, & qui jusque-là avoit passé pour le fils d'un Artisan †, & lui donna la direction des Afaires, jusqu'à ce que le fils d'Hannibal fût en âge de gouverner. D'où je conclus, que le Prince se doit peu métre en peine des Conjurations, quand le peuple lui est afectionné, mais aussi doit avoir peur de tout, & d'un chacun, quand il est haï. Et ç'a toujours été le principal souci des Princes Sages, & des Etats bien ordonnés, de contenter le peuple, & de ne pas désespérer les Grans. Des Roiaumes bien policés la France en est un ‡, & de

* Au livre 6. de son Histoire, il dit que cet enfant, qui s'apelloit Jean, avoit six ans.

† Il étoit fils naturel d'un Hercule Bentivole, cousin d'Hannibal, & s'apelloit Santi, & passoit à Florence pour le fils d'un Agnolo da Cascese, Cardeur. Machiavel ibid. où il ajoute, que la conduite de Santi fut si prudente, qu'au lieu que ses Ancêtres avoient tous été tués par leurs ennemis, il vécut en paix, & mourut tres-glorieusement.

‡ Ce Roiaume, dit il, obéit plus aux Loix que pas un autre. Lib. 3. Disc. cap. 1.

remarquerai seulement que les mauvais Empereurs périrent de morts violentes; mais un Théodose mourut dans son lit, & Justinien vécut heureux quatre-vingt-quatre ans. Voilà sur quoi j'insiste. Il n'y a presque point de méchans Princes heureux, & Auguste ne fut paisible que quand il devint vertueux. Le Tyran Commode, successeur du divin Marc-Aurele, fut mis à mort malgré le respect qu'on avoit pour son pere; Caracala ne put se soutenir à cause de sa cruauté; Alexandre Sévére fut tué par la trahison de ce Maximin de Thrace qui passe pour un Géant; & Maximin, aiant soulevé tout le monde par ses barbaries, fut assassiné à son tour. Machiavel prétend que celui-là périt par le mépris qu'on faisoit de sa basse naissance, Machiavel a grand tort. Un homme, élevé à l'Empire par son courage, n'a plus de parens; on songe à son pouvoir, & non à son extraction. Puppien étoit fils d'un Maréchal de village, Probus d'un Jar-

de mille excellentes choses, qui s'y trouvent établies pour la Sûreté du Roi, & la Liberté des Sujets, la meilleure est sans doute, l'autorité du Parlement *. Car celui, qui a policé ce Roiaume, connoissant l'ambition & l'insolence des Grans, & par conséquent la nécessité de les tenir en bride : mais aussi voulant les défendre contre la haine du peuple fondée sur ce qu'il les redoutoit, il ne trouva pas à propos, que le Roi s'en mélât, de peur de l'exposer à la haine des Grans, s'il favorisoit les Populaires ; ou à celle des Populaires, s'il favorisoit les Grans. Et pour cet éfet il établit un juge tiers, pour réprimer les Grans & défendre les Petits, sans que le Prince fût chargé de l'envie des uns, ni des autres. Ce qui aprend aux Princes à se réserver la distribution de toutes les graces, & à laisser à leurs Oficiers † la disposition des peines 5. Et de

* Il ne parle, que de celui de Paris, qui donne le branle à tous les autres, & qu'il dit être l'éxécuteur inviolable des Loix. Disc. lib. 3. cap. 1.
† Aux Magistrats.
5. Viro Principi, ubi pœnarum res est, aliis id delegan-

Jardinier, Dioclétien d'un Esclave, Valentinien d'un Cordier ; ils furent tous respectés. Le Sforce qui conquit Milan, étoit un Païsan ; Cromwel qui assujettit l'Angleterre & fit trembler l'Europe, étoit un simple Citoïen ; le grand Mahomet, Fondateur de l'Empire le plus florissant de l'Univers, avoit été un Garçon Marchand ; Samon, premier Roi d'Esclavonie, étoit un Marchand Français ; le fameux Piast, dont le nom est si révéré en Pologne, fut élu Roi, aiant encore aux pieds ses sabots, & il vécut respecté jusqu'à cent ans. Que de Généraux d'armée, que de Ministres & de Chanceliers roturiers ! L'Europe en est pleine, & n'en est que plus heureuse ; car ces places sont données au mérite. Je ne dis pas cela pour mépriser le sang des Witikinds, des Charlemagnes, & des Ottomans ; je dois au contraire par plus d'une raison aimer le sang des Héros, mais j'aime encore plus le mérite.

On ne doit pas ici oublier que Machiavel

I &e

de toutes les choses, qui sont sujètes à l'envie. Je dis encore, que le Prince doit considérer les Grans, mais sans se faire haïr du peuple. Plusieurs diront peut-être, que les accidens arivés à divers Empereurs Romains sont des exemples, qui infirment mon opinion, y en aiant quelques-uns, qui ont perdu l'Empire, ou la vie, quoiqu'ils se fussent toujours très-bien comportés. Pour répondre à cète objection, j'examinerai les qualités des Empereurs Marc le Filosofe & Commode, son Fils, Pertinax, Julien, Sévère, Antonin-Caracalla, son Fils, Macrin, Hélio-gabale, Aléxandre & Maximin. Par où l'on vera, que ce que j'ai dit revient assés à ce qui leur est arivé: Et par ocasion je ferai des réflexions sur les choses, qui sont à remarquer dans leurs actions. Il faut premièrement observer, qu'au lieu que les autres Princes, n'ont à combatre, que l'ambition des Grans, & l'insolence de peuples, les Empereurs Romains avoient une troisième,

gandum, ubi præmiorum, aut munerum, ipsi obeundum. (Xenophon.)

se trompe beaucoup lorsqu'il croit que du tems de Sévere il suffisoit de ménager les soldats pour se soutenir; l'Histoire des Empereurs le contredit. Plus on ménageoit les Prétoriens indisciplinables, plus ils sentoient leur force; & il étoit également dangereux de les flatter, & de les vouloir réprimer. Les troupes aujourd'hui ne font pas à craindre, parce qu'elles font toutes divisées en petits Corps qui veillent les uns sur les autres, parce que les Rois nomment à tous les emplois, & que la force des Loix est plus établie. Les Empereurs Turcs ne font si exposés au cordeau que parce qu'ils n'ont pas sû encore se servir de cette politique. Les Turcs font Esclaves du Sultan, & le Sultan est Esclave des Janissaires. Dans l'Europe Chrétienne, il faut qu'un Prince traite également bien tous les Ordres de ceux à qui il commande, sans faire de différences qui causent des jalousies funestes à ses intérêts.

Le modèle de Sévere, proposé par Machiavel

même difficulté à furmonter, la cruauté & l'avarice des foldats, d'où vint la ruine de plufieurs de ces Princes, étant très-dificile de contenter la Milice & les peuples. Car ceux-ci aiment le repos, &, pour cet éfet, veulent un Prince modefte: mais les foldats en veulent un d'humeur guerriére, & qui foit infolent, cruel, & voleur [6]. Et c'eft comme le vouloient les Légions Romaines, pour avoir double paie, & de quoi affouvir leur avarice & leur cruauté. Ce qui fit, que les Empereurs, qui n'avoient pas affés de crédit, ou d'adreffe, pour tenir les uns & les autres en bride, périffoient toujours. Et comme la plufpart d'eux, & principalement ceux qui d'une condition privée étoient mon-

vel à ceux qui s'éleveront à l'Empire, eft donc tout auffi mauvais, que celui de Marc-Aurele leur peut être avantageux. Mais comment peut-on propofer enfemble Sévere, Céfar Borgia, & Marc-Aurele pour modèles? C'eft vouloir réünir la fageffe & la vertu la plus pure avec la plus affreufe fcéleratesse. Je ne puis finir, fans infifter encore que Céfar Borgia avec fa cruauté fi habile, fit une fin très malheureufe, & que Marc-Aurele, ce Philofophe couronné, toujours bon, toujours vertueux, n'éprouva jufqu'à fa mort aucun revers de fortune.

---

6. *Erant quos memoria Neronis, ac defiderium prioris licentiæ accenderet.* (Hift. 1.) *Neque exercitus, aut Legatos ac Duces, magnâ ex parte luxus, egeftatis, fcelerum fibi confcios, nifi pollutum obftrictumque meritis fuis Principem paffuros.* (Hift. 2.) Galba perdit l'Empire & la vie, pour avoir dit, qu'il ne prétendoit point acheter l'afection des foldats, *legi à fe militem, non emi.* (Hift. 1.) Et avoir ufé de plus de fe-

vérité qu'il n'en faloit à des gens, qui avoient oublié l'ancienne Difcipline, & que Néron avoit acoutumés à la licence. *Nocuit antiquus rigor, & nimia feveritas cui jam pares non fumus.* Et dans un autre endroit. *Severitas ejus angebat confpernantes veterem difciplinam, atque ita 14 annis à Nerone affuefactos, ut haud minus vitia Principum amarent, quam olim virtutes verebantur.* (Hift. 11.)

montés au Trône, connoiſſoient céte dificulté, ils tour-
nioient du côté des ſoldats, ſans ſe ſoucier beaucoup d'o-
fenſer le peuple. Et c'étoit une néceſſité. Car les Princes ne pouvant jamais manquer d'être haïs de quelqu'un, ils doivent tâcher de ne l'être pas de la multitude : Et lors qu'ils n'y peuvent pas réuſſir, il faut,
à quelque prix que ce ſoit, qu'ils évitent la haine du
parti qui eſt le plus fort. Or les Empereurs, dont la
Fortune étoit nouvelle, aiant beſoin d'une faveur extraordinaire, pour ſe maintenir, adhéroient plus volontiers à la Milice, qu'au peuple. Ce qui néanmoins
leur tournoit à profit, ou à dommage, ſelon qu'ils
ſavoient ſe tenir en crédit auprés d'elle. Pertinax &
Aléxandre périrent tous deux, parce qu'ils étoient
modérés, clémens, Amateurs de la juſtice, & ennemis de la Violence. Marc vécut & mourut trés-hono-
ré, parce qu'étant venu à l'Empire par ſucceſſion, il
n'en devoit point de reconnoiſſance aux ſoldats, ni
au peuple. Joint qu'aiant des vertus, qui le rendoient
vénérable, il ſut ſi bien faire, que l'un & l'autre
parti ſe tinrent toujours dans le devoir, & qu'il
ne fut jamais haï, ni mépriſé. Mais Pertinax
périt dans les premiers commencemens de ſon Regne *, parceque la Milice, acoutumée à vivre licen-
tieuſement ſous Commode, ne put s'aſſujétir à céte vie
honnête qu'il vouloit introduire. Outre qu'aiant été
fait Empereur malgré eux, & étant vieux, ils le mé-
priſöient 7 encore autant qu'ils le haïſſoient. Où il
                                                    eſt

---

* Dans le 3. mois.

7. L'âge rend les Princes
mépriſables. *Ipſa ætas Galbæ & irriſui, & faſtidio
erat aſſuetis juventæ Neronis.*
(Hiſt. 1.) Soit parce qu'ils
ſont alors moins entreprenans ; *Reputante Tiberio ex-
tremam ætatem* (Ann. 6.) ou
parceque leurs ennemis ne
les croïent pas en état de

ſe défendre. *Artabanus ſe-
nectutem Tiberii, ut inermem
deſpiciens.* (Ann. 6.) ou que
l'on croit, que leur eſprit
décline. *Fluxam Senio men-
tem objectando.* (Ibidem.)
Outre que la Vieilleſſe eſt
ſouvent cauſe, qu'ils ſe laiſſent gouverner. *Invalidum
ſenem, odio flagitiorum one-
ratum, contemptu inertiæ de-
ſtrue-*

eft à remarquer, que l'on encourt auffi bien la haine en faifant bien, qu'en faifant mal [8]. *Et c'eft pour cela, qu'un Prince, qui veut maintenir fon Etat, eft fouvent contraint de n'être pas bon. Car lors que le parti dont tu crois avoir befoin, eft corrompu, foit le Peuple, la Milice, ou les Grans, il faut le conten- ter, & pour lors tu n'as pas la liberté de bien-faire. Mais parlons d'Aléxandre, de qui, entre les autres loüanges, qu'on lui donne, il eft raconté, qu'en 14. ans, qu'il regna il ne fit jamais mourir perfonne que dans les formes de la juftice. Et néanmoins il tomba dans le mépris, fous couleur, qu'il étoit éféminé, & qu'il fe laiffoit gouverner à fa Mére, puis il fut tué* par fes foldats. Au contraire, Commode, Sevére, Cara- calle & Maximin furent très-cruels, &, pour con- tenter les foldats, firent toutes les violences, & tous les outrages imaginables au peuple, & pourtant ils pé- rirent tous malheureufement, excepté Sevére, dont le Re- gne fut heureux, quoiqu'il oprimât les peuples, parce qu'il avoit des qualités excellentes, qui le faifoient admirer des peuples, & révérer & aimer des fol- dats. Or comme fes actions, pour un Prince nouveau, ont été grandes, je veux dire en peu de mots, com- me il fut contrefaire le Renard & le Lion, qui font les deux Natures, que j'ai dit, & que je dis encore, que les Princes ont befoin d'imiter.*

Sevére, aiant reconnu la lâcheté de l'Empereur Ju- lien, perfuada à l'Armée, qu'il commandoit en Illirie, qu'il faloit aler à Rome vanger la mort de Perti- nax, qui avoit été tué par les foldats Prétoriens, &,

fous

---

ftruebant. (Hift. I.) Et que ceux, qui entrent dans le Miniftére, fur la fin de leur regne, fe hâtent de s'enri- chir par toutes fortes de ra- pines. *Afferebant venalia cuncta. præpotentes Liberti. Servorum manus fubitis avi- dæ, & tanquam apud Senem feftinantes.* Et ce d'autant

plus que l'on ne craint gué- re un Maître-caduc. *Cum apud infirnum & credulum minore metu, & majore præ- mio peccaretur.* (Hift. I.)

8. *Et quia ipforum moribus aliena, perinde odium pravis & honeftis.* (Ann. 2.)

* *Avec fa Mére à Maience.*

I 3

fous cête couleur, fans montrer nullement, qu'il prétendoit à l'Empire, il prit le chemin de Rome, avec tant de diligence, qu'il fut en Italie avec fon Armée, avant qu'on fût fon départ. Et quand il fut à Rome, il fit mourir Julien⁹, & fe fit élire Empereur les Armes à la main. Mais il avoit encore deux obftacles à fe faifir de tout l'Empire, l'un en Afie, où Pefcennius Niger, qui commandoit les Légions, avoit pris le titre d'Empereur; l'autre en Occident *, où il avoit un Compétiteur, nommé Clodius Albinus. Mais y aiant du danger à les ataquer tous deux à la fois, il réfolut de tromper l'un, & de combatre l'autre. Il écrivit donc à Albinus, que le Sénat l'aiant fait Empereur, il vouloit l'avoir pour Colégue, ce qu'il fit, en lui donnant le titre de Cefar, & l'autre l'accepta fans façon. Mais après que Sevére eut vaincu & fait tuer Niger, & qu'il eut pacifié l'Orient, étant de retour à Rome, il fe plaignit de l'ingratitude d'Albinus, qui, difoit-il, avoit atenté à fa vie. Ce qui l'obligeoit d'aler en France pour le punir, comme il fit enfuite, en lui ôtant fon Etat & la vie. Si l'on éxamine de prés ce procédé, l'on y trouvera la férocité du Lion, & la rufe du Renard. On verra, que Sevére fut craint & refpecté d'un chacun, fans être haï des foldats : & l'on ne s'étonnera plus,

9. *Scelus, cujus ultor eft, quisquis fucceffit.* (Hift. 1.) *Omnes conquiri & interfici juffit, non honore Galbæ, fed tradito Principibus more munimentum ad præfens, in pofterum ultionem.* (ibid.) C'eft la coutume des Princes de vanger la mort de leur Prédéceffeur, non pas pour l'amour de lui, mais pour affurer leur propre vie. Claudius fit mourir Chéreas & Lupus, qui avoient tué Caligula, quoique cet Atentat l'eût fait monter au Trône. Vitellius punit de mort tous les coupables du meurtre de Galba & de Pifon. Et Domitien fit mourir Epaphrodite, pour avoir aidé Néron à fe tuer, quoique Néron eût été condamné par un Arreft du Sénat. Ferdinand, Gran-Duc de Tofcane, punit de mort *Bianca Capella* fa Belle-fœur, qui avoit empoifonné le Gran-Duc François, fon Mari.

* *En France.*

plus, comment un homme nouveau put garder un si grand Empire, attendu que la haute réputation lui servit toujours de bouclier contre la haine que ses rapines lui pouvoient avoir atirée.

Caracalla, son Fils, avoit aussi de très-excellentes parties, qui le rendoient admirable au peuple, & agréable aux soldats. Il étoit homme de guerre, infatigable, ennemi de la molesse & de la bonne chére. Ce qui le faisoit aimer dans toutes les Armées. Mais il fut si féroce, & si cruel, qu'il fit comme une boucherie du peuple d'Aléxandrie, & de celui de Rome. Par où il devint odieux à tout le Monde, & jusqu'à ses propres Oficiers. De sorte qu'à la fin un Centurion le tua au milieu de son Armée. Où il est à observer, que ces sortes d'atentats, qui viennent d'un courage ostiné ne se sauroient éviter par les Princes, tous ceux, qui ne se soucient point de leur vie, étant maîtres de la leur [10]. Mais comme ces atentats sont très-rares, le Prince ne s'en doit pas aussi tant métre en peine. Il doit seulement se garder d'ofenser grièvement aucun de ceux, qui le servent dans sa Maison, ou dans les Afaires de son Etat. Qui est la faute que fit Caracalla, qui retint parmi ses Gardes du Corps un Centurion, dont il avoit fait mourir le frére d'une mort ignominieuse, & à qui il faisoit tous les jours des menaces *. Ce qui lui couta la vie.

Quant à Commode, pour tenir l'Empire, à la satisfaction du peuple, & des soldats, il n'avoit qu'à suivre les traces de son Pére. Mais comme il étoit cruel & brutal, & qu'il vouloit vivre de rapines, il donna toute sorte de licence à ses soldats. D'ailleurs, oubliant son rang, jusqu'à descendre dans l'Arene, & à faire mille autres bassesses indignes de la Majesté, il devint méprisable aux soldats. Et ce mépris, joint à la haine du peuple, fût cause de la conspiration, où il perdit la vie. Il ne nous reste plus qu'à parler de Maximin.

La

10. Quisquis vitam suam contempsit, tua dominus est. (Seneca Ep. 4.)

* Menacer, c'est fournir des armes à celui qu'on menace.

La Milice aiant tué Aléxandre, qu'elle trouvoit éféminé, comme je l'ai déja dit, elle mit en sa place *Maximin*, qui étoit grand-guerrier. Mais il ne garda pas longtems l'Empire *, parcequ'il devint odieux & méprisable. La bassesse de sa Naissance l'exposa au mépris Universel, un chacun sachant, qu'il avoit été Berger en Thrace. Les Cruautés, que ses Lieutenans éxercérent à Rome, & dans tous les autres Lieux de l'Empire, avant qu'il en fût venu prendre possession, le firent passer lui même pour très-cruel. De sorte que de la peur & du mépris l'Afrique, Rome, & toute l'Italie, passérent à la conspiration, où ils furent secondés par ses propres soldats, qui, harassés de la longueur du Siége d'Aquilée, & las de ses cruautés, le tuérent d'autant plus hardiment, qu'ils le voioient haï de tout le Monde †.

Je ne parlerai point d'Héliogable, de Macrin, ni de Julien, qui n'aiant rien que de méprisable furent prontement exterminés. Mais, pour conclusion, je dirai, que les Princes de nôtre tems n'ont pas si grand besoin de ménager les soldats, pas un d'eux n'aiant des Armées en Corps, qui soient enracinées dans les Provinces, comme l'étoient celles de l'Empire Romain, où il étoit plus nécessaire de contenter les soldats, que les peuples, parceque ceux-ci n'avoient pas tant de pouvoir que les autres [11]. Mais aujourd'hui tous les Princes ont plus besoin de contenter les peuples, que les soldats, parceque les peuples sont les plus forts. J'excepte le Gran-Seigneur & le Sultan d'Egipte : le premier, à cause qu'il entretient toujours environ douze mille hommes d'Infanterie, & quinze mille de Cavalerie, de qui dépend la sûreté & la force

de

---

* *Guére plus de deux ans.*

† *Ils tuérent aussi son fils encore enfant, disant, que d'une si méchante race il n'en faloit rien garder.*

[11]. Témoin les Légions d'Alemagne, qui se vantoient d'avoir l'Empire entre leurs mains. *Sua in manu sitam rem Romanam, suis victoriis augeri Remp. in suum cognomentum adscisci Imperatores.* (Ann. 1.) *Evulgato Imperii arcano, posse Principem alibi, quàm Romæ fieri.* (Hist. 1.) & *posse ab exercitu Principem fieri.* (Hist. 2.)

de son Etat, & de qui, par conséquent, il est nécessaire, qu'il conserve l'afection. Le second, d'autant que son Etat étant tout entre les mains des soldats,
il faut de nécessité, qu'il se les conserve amis, sans se
soucier du peuple. Où vous remarquerés, que l'Etat
du Sultan est diférent de toutes les autres Principautés, & semblable au Pontificat Romain. Car ce ne
sont pas les enfans du Prince mort qui succédent, mais
celui qui est élu par les Grans. Et céte coutume
étant très-ancienne, céte Principauté ne peut pas
être apellée nouvelle, non plus que la Papauté, puisqu'il ne s'y rencontre aucune des dificultés, qui sont
dans les Etats nouveaux. Car bien que le Prince soit
nouveau, il est reçu, comme s'il étoit héréditaire,
dautant que la forme du Gouvernement est ancienne.
Mais, pour retourner à mon sujet, je dis, que, si l'on
pese tout ce discours, on verra, que la ruine des
Empereurs, que j'ai nommés, n'est venüe, que de
la haine, ou du mépris, & l'on reconnoitra, pourquoi
les uns procédant d'une façon, & les autres d'une
autre, de part & d'autre quelqu'un a fini hureusement, & quelqu'un malhureusement. Car il fut
inutile, & même pernicieux à Pertinax, & à Aléxandre, qui étoient des Princes nouveaux, de vouloir imiter Marc, qui en étoit un héréditaire; & pareillement
à Caracalla, Commode, & Maximin, de marcher
sur les traces de Sevére, faute d'en avoir eu l'habileté. Donc un Prince, établi de nouveau dans un
Etat, ne sauroit imiter les actions de Marc, ni aussi
n'a pas besoin d'imiter celles de Sevére, mais doit
emprunter de celui-ci les qualités nécessaires, pour
devenir Prince; & de l'autre, celles, qui le font,
pour se maintenir avec honneur dans un Etat, où l'on
se trouve déja bien établi.

CHAPITRE XX.

Plufieurs Queftions de politique.

Quelques *Princes, pour s'affurer de leur E-tat, ont défarmé leurs Su-jets: d'autres ont entrete-nu la divifion dans leurs Villes. Quelques - uns fe font fait des ennemis à def-fein : Quelques autres fe font apliqués à gagner ceux, qui leur étoient fufpects au commencement de leur Re-gne. Les uns ont bâti des Fortereffes, d'autres les ont démolies. Et bien qu'on ne puiffe rien décider fur tou-tes ces chofes, à moins que de confidérer féparément la Nature de chaque Etat, où l'on a à prendre de telles délibérations : Néanmoins je parlerai de tout cela en général, autant que la Ma-tiére le poura permétre. Il n'eft jamais arivé, qu'un Prince nouveau ait défar-mé fes Sujets : au contrai-re, quand il les a trouvés défarmés, il a toujours pra-tiqué de les armer. Car lors qu'il les arme, ces Armes font toutes à lui, ceux, qui lui font fufpects, lui*

LE Paganifme repré-fentoit Janus avec deux vifages ; ce qui fi-gnifioit la connoiffance parfaite qu'il avoit du paffé & de l'avenir. L'i-mage de ce Dieu, pri-fe en un fens allégori-que, peut très bien s'ap-pliquer aux Princes. Ils doivent, comme Janus, voir derriére eux dans l'Hiftoire de tous les fié-cles qui fe font écoulés, & qui leur fourniffent des leçons falutaires de conduite & de devoir ; ils doivent, comme Ja-nus, voir en avant par leur pénétration, & par cet efprit de force & de jugement qui combine tous les rapports, & qui lit dans les conjonctures préfentes celles qui doi-vent les fuivre.

Machiavel propofe cinq queftions aux Prin-ces, tant à ceux qui au-ront fait de nouvelles conquêtes, qu'à ceux dont la politique ne de-man-

luy deviennent fidéles, & ceux, qui l'étoient, continüent de l'être, & ses Sujets se font ses partisans. Il est vrai, que tous les Sujets ne se peuvent pas armer, mais si tu fais du bien à ceux que tu armes, tu peux être en sûreté du coté des autres. Joint que ceux, que tu emploies, te sont obligés à cause de la préférence, & que les autres t'excusent, supposant plus de mérite en ceux, qui courent plus de danger. Mais quand tu les désarmes, tu les ofenses, en leur donnant lieu de croire, que tu te défies d'eux. Ce qui leur fait concevoir de la haine contre toi. Et comme tu ne peux pas demeurer désarmé, il faut, que tu aies recours à la Milice Mercenaire, dont j'ai dit ci-dessus le fort & le foible. Et quand même elle seroit bonne, elle ne le sera jamais tant, qu'elle te puisse défendre contre des ennemis puissans, & des Sujets suspects. Et c'est pour cela, qu'un Prince nouveau, dans une Principauté nouvelle, a toujours pris une Milice domestique. Et l'Histoire en fournit mille exemples. Mais quand tu aquers un Etat nouveau, que tu unis à un Etat

mande qu'à s'affermir dans leurs possessions. Voïons ce que la prudence pourra conseiller de meilleur en combinant le passé avec le futur, & en se déterminant toujours par la raison & la justice.

Voici la première question : Si un Prince doit desarmer des peuples conquis, ou non ?

Il faut toujours songer combien la maniére de faire la guerre a changé depuis Machiavel. Ce sont toujours des armées disciplinées, plus ou moins fortes, qui défendent leur Païs; on mépriseroit beaucoup une troupe de Païsans armés. Si quelquefois dans des siéges la Bourgeoisie prend les armes, les Assiégeans ne le souffrent pas ; & pour les en empêcher, on les menace du bombardement & des boulets rouges. Il paraît d'ailleurs qu'il est de la prudence de desarmer pour les premiers tems les Bourgeois d'une ville prise, principalement si l'on a quelque chose à craindre de leur part. Les Romains, qui avoient conquis la Grande-Bretagne,

Etat héréditaire, alors il est nécessaire de désarmer tes nouveaux Sujets, excepté ceux, qui se sont déclarés pour toi avant l'aquisition. Encore faut-il, dans la suite du tems, les énerver & les amolir en sorte, que toute la force des Armes consiste dans la Milice propre, que tu as coutume d'entretenir dans ton Etat héréditaire. Nos Anciens, & particuliérement ceux, qui passoient pour être les plus Sages du tems, tenoient pour maxime, qu'il faloit des factions domestiques, pour garder Pistoie, & des Forteresses, pour garder Pise, &, selon ce principe, fomentoient les divisions dans quelques Villes, pour les conserver plus facilement. Et cela étoit bon pour ce tems-là, que toute l'Italie étoit comme en balance. Mais je ne crois pas, que cela fût bon aujourd'hui. Car bien loin, que les divisions produisent jamais rien de bon, il faut, que les Villes divisées périssent, quand l'ennemi en approche, parceque le parti le plus foible se joindra toujours avec lui; & que l'autre ne poura plus résister. Les Vénitiens fomentoient les Guelfes & les Gibelins dans leurs Villes: &
bien

tagne, & qui ne pouvoient la retenir en paix à cause de l'humeur turbulente & belliqueuse de ces peuples, prirent le parti de les efféminer, afin de modérer en eux cet instinct belliqueux & farouche; ce qui réussit comme on le desiroit à Rome. Les Corses font une poignée d'hommes, aussi braves & aussi délibérés que ces Anglais; on ne les domptera, je crois, que par la prudence & la bonté. Pour maintenir la Souveraineté de cette Isle, il me paraît d'une nécessité indispensable de desarmer les Habitans, & d'adoucir leurs mœurs. Je dis en passant, & à l'occasion des Corses, que l'on peut voir par leur exemple quel courage, quelle vertu donne aux hommes l'amour de la liberté, & qu'il est dangereux & injuste de l'opprimer.

La seconde question roule sur la confiance qu'un Prince doit avoir, après s'être rendu maître d'un nouvel Etat, ou en ceux de ses nouveaux Sujets qui lui ont aidé à s'en rendre le maître, ou en ceux qui ont
été

bien qu'ils ne les laiſſaſſent jamais venir aux mains, ſi eſt-ce qu'ils nouriſſoient des queréles entre eux, pour ocuper, à ce que je crois le loiſir de leurs Sujets à raiſonner de ces diférends, & leur ôter par là le tems de penſer à ſe ſoulever. Ce qui tourna depuis à leur domage. Car aprés qu'ils eurent été défaits à Vaïla, une de ces factions leva le maſque, & les dépoüilla de tout leur Etat. Je dis donc, que céte conduite montre la foibleſſe d'un Prince, & qu'un, qui ſera puiſſant, ne ſoufrira ces diviſions ɩ, qui véritablement lui ſervent en tems de paix à amuſer ſes Sujets, mais auſſi qui nuiſent en tems de Guerre. Sans doute, les Princes deviennent grans, quand ils ſurmontent les dificultés, & les opoſitions qu'on leur fait. Auſſi, [*] la Fortune, lors qu'elle veut grandir un Prince nouveau, qui

1. Témoin le Roi de France, dit Machiavel (Diſc. lib. 3. cap. 27.) qui ne ſoufriroit jamais, que perſonne ſe diſt être du parti du Roi, parceque cela ſignifieroit, qu'il y auroit un autre parti que celui du Roi : au lieu que le Roi ne veut point de partis.

[*] Ou, Auſſi, lorsque la Fortune veut, &c.

été fidèles à leur Prince légitime.

Lorſqu'on prend une ville par intelligence, & par la trahiſon de quelques Citoïens, il y auroit beaucoup d'imprudence à ſe fier aux traîtres, qui probablement vous trahiront : & on doit préſumer que ceux qui ont été fidèles à leurs anciens Maîtres, le ſeront à leurs nouveaux Souverains ; car ce ſont d'ordinaire des eſprits ſages, des hommes domiciliés qui ont du bien dans le Païs, qui aiment l'ordre, à qui tout changement eſt nuiſible. Cependant il ne faut ſe confier légérement à perſonne.

Mais ſuppoſons un moment que des peuples, opprimés & forcés à ſécoüer le joug de leurs Tyrans, appellaſſent un autre Prince pour les gouverner, je crois que le Prince doit répondre en tout à la confiance qu'on lui témoigne ; & que s'il en manquoit en cette occaſion envers ceux qui lui ont confié ce qu'ils avoient de plus précieux, ce ſeroit une ingratitude funeſte à ſon pouvoir

K &

qui a plus besoin de réputation, qu'un *Prince héréditaire*, elle lui suscite des
ennemis & des ligues, pour
exercer son courage, & son
industrie, &, par cête échel-
le le faire monter à un plus
haut degré de puissance.
A raison de quoi plusieurs
croient, qu'un Prince sage
doit, par finesse, se susci-
ter quelques ennemis, selon
qu'il

2. Comme elle fit a Ti-
bére, dont la vie, avant
qu'il parvinst à l'Empire,
fut pleine de dangers & de
traverses. *Casus prima ab in-
fantia ancipites.... Ubi domum Augusti privignus in-
troiit, multis æmulis conflic-
tatus est, dùm Marcellus &
Agrippa, mox Caius Lucius-
que Cæsares viguere.... Sed
maxime in lubrico egit, accepta in matrimonium Julia,
impudicitiam uxoris tolerans,
aut declinans.* (Tac. Ann. 6.)
Et à Caractacus, *quem multa ambigua, multa prospera
extulerant, ut cæteros Bri-
tannorum Imperatores præmi-
neret.* (Ann. 12.) & à ce Capitaine Romain, qui devint
intrépide à force d'avoir é-
prouvé la bonne & la mau-
vaise fortune. *Cæcina secun-
darum ambiguarumque re-
rum sciens, eòque interritus.*
(Ann. 1.)

& à sa gloire. Guillaume,
Prince d'Orange, conser-
va jusqu'à la fin de sa vie
son amitié & sa confian-
ce à ceux qui lui avoient
mis entre les mains les
rênes du Gouvernement
d'Angleterre, & ceux qui
lui étoient opposés, a-
bandonnerent leur pa-
trie & suivirent le Roi
Jaques.

Dans les Roïaumes
électifs, où la plûpart
des élections se font par
brigues, & où le Trône
est vénal, quoiqu'on en
dise, je crois que le nouveau Souverain trou-
vera la facilité, après
son élevation, d'acheter
ceux qui lui ont été op-
posés, comme il s'est rendu favorables ceux qui
l'ont élu.

La Pologne nous en
fournit des exemples.
On y trafiqua si souvent
du Trône, qu'il sem-
bloit que cet achat se
fit aux Marchés pu-
blic. La libéralité d'un
Roi de Pologne écarte
de son chemin toute op-
position, il est le maître
de gagner les grandes
Familles par des Palati-
nats, des Starosties, &
d'autres Charges qu'il
confere; mais comme les
hommes ont sur le su-
jet

qu'il en trouve l'ocasion, pour en devenir plus estimé & plus puissant, quand il les aura oprimés [3]. Les Princes, & particuliérement les Princes Nouveaux, ont trouvé plus de fidélité & d'utilité dans les hommes, qui, au commencement de leur Regne, leur étoient suspects, qu'en ceux, à qui alors ils se fioient le plus. Pandolfe Petrucci, Prince de Sienne, se servoit plus de ceux, qui lui avoient été suspects, que des autres. Mais comme cela change selon les ocasions, je dirai seulement, que, si les hommes, que le Prince avoit au commencement pour ennemis, sont tels, qu'ils aient besoin d'apui, pour se maintenir, le Prince les poura toujours gagner aisément: & qu'ils lui seront d'autant plus fidéles, qu'ils voudront éfacer, par leurs services, la mauvaise opinion qu'il avoit conçüe [*].

De

3. C'est en ce sens, que Diogéne disoit, qu'il étoit nécessaire d'avoir de rudes ennemis.

[*] Ou, Et ces gens-là sont d'autant plus fidéles qu'ils connoissent le besoin qu'ils ont de détruire, par leurs bonnes actions, l'opinion sinistre, que l'on avoit d'eux.

jet des bienfaits la mémoire très courte, il faut revenir souvent à la charge. En un mot, la République de Pologne est comme le tonneau des Danaïdes, le Roi le plus généreux répandra vainement ses bienfaits sur eux, il ne les remplira jamais. Cependant, comme un Roi de Pologne a beaucoup de graces à faire, il peut se ménager des ressources fréquentes, en ne faisant ses libéralités que dans les occasions où il a besoin des Familles qu'il enrichit.

La troisiéme question de Machiavel regarde proprement la sûreté d'un Prince dans un Roïaume héréditaire, s'il vaut mieux qu'il entretienne l'union ou la mesintelligence parmi ses Sujets?

Cette question pouvoit peut-être avoir lieu du tems des Ancêtres de Machiavel à Florence; mais à présent je ne pense pas qu'aucun Politique l'adoptât sans la mitiger. Je n'aurois qu'à citer le bel Apologue si connu, de Menenius Agrippa, par lequel il réünit le

peu-

De sorte que le Prince en tire toujours plus de service, que des autres ; qui n'aiant rien à craindre de lui , ont moins de soin de cultiver sa bienveillance 4. A ce propos, je ne saurois me passer d'avertir le Prince , qui vient d'aquérir un Etat par la faveur de ceux du païs , de bien considérer les motifs , qu'ils ont eus de le favoriser, & si ce n'a point été en haine du précédent Gouvernement, plûtot que par inclination pour lui 5, qu'ils l'ont fait ; auquel cas il lui sera très-dificile de se les conserver amis , parcequ'il sera impossible de les contenter. Et s'il veut parcourir les éxemples anciens & modernes , il verra , qu'il est beaucoup plus facile de gagner l'Amitié de ceux, qui se conten-

4. Témoin ce Marius Celsus, qui fut si fidéle à Oton, quoiqu'il eût été ami inviolable de Galba. *Marium Celsum Cons. Galbæ usque in extremas res amicum fidumque.* (Hist. 1.) *Otho intra intimos amicos habuit. . . . . Mansitque Celso velut fataliter etiam pro Othone fides integra.* (Ibid.)

5. *Multi odio præsentium, & cupidine mutationis.* (Ann. 3.)

peuple Romain. Les Républiques cependant doivent en quelque façon entretenir de la jalousie entre leurs Membres ; car si aucun Parti ne veille sur l'autre, la forme du Gouvernement se change en Monarchie.

Il y a des Princes qui croient la desunion de leurs Ministres nécessaire pour leur intérêt, ils pensent être moins trompés par des hommes qu'une haine mutuelle tient réciproquement en garde : mais si ces haines produisent cet effet, elles en produisent aussi un fort dangereux ; car au lieu que ces Ministres devroient concourir au service du Prince , il arrive que par des vûes de se nuire, ils se contrecarent continuellement, & qu'ils confondent dans leurs querelles particuliéres l'avantage du Prince & le salut des peuples.

Rien ne contribue donc plus à la force d'une Monarchie, que l'union intime & inséparable de tous ses Membres ; & ce doit être le but d'un Prince sage de l'établir.

Ce que je viens de répon-

tentoient de l'Administra-
tion précédente, & qui par
conféquent étoient fes ennemis, que de ceux, qui, faute d'en être contens, fe font
faits fes amis, & l'ont aidé à s'emparer de l'Etat.
C'a été la Coutume des
Princes de bâtir des Fortereffes, pour tenir les Mutins en bride, & pouvoir
foutenir le premier éfort
d'une révolte. Je loüe céte
méthode, parcequ'elle a été
en Ufage chés les Anciens.
Mais de notre tems nous a-
vons vu Nicolas Vitelli
démolir deux Fortereffes
de Città-di-Caftello, pour
conferver céte Place. Gui-
baud, Duc d'Urbin, aiant
recouvré fon Duché, d'où
Cefar Borgia l'avoit chaffé, rafa toutes les Fortereffes
de céte Province 6, per-
fuadé, qu'il feroit plus dificile de la reperdre, quand
il n'y auroit plus de Citadelles.

6. Au Chapitre 24. du
Livre 2. de fes Difcours,
il dit, que le Duc d'Urbin
les démolit, parcequ'étant
aimé de fes fujets il craignoit de s'en faire haïr en
montrant de fe défier d'eux:
& que d'ailleurs il ne pouvoit pas défendre ces fortereffes contre les ennemis
à moins que d'avoir une Armée en Campagne.

pondre à la troifiéme
queftion de Machiavel,
peut en quelque forte
fervir de folution à fon
quatriéme problême. Ex-
aminons cependant, &
jugeons en deux mots
fi un Prince doit fomen-
ter des Factions contre
lui-même, ou s'il doit
gagner l'amitié de fes
Sujets

C'eft forger des Mon-
ftres pour les combat-
tre, que de fe faire des
ennemis pour les vain-
cre; il eft plus naturel,
plus raifonnable, plus
humain de fe faire des a-
mis. Heureux font les
Princes qui connoiffent
les douceurs de l'amitié,
plus heureux font ceux
qui méritent l'amour &
l'affection des peuples.

Nous voici à la derniè-
re queftion de Machia-
vel; favoir, fi un Prin-
ce doit avoir des forte-
reffes & des citadelles,
ou s'il doit les rafer!

Je crois avoir dit
mon fentiment dans le
Chapitre X. pour ce
qui regarde les petits
Princes, venons à pré-
fent à ce qui intéreffe la
conduite des Rois.

Dans le tems de Ma-
chiavel, le monde étoit
dans une fermentation
K 3   géné-

delles. *Les Bentivoles fi-*
rent la même chose à Bo-
logne, aprés y être retour-
nés [7]. Les Forteresses sont
donc utiles, ou non, selon
les tems : & si d'un coté
elles servent, elles nuisent
d'un autre. Et voici com-
ment. Le Prince, qui a
plus de peur de ses peuples,
que des Etrangers, doit fai-
re des Forteresses : mais ce-
lui, qui craint plus les E-
trangers, que les peuples,
s'en doit passer. Le Cha-
teau, que François Sforce
a bâti à Milan, a déja
fait & fera plus de mal à
la Maison Sforce, que pas-
un autre désordre de cet
Etat [8]. Il n'y a donc point
de

7. Les Bentivoles devinrent sages aux dépens du Pape Jules II. qui aiant fait une
Citadelle à Bologne, & mis
un Gouverneur, qui faisoit
assassiner les Bourgeois, perdit & la forteresse & la Ville, aussi tôt qu'ils se furent
soulevés. Ibid.

8. Parceque les Sforces
en devinrent plus hardis,
& par conséquent plus violens. Si tu fais des forteresses, dit il au même Chap.
elles te servent en tems de
paix, parcequ'elles te rendent plus hardi à maltraiter
tes sujets : mais en tems de
guerre, elles ne te servent
de

générale ; l'esprit de sé-
dition & de révolte re-
gnoit par tout, l'on ne
voioit que des Factions
& des Tyrans. Les ré-
volutions fréquentes &
continuelles obligerent
les Princes de bâtir des
citadelles sur les hau-
teurs des villes, pour
contenir par ce moïen
l'esprit inquiet des Ha-
bitans.

Dépuis ce siécle bar-
bare, soit que les hom-
mes se soient lassés de
s'entre-détruire, soit
plûtôt parce que les
Souverains ont dans
leurs Etats un pouvoir
plus despotique, on n'en-
tend plus tant parler de
séditions & de révoltes:
& l'on diroit que cet
esprit d'inquiétude, a-
près avoir assez travail-
lé, s'est mis à présent
dans une assiétte tran-
quille ; de sorte qu'on
n'a plus besoin de cita-
delles pour répondre
de la fidélité d'un Païs.
Il n'en est pas de
même des fortifications
pour se garantir des en-
nemis, & pour assûrer
davantage le repos de
l'Etat.

Les armées & les for-
teresses sont d'une uti-
lité égale pour les Prin-
ces ;

*de meilleure Forteresse, que de n'être point haï du peuple. Car si tu en es haï, quelque Forteresse, que tu aies, tu n'es point en sûreté, atendu que le peuple ne prendra pas plus-tôt les Armes, qu'il sera secouru des Etrangers. Il ne se voit point, que les Forteresses aient servi à d'autres Princes de nôtre tems, qu'à la Comtesse de Furli, à qui la sienne, après le Massacre du Comte Jérome, son Mari * , donna*

de rien, parcequ'elles sont ataquées, & par les ennemis, & par tes Sujets : & qu'il est impossible, qu'elles tiennent contre les uns & les autres. . . . . Et si tu veux recouvrer un Etat perdu, ce ne sera point par tes Forteresses que tu le recouvreras, si tu n'as une Armée, qui puisse combatre celui, qui t'a dépouillé. Or si tu as une Armée, tu le peux recouvrer, quand même tu n'aurois point de Forteresses. Quant au Chateau de Milan, Machiavel ajoute, qu'il ne servit dans l'Adversité, ni aux Sforces, ni aux François, mais au contraire leur nuisit, l'orgeüil de la Forteresse leur aiant fait négliger aux uns, & aux autres, de traiter plus honnêtement le peuple.

* *Jérome* Riari *neveu de Sixte*

ces ; car s'ils peuvent opposer leurs armées à leurs ennemis, ils peuvent sauver cette armée sous le canon de leurs forteresses en cas de bataille perdue, & le siége que l'ennemi entreprend de cette forteresse, leur donne le tems de se refaire & de ramasser de nouvelles forces, qu'ils peuvent encore, s'ils les amassent à tems, emploier pour faire lever le siége à l'ennemi.

Les derniéres guerres en Flandre entre l'Empereur & la France, n'avançoient presque point à cause de la multitude des places fortes; & des batailles de cent mille hommes n'étoient suivies que par la prise d'une ou de deux villes. La campagne d'après l'Adversaire, aiant eu le tems de réparer ses pertes, réparaissoit de nouveau, & l'on remettoit en dispute ce que l'on avoit décidé l'année d'auparavant. Dans des Païs où il y a beaucoup de places fortes, des armées qui couvrent deux milles de terre, feront la guerre trente années,
&

na le moien d'atendre le se-cours de Milan, & de re-couvrer son Etat, & ce, dans une conjonêture d'A-faires, où les Etrangers ne pouvoient pas secourir le peuple. Mais depuis, quand elle fut ataquée par Cesar Borgia, & que ses Sujets se joignirent avec l'Etran-ger, elle éprouva, qu'elle eût mieux fait de se faire aimer du peuple, que d'a-voir des Forteresses. Je loüe donc & ceux, qui en font, & ceux, qui n'en font point: mais je blâme-rai toujours ceux, qui, s'y fiant trop, se soucieront peu d'être baïs de leurs peuples.

Sixte IV. sa femme étoit Cata-rine Sforce, fille de François, Duc de Milan, & sœur de Louis dit le More.

& gagneront, si elles font heureuses, pour le prix de vingt batailles, dix milles de terrein.

Dans des Païs ouverts le fort d'un combat, ou de deux campagnes, décide de la fortune du Vainqueur, & lui sou-met des Roïaumes en-tiers. Alexandre, César, Gengischam, Charles XII. devoient leur gloi-re à ce qu'ils trouverent peu de places fortifiées dans les Païs qu'ils conquirent. Le Vain-queur de l'Ipde ne fit que deux siéges en ses glorieuses campagnes, l'Arbitre de la Pologne n'en fit jamais davan-tage. Eugene, Villars, Marlbouroug, Luxem-bourg étoient de grands Capitaines; mais les for-teresses émousserent en quelque façon le bril-lant de leurs succès. Les Français connoissent bien l'utilité des forteresses, car depuis le Bra-bant jusqu'au Dauphiné, c'est une double chaîne de places fortes; la frontiére de la France du côté de l'Allemagne, est comme une gueule ouverte de lion, qui présente deux rangées de dents mena-çantes, prête à tout engloutir. Cela suffit pour faire voir le grand usage des villes fortifiées,

CHA-

✿❈✿❈✿❈✿❈✿❈✿❈✿❈✿❈✿❈✿

CHAPITRE XXI.

Comment le Prince doit se gouverner pour se mettre en estime.

Rien ne fait tant estimer un Prince, que les grandes entreprises, & les actions extraordinaires. Nous avons aujourd'hui Ferdinand, Roi d'Espagne, lequel nous pouvons presque appeller Prince nouveau, attendu que de petit Roi d'Arragon, qu'il étoit, il est devenu, par sa réputation, & par sa gloire, le premier Roi de la Chrétienté. Si nous considérons ses actions, nous trouverons, qu'elles ont toutes été grandes, & quelques-unes extraordinaires. Au commencement de son regne, il tourna ses armes contre le Roiaume de Grenade, & cette guerre fut le fondement de sa grandeur, d'autant que les Grands de Castille ne pensant qu'à combatre, il n'avoit rien à craindre d'eux, qui ne s'appercevoient pas même de l'autorité, qu'il acqueroit à leurs depens, en nourissant avec les deniers de l'Eglise & du peuple, des Armées, qui le rendirent depuis si célébre.

Outre cela, pour pouvoir entreprendre de plus grandes choses, il se servit du prétexte

CE Chapitre de Machiavel contient du bon & du mauvais. Je releverai premiérement les fautes de Machiavel, je confirmerai ce qu'il dit de bon & de loüable, & je hazarderai ensuite mon sentiment sur quelques sujets qui appartiennent naturellement à cette matière.

L'Auteur propose la conduite de Ferdinand d'Arragon, & de Bernard de Milan pour modèle à ceux qui veulent se distinguer par de grandes entreprises, & par des actions rares & extraordinaires. Machiavel cherche ce merveilleux dans la hardiesse des entreprises, & dans la rapidité de l'exécution. Cela est grand, j'en conviens; mais cela n'est loüable qu'à proportion que l'entreprise du Conquerant est juste. ,, Toi, qui te van-
,, tes d'exterminer les Vo-
,, leurs, disoient les Ambas-
,, sadeurs Scythes à Alexan-
,, dre, tu es toi-même le
,, plus grand Voleur de la
,, terre; car tu as pillé &
,, saccagé toutes les Nations

L   ,, que

te de la Religion, & par une piété cruelle, il chaſſa les Maranes de ſes Etats. Il ne ſe peut pas trouver un exemple plus rare.

Sous le même prétexte, il attaqua l'Afrique, puis l'Italie, & enfin la France, ourdiſſant toujours de nouveaux deſſeins, qui tenoient les eſprits dans l'attente de l'événement, & ne leur laiſſoient pas le tems de raiſonner d'autre choſe, ni par conſéquent de machiner contre lui.

Il eſt encore très utile à un Prince, de donner des exemples ſinguliers, ſoit de punition, ou de récompenſe, desquels on ait à parler long-tems, comme étoient ceux, qu'on nous raconte de Barnabé, Seigneur de Milan 1.

Mais ſur-tout un Prince doit s'étudier à paroître excellent dans toutes ſes actions 2. Il ſe fait encore eſtimer, quand il

---

1. Et ceux, que Philippe de Commines rapporte de Louis Onziéme, ſon Maître. Il faiſoit, dit-il, d'apres punitions, pour être craint, & de peur de perdre obéiſſance. Il renvoioit Officiers, & caſſoit Gendarmes, rognoit penſions, & paſſoit tems à faire & défaire gens; & faiſoit plus parler de lui parmi le Roiaume, que ne fit jamais Roi. Dans ſes Mem. liv. 6. chap. 8.

2. Præcipua rerum ad famam dirigenda, dit Tac. Ann. 5. Il doit être comme Mucien, qui ſavoit donner de l'agrément à tout ce qu'il diſoit, & à ce qu'il faiſoit.

Om-

„ que tu as vaincues. Si tu „ es un Dieu, tu dois faire „ le bien des Mortels, & „ non pas leur ravir ce qu'ils „ ont; ſi tu es un homme, „ ſonges toujours à ce que „ tu es. „

Ferdinand d'Arragon ne ſe contentoit pas toujours de faire ſimplement la guerre; mais il ſe ſervoit de la Religion, comme d'un voile pour couvrir ſes deſſeins. Il abuſoit de la foi des ſermens, il ne parloit que de juſtice, & ne commettoit que des injuſtices. Machiavel loüe en lui tout ce qu'on y blâme.

Machiavel allegue en ſecond lieu l'exemple de Bernard de Milan, pour inſinuer aux Princes qu'ils doivent récompenſer & punir d'une maniére éclatante, afin que toutes leurs actions aient un caractére de grandeur imprimé en elles. Les Princes généreux ne manqueront point de réputation, principalement lorſque leur libéralité ſera une ſuite de leur grandeur d'ame, & non de leur amour propre.

La bonté peut les rendre plus grands que toutes les autres vertus. Ciceron diſoit à Céſar, „ Vous n'avez rien „ de plus grand dans votre „ fortune que le pouvoir de „ ſauver tant de Citoiens, ni „ de plus digne de votre „ bonté que la volonté de „ le

il eſt grand ami, & grand ennemi, c'eſt-à dire, quand il ſe déclare nettement en faveur de quelqu'un contre un autre ; qui eſt toujours un meilleur parti, que d'être neutre.

Car ſi deux puiſſans Voiſins de ton Etat en viennent aux mains, ſoit que tu aies à craindre de celui, qui ſera vainqueur, ou non, dans l'un & l'autre cas il te ſera toujours plus avantageux de te déclarer, & de faire une bonne guerre. Si tu ne te déclares pas, tu ſeras toujours la proie du vainqueur, au grand contentement du vaincu, & tu n'auras perſonne, qui te plaigne, ni qui te protége ; car le vainqueur ne veut point d'amis ſuſpects, ni incapables de le ſecourir dans l'adverſité ; & celui, qui perd, ne veut point de toi, après que tu n'as pas voulu être le compagnon de ſa fortune dans les Armes [*].

Lorſqu'Antiochus paſſa en Grece où les Etoliens l'appelloient, pour chaſſer les Romains, ſes Ambaſſadeurs prièrent ceux d'Achaïe, qui étoient amis des Romains d'être neutres ; au contraire les Romains demandoient, qu'on ſe déclarât pour eux ; il en fut délibéré dans le Conſeil d'Achaïe : Et

Omnium quæ diceret, atque ageret, arte quadam oſtentator. Hiſt. 2.
[*] La Guerre.

le faire. „ Il faudroit donc que les peines qu'un Prince inflige, fuſſent toujours au-deſſous de l'offenſe, & que les récompenſes qu'il donne, fuſſent toujours au-deſſus du ſervice.

Mais voici une contradiction. Le Docteur de la politique veut en ce Chapitre que les Princes tiennent leurs Alliances, & dans le XVIII. Chapitre il les dégage formellement de leur parole. Il fait comme ces Diſeurs de bonne avanture, qui diſent blanc aux uns, & noir aux autres.

Si Machiavel raiſonne mal ſur tout ce que nous venons de dire, il parle bien ſur la prudence que les Princes doivent avoir de ne ſe point engager legérement avec d'autres Princes plus puiſſans qu'eux, qui, au lieu de les ſecourir, pourroient les accabler.

C'eſt ce que ſavoit un grand Prince d'Allemagne, également eſtimé de ſes amis & de ſes ennemis. Les Suédois entrerent dans ſes Etats lorſqu'il en étoit éloigné avec toutes ſes troupes pour ſecourir l'Empereur au bas du Rhin, dans la guerre qu'il ſoutenoit contre la France. Les Miniſtres de ce Prince lui conſeillerent, à la nouvelle de cette irruption ſoudaine, d'appeller le Czar

Et comme l'Ambassadeur d'Antiochus les exhortoit à la neutralité, celui des Romains leur dit, On vous dit, que le meilleur parti, que vous puissiez prendre, est de ne vous point embarquer dans notre guerre; & moi je vous dis, que vous n'en sauriez prendre un pire, car si vous vous tenez neutres, vous resterez à la discretion du vainqueur, sans que personne vous soit obligé [3].

Il arrivera toujours, que celui qui n'est point ton ami, te priera d'être neutre, & l'autre de ne l'être pas. Les Princes mal-résolus embrassent d'ordinaire la neutralité, pour se tirer de l'embarras présent, & le plus souvent ils se perdent.

Mais quand tu te déclares hautement en faveur de l'une des parties, si ton ami reste vainqueur, il t'est obligé, & même affectionné, quoique tu sois à sa discrétion; car les hommes ne sont jamais si mal-honnêtes, qu'ils veuillent opprimer, avec tant d'ingratitude,

---

[3]. *Quippe sine dignitate præmium victoris eritis.* Livius Lib. 35. La Neutralité n'est bonne, que pour le Prince, qui est plus fort que ceux qui se battent, car il se fait, quand il veut, leur arbitre & leur Juge; au contraire, elle nuit toujours aux petits Princes. C'est pourquoi il faut être ou le plus fort, ou avec le plus fort.

Czar de Russie à son secours; mais ce Prince, plus pénétrant qu'eux, leur répondit que les Moscovites étoient comme des ours qu'il ne falloit point déchaîner, de crainte de ne pouvoir remettre leurs chaînes. Il prit généreusement sur lui les soins de la vengeance, & il n'eut pas lieu de s'en repentir.

Si je vivois dans le siécle futur, j'allongerois sûrement cet article par quelques réflexions qui pourroient y convenir; mais ce n'est pas à moi à juger de la conduite des Princes modernes, & dans le monde il faut savoir parler & se taire à propos.

La matiére de la neutralité est aussi bien traitée par Machiavel, que celle des engagemens des Princes. L'expérience a démontré depuis long-tems qu'un Prince neutre expose son Païs aux injures des deux Parties belligérantes; que ses Etats deviennent le théatre de la guerre, & qu'il perd toujours par la neutralité, sans que jamais il y ait rien de solide à y gagner.

Il y a deux maniéres par lesquelles un Prince peut s'agrandir: l'une est celle de la conquête, lorsqu'un Prince guerrier recule par la force de ses armes les limites
de

*tude, celui, qui les a obligez.
Outre que les victoires ne font
jamais fi entiéres, que le
vainqueur n'ait encore befoin
de garder quelques mefures de
bienféance. Si ton ami eft
vaincu, tu deviens le compagnon d'une fortune, qui fe
peut relover, & tu as un ami, qui te fert quand il peut.*

*Si ceux, qui fe battent enfemble, font tels, que tu n'aies
rien à craindre de celui, qui
vaincra, tu fais d'autant plus
fagement de te déclarer, parce que tu concours à la ruine
d'un voifin, avec celui, qui
lui devroit fauver s'il étoit fage, d'autant qu'il refte à ta
difcrétion, fi tu demeures
vainqueur, comme il eft impoffible, que tu ne le fois.*

*C'eft ici, qu'il faut avertir le Prince, de ne s'affocier jamais avec un plus puiffant que lui, pour en offenfer
d'autres, fi ce n'eft, que la
neceffité l'y contraigne, comme je l'ai dit ci-deffus * ; car
s'il vient à vaincre, tu te mets
à fa difcrétion, qui eft ce que
les Princes doivent toujours
éviter. Les Vénitiens s'affocièrent, fans nul befoin, avec
la France, contre le Duc de
Milan, d'où s'enfuivit la
ruine de leur Etat.*

*Mais quand on ne peut pas
s'exempter de cette compagnie,
ainfi*

* *Au Chapitre 13.*

de fa domination ; l'autre eft
celle du bon gouvernement,
lorfqu'un Prince laborieux
fait fleurir dans fes Etats
tous les Arts, & toutes les
Sciences qui les rendent
plus puiffans & plus policés.

Tout ce Livre n'eft rempli
que de raifonnemens fur
cette première manière de
s'agrandir, difons quelque
chofe de la feconde, plus
innocente, plus jufte, &
toute auffi utile qne la première.

Les Arts les plus néceffaires à la vie, font l'Agriculture, le Commerce,
les Manufactures. Ceux qui
font le plus d'honneur à
l'efprit humain, font la
Géometrie, la Philofophie,
l'Aftronomie, l'Eloquence,
la Poëfie, la Peinture, la
Mufique, la Sculpture,
l'Architecture, la Gravûre,
& ce qu'on entend fous le
nom de Beaux-Arts.

Comme tous les Païs font
très différens, il y en a où
le fort confifte dans l'Agriculture ; d'autres dans les
Vendanges ; d'autres dans
les Manufactures, & d'autres dans le Commerce. Ces
Arts fe trouvent même profperer enfemble en quelque
Païs.

Les Souverains qui choifiront cette manière douce
& aimable de fe rendre plus

puif-

ainſi qu'il arriva aux Floren-
tins , lors que le Pape & le
Roi d'Eſpagne aſſaillirent la
Lombardie ; le Prince doit
alors ſe joindre avec les autres ,
pour les raiſons , que j'ai di-
tes.

Ne t'imagines point , qu'il y
ait de parti plus ſûr ; au con-
traire , ſois aſſuré , que tu
n'en prendras que de hazar-
deux , car il eſt fatal de ne
fuir jamais un inconvénient ,
ſans tomber dans un autre.
Or la prudence conſiſte à bien
connoître la nature des incon-
véniens , & à prendre le moin-
dre mal pour un bien 4.

Le Prince doit encore ho-
norer tous ceux , qui excel-
lent en leur art , ſur-tout ſi
c'eſt dans le Trafic , & dans
l'Agriculture ; & les exciter
par des récompenſes à inventer
tout ce qui peut enrichir ſa
Ville , ou ſon Etat , afin que
les uns ne s'abſtiennent point
d'ouvrir un bon commerce par
la crainte de paier des droits ;
ni les autres de cultiver leurs
ter-

4. Celui , qui attend toutes les
commodités , (dit Machiavel , au
liv. 2. de ſon Hiſtoire) ou n'entreprend jamais rien , ou ce qu'il
entreprend tourne le plus ſouvent
à ſon déſavantage. J'ai obſervé ,
dans toutes les affaires du Monde ,
dit un autre Politique Italien , que
rien ne précipite plûtôt dans le
péril , que le trop grand ſoin de
s'en éloigner , & que le trop de
prudence dégénere ordinairement
en imprudence. (Fra Paolo)

puiſſans , ſeront obligés d'é-
tudier principalement la con-
ſtitution de leur Païs , afin
de ſavoir leſquels de ces
Arts ſeront les plus propres
à y réuſſir , & par conſéquent
leſquels ils doivent le plus
encourager. Les Français
& les Eſpagnols ſe ſont ap-
perçus que le Commerce
leur manquoit , & ils ont
médité par cette raiſon ſur
le moïen de ruiner celui
des Anglais. S'ils réuſſiſ-
ſent , la France augmentera
ſa puiſſance plus conſidéra-
blement , que la conquête
de vingt villes , & d'un mil-
lier de villages ne l'auroit pû
faire ; & l'Angleterre & la
Hollande , ces deux plus
beaux & plus riches Païs du
Monde , dépériront inſenſi-
blement comme un Mala-
de qui meurt de conſomp-
tion.

Les Païs , dont les bleds
& les vignes ſont les richeſſes , ont deux choſes à obſerver. L'une eſt de défricher
ſoigneuſement toutes les terres , afin de mettre juſqu'au
moindre terrein à profit ;
l'autre eſt de rafiner ſur un
plus grand , un plus vaſte
débit , ſur les moïens de
transporter ces marchandiſes
à moins de fraix , & de pouvoir les vendre à meilleur
marché.

Quant aux Manufactures
de toute eſpéce , c'eſt peut-
être

terres, de peur d'en être dé-
poüillez, après les avoir em-
bellies ＊.

Enfin, il doit, en certains
tems de l'année, tenir le Peu-
ple en réjoüiſſance par des jeux,
& des ſpectacles 5. Et comme
chaque Ville eſt partagée en
divers corps de métier, il eſt
bon qu'il aſſiſte quelquefois à
leurs aſſemblées 6, & qu'il
       y

＊ *M. le Chevalier Temple ob-*
ſerve très-bien, que le Commerce ne
fleurit jamais dans un Gouverne-
ment deſpotique, parce que perſon-
ne n'eſt aſſuré de joüir long-tems de
ce qu'il poſſede; au lieu que cela
n'eſt pas à craindre dans les Répu-
bliques. A raiſon de quoi il con-
clut, que leur Gouvernement eſt
plus propre, que celui des Monar-
chies, à cultiver & conſerver le
Commerce; témoin Tyr, Cartha-
ge, Athenes, Siracuſe, Agrigenti,
Rhodes, où il commença de dé-
cheoir, dès que ces villes furent
tombées en la puiſſance d'un Prince.
Chap. 6. de ſes Remarques ſur la
Hollande.

5. Comme faiſoient les Romains, qui ſelon la remarque de
Tacite; domptoient plus les peuples par les voluptez, que par les
armes. *Voluptatibus, quibus Ro-*
mani plus adverſus ſubjectos, quam
armis valent. Hiſt. 4. Et Agricola,
qui amollit le courage féroce des
Anglois par le luxe, à tel point,
qu'ils appelloient en lui douceur
& modération ce qui faiſoit une
partie de leur ſervitude. *Ut hom-*
nes diſperſi ac rudes, eoque bello
faciles, quieti & otio per volupta-
tes aſſueſcerent ..... Idque apud
imperitos humanitas vocabatur, cùm
pars ſervitutis eſſet.

6. Comme faiſoit Auguſte. *In-*
dulſerat ei ludicro Auguſtus.....
neque ipſe abhorrebat talibus ſtu-
diis, & civile rebatur miſceri vo-
lup-

être ce qu'il y a de plus uti-
le & de plus profitable à
un Etat, puiſque par elles
on ſuffit aux beſoins & au
luxe des habitans, & que les
Voiſins ſont même obligés
de païer tribut à votre induſtrie. Elles empêchent
d'un côté que l'argent ſorte du Païs, & elles en font
rentrer de l'autre.

Je me ſuis toujours per-
ſuadé que le défaut de Manufactures avoit cauſé en
partie ces prodigieuſes émi-
grations des Païs du Nord,
de ces Goths, de ces Van-
dales qui inonderent ſi
ſouvent les Païs Méridio-
naux. On ne connoiſſoit
d'Art dans ces tems reculés, en Suéde, en Danne-
mark, & dans la plus gran-
de partie de l'Allemagne,
que l'Agriculture, ou la
Chaſſe. Les terres laboura-
bles étoient partagées entre
un certain nombre de Pro-
priétaires qui les cultivoient,
& qu'elles pouvoient nourrir.

Mais comme la race hu-
maine a de tout tems
été très feconde dans ces
Climats froids, il arri-
voit qu'il y avoit deux fois
plus d'habitans dans un
Païs, qu'il n'en pouvoit
ſubſiſter par le labourage. Les Indigens s'attrou-
poient alors, ils étoient d'il-
luſtres Brigands par néceſſi-
    L 4   té.

y faſſe parade de ſa magnifi-
cence & de ſa bonté , mais
ſans oublier jamais la majeſté
de Prince 7 , qui le doit ac-
compagner par-tout.

luptatibus vulgi. Ann. 1. Car le
peuple, qui aime ſon plaiſir, eſt
ravi d'y avoir le Prince pour compagnon. *Ut eſt vulgus cupiens vo-*
luptatum , & , ſi eodem princeps
trahat , lætum, Ann. 14. Et Vitellius , qui , dans l'élection des
Conſuls , ſe mêloit indifferem-
ment parmi les prétendans , &
tâchoit de ſe concilier l'affection
& la voix du peuple , en préſi-
dant aux ſpectacles du Théatre &
du Cirque. *Comitia conſulum cum*
canditatis civiliter celebrans , om-
nem infimæ plebis rumorem in thea-
tro , ut ſpectator ; in Circo , ut fau-
tor , affectavit. Hiſt. 2.

7. *Ita ut nec illi , aut facilitas*
auctoritatem, aut ſeveritas amorem
deminuat. In Agricola.

té, ils ravageoient d'autres
Païs & en dépoſſedoient les
Maîtres ; auſſi voit-on dans
l'Empire d'Orient & d'Oc-
cident que ces Barbares ne
demandoient pour l'ordinaire que des champs pour cultiver , afin de fournir à leur
ſubſiſtance. Les Païs du
Nord ne ſont pas moins peu-
plés qu'ils l'étoient alors ;
mais comme le luxe a très
heureuſement multiplié nos
beſoins , il a donné lieu à des
Manufactures & à tous ces
Arts qui font ſubſiſter des
peuples entiers , qui autrement ſeroient obligés de
chercher leur ſubſiſtance
ailleurs.

Ces maniéres donc de fai-
re proſperer un Etat , ſont comme des talens confiés à
la ſageſſe du Souverain , qu'il doit mettre à uſure & faire
valoir. La marque la plus ſûre qu'un Païs eſt ſous un
gouvernement ſage & heureux , c'eſt lorſque les Beaux-Arts
naiſſent dans ſon ſein ; ce ſont des fleurs qui viennent dans
un terrein gras & ſous un ciel heureux ; mais que la ſé-
chereſſe , ou le ſouffle des Aquilons fait mourir.

Rien n'illuſtre plus un Regne que les Arts qui fleuriſ-
ſent ſous ſon abri. Le ſiécle de Periclès eſt auſſi fameux
par les grands Génies qui vivoient à Athenes, que par les
batailles que les Athéniens donnerent alors. Celui d'Auguſte eſt mieux connu par Ciceron , Ovide , Horace ,
Virgile , &c. que par les proſcriptions de ce ce cruel Em-
peréur , qui doit après tout une grande partie de ſa réputation à la Lire d'Horace. Celui de Louïs XIV. eſt plus
célèbre par les Corneilles , les Racines , les Moliéres ,
les Boileau , les Deſcartes , les le Bruns , les Girardon ,
que par ce paſſage du Rhin tant exagéré , par les ſiéges où
Louïs ſe trouva en perſonne , & par la bataille de Turin
que Monſieur de Marſin fit perdre au Duc d'Orléans par
ordre du Cabinet.

Les

Les Rois honorent l'humanité lorsqu'ils diſtinguent & récompenſent ceux qui lui font le plus d'honneur, & qu'ils encouragent ces eſprits ſupérieurs qui s'emploient à perfectionner nos connaiſſances, & qui ſe dévoüent au culte de la vérité.

Heureux ſont les Souverains qui cultivent eux-mêmes ces Sciences, qui penſent avec Ciceron, ce Conſul Romain, Libérateur de ſa patrie & Pere de l'éloquence. „ Les Lettres forment la Jeuneſſe, & ſont le charme de „ l'âge avancé. La proſpérité en eſt plus brillante, l'adver- „ ſité en reçoit des conſolations; & dans nos maiſons, & „ dans celles des autres, dans les voïages, & dans la ſoli- „ tude, en tout tems & en tous lieux, elles ſont la dou- „ ceur de notre vie. „

Laurent de Médicis, le plus grand homme de ſa Nation, étoit le Pacificateur de l'Italie, & le Reſtaurateur des Sciences. Sa probité lui concilia la confiance générale de tous les Princes; & Marc-Aurele, un des plus grands Empereurs de Rome, étoit non moins heureux Guerrier que ſage Philoſophe, & joignoit la pratique la plus ſévére de la morale, à la profeſſion qu'il en faiſoit. Finiſſons par ces paroles: „ Un Roi que la juſtice conduit, a l'Univers „ pour ſon Temple, & les gens de bien en ſont les Prêtres „ & les Sacrificateurs. „

* * *

CHAPITRE XXII.

Des Secretaires des Princes.

CE n'eſt pas une choſe de peu d'importance, que de choiſir des Miniſtres, car c'eſt par les gens, que le Prince tient auprès de ſa perſonne, que l'on juge de ſon eſprit & de ſa prudence *.

Quand

IL y a deux eſpéces de Princes dans le Monde; ceux qui voient tout par leurs propres yeux & gouvernent leurs Etats par eux-mêmes, & ceux qui ſe repoſent ſur la bonne foi de leurs Miniſtres, & qui ſe laiſſent gouverner par ceux qui ont

---

* Tacite dit, qu'on prit bon au-

pris

*Quand ils font habiles &
fidéles, on doit toujours le
croire fage, pour avoir fû
connoître leur prix. Mais
quand ils ne le font pas, on ne
peut jamais juger favorable-
ment de lui, après qu'il a fait
un fi mauvais choix. Tous
ceux, qui connoiffoient Antoine da Venafro, reconnoif-
foient, que Pandolfe Petrucci, Prince de Sienne, étoit
un très-prudent homme, pour
avoir pris un fi habile Miniftre.*

*Or il y a trois fortes d'ef-
prits : Les uns entendent par
eux-*

augure du regne de Néron fur le
choix, qu'il fit de Corbulon pour
Général de fes Armées, ce choix
montrant que la porte étoit ouverte au mérite, & qu'il fe gou-
vernoit par un bon Confeil. *Da-
turum planè documentum, honeftis,
an fecus, amicis uteretur, fi ducem
egregium, quàm fi pecuniofum &
gratia fubnixum deligeret.* Et quelques lignes après, *Læti, quod Do-
mitium Corbulonem præpofuerat,
videbaturque locus virtutibus pate-
factus.* Ann. 13. Et me femble,
(dit Commines au chapitre 3. du
livre 2. de fes Mémoires) que
l'un des plus grands fens, que
puiffe montrer un Seigneur, c'eft
de s'acointer & approcher de lui
gens vertueux & honnêtes ; car il
fera jugé, à l'opinion des gens,
d'être de la condition & nature de
ceux qu'il tiendra les plus pro-
chains de lui. Et c'eft où le
Prince d'Orange fe fondoit, quand
il difoit, qu'il falloit juger de la
cruauté du Roi Philippe II. par
toutes celles, que le Duc d'Albe
exerçoit impunément dans les Païs-
Bas.

pris l'afcendant fur leur efprit,

Les Souverains de la pre-
miére efpéce font comme
l'ame de leurs Etats ; le poids
de leur Gouvernement re-
pofe fur eux feuls, comme
le Monde fur le dos d'Atlas.
Ils réglent les affaires inté-
rieures comme les étrangéres ; ils rempliffent à la fois
les poftes des premiers Ma-
giftrats de la Juftice, de Général des armées, de Grands-
Thréforiers. Ils ont, à l'exemple de Dieu qui fe fert
d'Intelligences fupérieures à
l'homme pour operer fes vo-
lontés, des efprits pénétrans
& laborieux pour exécuter
leurs deffeins, & pour remplir en détail ce qu'ils ont
projetté en grand. Leurs Mi-
niftres font proprement des
inftrumens dans les mains
d'un fage & habile Ouvrier.

Les Souverains du fecond
ordre n'aiant pas reçu les
mêmes talens de la Provi-
dence, peuvent y fuppléer par
un choix heureux.

Le Roi qui a affez de fan-
té, des organes en même
tems affez vigoureux & affez
déliés pour foutenir le peni-
ble travail du Cabinet, manque à fon devoir s'il fe donne
un premier Miniftre ; mais
je crois qu'un Prince qui n'a
pas ces dons de la nature, fe
manque à lui-même, & à
fon peuple s'il n'emploie
pas tout ce qu'il a de raifon
achoifie,

eux-mêmes : *les autres comprennent tout ce qu'on leur montre, & quelques-uns n'entendent, ni par eux, ni par autrui. Les premiers font très excellens, les seconds font bons , & les derniers inutiles.*

Si Pandolfe n'étoit pas du premier rang , fans doute qu'il étoit du second; car toutes les fois qu'un Prince a l'esprit de discerner le bien & le mal , que quelqu'un fait , on dit, quoique de lui-même il n'ait pas de pénétration, il connoît les bonnes & les mauvaises actions de son Ministre , & pour approuver les unes , & blâmer les autres , il lui impose la nécessité d'être homme-de-bien [*] 2.

Mais comment connoître bien un Ministre? En voici la pierre-de-touche. Quand tu vois, que ton Ministre pense plus à lui, qu'à toi , & que toutes ses actions tendent à son profit, tu ne dois jamais t'y fier 3*; car celui, qui manie*

à choisir un homme sage qui porte le fardeau, dont le poids seroit trop fort pour son Maître. Tout homme n'a pas les talens ; mais tout homme, s'il veut, aura assez de discernement pour les reconnoître dans autrui, & pour en faire usage. La science la plus universelle des hommes, est de distinguer assez vite la portée du génie des autres; on ne voit que faibles Artistes qui jugent très bien les plus grands Maîtres. Les moindres soldats connoissent tout ce que valent leurs Officiers, les plus grands Ministres font appréciés par leurs Commis. Un Roi seroit donc bien aveugle s'il ne distinguoit pas le génie de ceux qu'il emploie. Il n'est pas si facile de connoître tout d'un coup l'étendue de leur probité: un Ignorant ne peut cacher son ignorance ; mais un cœur faux peut en imposer longtems à un Roi, qu'il a tant d'interêt de tromper , & qu'il assiége par ses artifices.

Si Sixte V. a pû tromper soixante - & - dix Cardinaux qui devoient le connoître, combien à plus forte raison n'est-il pas plus facile à un Particulier de surprendre la pénétration du Souverain qui a manqué d'occasions pour le démêler ?

Un Prince d'esprit peut juger sans peine du génie, & de *la*

---

2 C'est pour cela , que Sejanus, qui connoissoit l'habileté & la pénétration de Tibére, mettoit au commencement tout son esprit à lui donner de bons conseils. *Sejanus, incipiente adhuc potentia, bonis consiliis notescere volebat.* Ann. 4.

3 Après que Sejanus eut sauvé la vie à Tibére dans la grotte de la Spélonque, Tacite dit que Tibére prit une entière confiance en lui, comme en un homme qui a- voit

nie les affaires d'un Etat, ne doit jamais penser aux siennes, ni même entretenir le Prince d'autre chose, que de ce-qui regarde son Etat 4.

Mais aussi le Prince doit penser à son Ministre, pour l'obliger à bien faire 5; il le doit

voit eu plus de soin de la vie du Prince, que de la sienne, *Major ex eo, &, ut non sui anxius, cam fide audiebatur.* Ann. 4. Et Tigellin, pour détruire ses rivaux, disoit à Néron, qu'il ne faisoit pas comme Burrhus, qui avoit des prétentions, & des espérances; & que toute son ambition étoit de veiller à la sûreté du Prince. *Non se, ut Burrhum, diversas spes, sed solam incolumitatem Neronis spectare.* Ann. 14. Tous les Ministres tiennent ce langage, mais leur cœur & leurs actions démentent souvent leur bouche.

4. C'est-pourquoi Tibère tourna en ridicule un Sénateur, qui ôsa parler des intérêts de sa famille dans le Sénat, disant, que le Sénat avoit été établi, pour délibérer des affaires publiques, & non pas pour écouter les demandes impertinentes des particuliers. *Nec ideo à majoribus concessum est, egredi aliquando relationem, & quod in commune conducat loco sententiæ proferre, ut privata negotia, res familiares nostras hic augeamus ..... Efflagitatio intempestiva & improvisa, cùm aliis de rebus convenerint Patres, consurgere.* Ann. 2.

5 C'est comme Tibère l'entendoit, quand il disoit à Sejanus, *Ipse, quid intra animum volutaverim, quibus adhuc necessitudinibus immiscere te mihi parem, omittam ad præsens referre. Id tantùm aperiam, nihil esse tam excelsum, quod non virtutes ista, tuusque in me animus, mereantur, datoque tempore,*

la capacité de ceux qui le servent; mais il lui est presque impossible de bien juger de leur desintéressement & de leur fidélité.

On a vû souvent que des hommes paraissent vertueux faute d'occasions pour se démentir; mais qui ont renoncé à l'honnêteté dès que leur vertu a été mise à l'épreuve. On ne parla point mal à Rome des Tiberes, des Nérons, des Caligula avant qu'ils parvinssent au Trône: peut-être que leur scéleratesse seroit restée sans effet, si elle n'avoit été mise en œuvre par l'occasion qui développa le germe de leur méchanceté.

Il se trouve des hommes qui joignent à beaucoup d'esprit, de souplesse, & de talens, l'ame la plus noire & la plus ingrate; il s'en trouve d'autres qui possedent un cœur bon & généreux.

Les Princes prudens ont ordinairement donné la préference à ceux, chez qui les qualités du cœur prévaloient, pour les emploier dans l'intérieur de leur Païs. Ils leur ont préferé au contraire ceux qui avoient plus de souplesse, pour s'en servir dans des négociations. Car puisqu'il ne s'agit que de maintenir l'ordre & la iustice dans leurs Etats, il suffit de l'honnêteté; & s'il faut persuader les Voisins & noüer

la

doit combler d'honneurs, de charges, & de richesses, en sorte qu'il ne puisse desirer, ni d'autres honneurs ni d'autres richesses, & qu'il connoisse, qu'il lui seroit impossible de se maintenir sous un autre maître.

Le Prince & le Ministre, qui en useront ainsi, pourront se fier l'un à l'autre ; mais quand ils feront autrement, il en arrivera toujours mal au Prince, ou au Ministre.

pore, vel in senatu, vel in concione non reticebo. Ann. 4. Comme pour lui dire : Ne te mets point en peine des affaires de ta famille, j'y pense pour toi, & je ne t'en dirai pas davantage à cette heure, si no qu'en tems & lieu, je ne tairai point les services, que tu m'as rendus. Philippe II. Roi d'Espagne disoit à Ruy Gomez, son Premier Ministre, faites mes Affaires, & je ferai les vôtres.

des intrigues, on sent bien que la probité n'y est pas tant requise que l'adresse & l'esprit.

Il me semble qu'un Prince ne sauroit assez récompenser la fidélité de ceux qui le servent avec zèle ; il y a un certain sentiment de justice en nous, qui nous pousse à la reconnaissance, & qu'il faut suivre. Mais d'ailleurs les intérêts des Grands demandent absolument qu'ils récompensent avec autant de générosité, qu'ils punissent avec clémence ; car les Ministres qui s'apperçoivent que la vertu sera l'instrument de leur fortune, n'auront point assûrément recours au crime, & ils préfereront naturellement les bienfaits de leur Maître aux corruptions étrangères.

La voïe de la justice & la sagesse du monde s'accordent donc parfaitement sur ce sujet, & il est aussi imprudent que dur de mettre, faute de récompense & de générosité, l'attachement des Ministres à une dangereuse épreuve.

Il se trouve des Princes qui donnent dans un autre défaut aussi dangereux, ils changent de Ministres avec une legéreté infinie, & ils punissent avec trop de rigueur la moindre irrégularité de leur conduite.

Les Ministres qui travaillent immédiatement sous les yeux du Prince, lorsqu'ils ont été quelque tems en place, ne sauroient pas tout-à-fait lui déguiser leurs défauts ; plus le Prince est pénétrant, & plus facilement il les saisit.

Les Souverains qui ne sont pas Philosophes, s'impatientent bientôt ; ils se révoltent contre les faiblesses de ceux qui les servent, ils les disgracient & les perdent.

Les Princes qui raisonnent plus profondément, connoissent mieux les hommes ; ils savent qu'ils sont tous marqués au coin de l'humanité, qu'il n'y a rien de parfait en ce ce Monde, que les grandes qualités, sont pour ainsi dire, mises en équilibre par des grands défauts, & que l'homme de génie doit tirer parti de tout. C'est pourquoi, à moins de prévarication, ils conservent leurs Ministres avec leurs bonnes & leurs mauvaises qualités, & ils préferent ceux qu'ils ont approfondis, aux nouveaux qu'ils pourroient avoir, à-peu-près comme d'habiles Musiciens qui aiment mieux joüer avec des instrumens dont ils connoissent le fort & le faible, qu'avec de nouveaux dont la bonté leur est inconnue.

CHAPITRE XXIII.

Comment il faut fuir les Flateurs.

JE ne saurois me passer de parler ici d'un mal, que les Princes ont bien de la peine à éviter, à moins qu'ils n'aient beaucoup de prudence & de discernement ; & ce mal est la Flatérie, qui regne dans toutes les Cours *. Car les hommes ont tant d'amour propre, & se trompent si fort dans la bonne opinion, qu'ils ont d'eux-mêmes, qu'il leur est très-difficile de se préserver de cette contagion ; & d'ailleurs, ceux, qui veulent s'en garantir, courent risque de devenir méprisables.

Car

---

* Tacite dit, que la flaterie est un mal aussi ancien, que la domination. *Adulationes . . . . . Vetus id in republica malum.* Ann. 2.

IL n'y a pas un Livre de Morale, il n'y a pas un Livre d'Histoire, où la faiblesse des Princes sur la flatérie ne soit rudement censurée. On veut que les Rois aiment la verité, on veut que leurs oreilles s'accoutument à l'entendre, & l'on a raison ; mais on veut encore, selon la coutume des hommes, des choses un peu contradictoires. On veut que les Princes aient assez d'amour propre pour aimer la gloire, pour faire de grandes actions, & qu'en même tems ils soient assez indifférens pour renoncer de leur gré au salaire de leurs travaux ; le même principe doit les pousser à mériter la loüange, & à la mépriser. C'est

pré-

Car comme tu n'as point d'autre moien de te garder des Flateurs, si-non, de faire croire, que tu ne t'offenses point d'entendre la vérité; si chacun a la liberté de te la dire, on te perd bien-tôt le respect 1. C'est-pourquoi, le Prince prudent doit tenir un milieu, en choisissant des gens sages, à qui seulement il donne toute permission de lui dire la vérité sur les choses, qu'il leur demandera, sans se mêler du reste. Mais il doit les interroger de tout, entendre leurs avis, & puis en faire à sa mode, se gouvernant envers eux de manière, que chacun connoisse & croie, que plus on lui parle librement, & plus on lui plaît *. Après ceux-là, il n'en doit plus écouter d'autres, mais demeurer ferme dans ce qu'il aura delibéré.

Si le Prince fait autrement, ou les flatteurs le per-

---

1. C'est pour cela, que Tibére, qui haïssoit la flaterie, ne pouvoit néanmoins souffrir la liberté; de suite que l'on ne savoit comment parler devant lui. *Augusta & lubrica oratio sub principe, qui libertatem metuebat, adulationem oderat.* Ann. 2.

* A l'exemple de *Jean II.* Roi de *Portugal*, qui prié par un de ses courtisans de lui accorder une charge vacante, répondit, je la garde à un homme qui ne m'a jamais flatté.

---

prétendre beaucoup de l'humanité, on leur fait bien de l'honneur de supposer qu'ils doivent avoir sur eux-mêmes plus de pouvoir encore que sur les autres.

Contemptus virtutis ex contemptu famæ.

Les Princes, insensibles à leur réputation, n'ont été que des indolens, ou des voluptueux abandonnés à la mollesse; c'étoient des masses d'une matière vile qu'aucune vertu n'animoit. Des Tyrans très cruels ont aimé, il est vrai, la loüange: mais c'étoit en eux une vanité odieuse, un vice de plus; ils vouloient l'estime en méritant l'opprobre. Chez les Princes vicieux la flatterie est un poison mortel qui multiplie les semences de leur corruption; chez les Princes de mérite, la flatterie est comme une rouille qui s'attache à leur gloire, & qui en diminue l'éclat. Un homme d'esprit se révolte contre la flatterie grossiére, il repousse l'adulateur mal-adroit.

Il est une autre sorte de flatterie, elle est la sophiste des défauts, sa réthorique les diminue; c'est elle qui fournit des argumens aux passions, qui donne à l'austérité le caractére de la justice, qui fait une ressem-

perdent, ou bien il varie fouvent, felon la diverfité des avis [2]; ce qui le fait méprifer.

A ce propos , je veux rapporter ce que le Prêtre Luc difoit un jour de l'Empereur Maximilien , fon Maître, qui regne aujourd'hui ; Qu'il ne prenoit confeil de perfonne, & que néanmoins il ne faifoit jamais rien à fa mode. *Et cela vient de ce qu'il tient une route contraire à celle , que je viens de marquer ; car comme il ne communique fes fecrets à perfonne, quand on vient à decouvrir fes deffeins , les gens de fon Confeil y contredifent , & lui, qui a l'humeur facile . fe rend à leur avis ; fi bien qu'il n'y a point de fond à faire fur fes délibérations , d'autant que ce qu'il fait un jour , il le défait un autre* [3].

Il faut donc , qu'un Prince prenne confeil de tout , mais quand il lui plaît , & non pas quand il plaît aux autres.

2. Comme font les Princes imbécilles. *Ipfe modò huc modò illuc , ut quemque fuadentium audierat , promptus ,* dit Tacite de Claudius. Ann. 12. *huc illuc circumagi , quæ jufferat vetare , quæ vetuerat jubere.* Hift. 3.

3. Défaut , que l'on dit que l'Empereur Léopold , qui regne aujourd'hui , a hérité de Maximilien I.

reffemblance fi parfaite de la libéralité à la profufion qu'on s'y méprend , qui couvre les débauches du voile de l'amufement & du plaifir ; elle amplifie fur-tout les vices des autres , pour en ériger un trophée à ceux de fon Héros. La plûpart des hommes donnent dans cette flatterie , qui juftifie leur goût , & qui n'eft pas tout-à-fait menfonge ; ils ne fauroient avoir de la rigueur pour ceux qui leur difent un bien d'eux-mêmes dont ils font convaincus. La flatterie qui fe fonde fur une bafe folide , eft la plus fubtile de toutes ; il faut avoir le difcernement très fin pour appercevoir la nuance qu'elle ajoute à la vérité. Elle ne fera point accompagner un Roi à la tranchée par des Poëtes qui doivent être les Hiftoriens, elle ne compofera point des Prologues d'Opera remplis d'hyperboles , des Préfaces fades & des Epîtres rampantes. Elle n'étourdira point un Héros du recit empoulé de fes victoires , mais elle prendra l'air du fentiment ; elle fe ménagera délicatement des entrées , elle paraîtra franche & naïve. Comment un grand homme, comment un Héros , comment un Prince fpirituel peut-il fe fâcher de s'entendre dire une vérité que

tres ; en sorte que personne n'ôse le conseiller, sans en être requis. Il doit être grand questionneur, & puis entendre patiemment tout ce qu'on lui répond ; & s'il voit quelqu'un biaiser à lui dire la vérité, il doit en montrer du ressentiment.

Ceux-là se trompent fort, qui croient qu'un Prince, qui prend conseil, passe pour un homme, qui n'est pas prudent par lui-même, mais seulement par les bons conseils, qu'on lui donne *.

Car c'est une régle générale & infaillible, que le Prince, qui n'est pas sage de lui-même, ne sauroit être bien conseillé, à moins que par hazard il se laissât gouverner à un homme, qui fût très-prudent ; & en ce cas il pourroit être bien gouverné, mais non pas se maintenir, parce qu'un tel Ministre le dépouïlleroit bien-tôt de son Etat.

Mais

---

* L'excellence du Ministre, dit un habile Espagnol, n'a jamais diminué la gloire du Maître ; au-contraire, tout l'honneur du succès retourne à la cause principale, & pareillement tout le blâme. La Renommée s'adresse toujours aux premiers auteurs, elle ne dit jamais : *Cet homme a eu de bons, ou de mauvais Ministres,* mais *il a été bon ou mauvais Ouvrier.* Il faut donc tâcher de bien choisir les Ministres, puisque c'est d'eux, que dépend l'immortalité de la réputation. *Gracian, dans son Oracle manuel.*

que la vivacité d'un ami semble laisser échapper ? Comment Louïs XIV. qui sentoit que son air seul en imposoit aux hommes, & qui se complaisoit dans cette supériorité, pouvoit-il se fâcher contre un vieil Officier, qui en lui parlant trembloit & begayoit, & qui en s'arrêtant au milieu de son discours, lui dit, au-moins, Sire, je ne tremble pas ainsi devant vos ennemis ?

Les Princes qui ont été hommes avant de devenir Rois, peuvent se ressouvenir de ce qu'ils ont été, & ne s'accoutument pas si facilement aux alimens de la flatterie. Ceux qui ont regné toute leur vie, ont toujours été nourris d'encens comme les Dieux, & ils mourroient d'inanition, s'ils manquoient de loüange.

Il seroit donc plus juste, ce me semble, de plaindre les Rois que de les condamner : ce sont les flatteurs, & plus qu'eux encore les calomniateurs, qui méritent la condamnation & la haine du Public ; de même que tous ceux qui sont assez ennemis des Princes pour leur déguiser la vérité. Mais que l'on distingue la flatterie de la loüange. Trajan étoit encouragé à la vertu par le Panégyrique de Pline, Tibére étoit

M

étoit confirmé dans le vice par les flatteries des Sénateurs.

Je conclus donc, que c'est la prudence du Prince, qui produit les bons conseils, & non les bons conseils, qui font la prudence du Prince.

Mais si un Prince, qui n'est pas sage, a plusieurs conseillers, il ne sera pas capable de concilier leurs divers avis 1; & ils ne penseront tous qu'à leurs intérêts 2, & même sans qu'il s'en apperçoive. Et comme c'est l'ordinaire des hommes d'être toujours méchans, si l'on ne leur impose une nécessité d'être bons, le Prince, qui ne se connoîtra pas en gens, ne sera jamais bien servi.

1. *Neque alienis consiliis regi, neque sua expedire.* Hist. 3.
2. *Sibi quisque tendentes.* Hist. 1.

quia apud infirmum metu, & majore præmio peccatur. Ibid.

CHAPITRE XXIV.

Pourquoi les Princes d'Italie ont perdu leurs Etats.

LE *Prince nouveau, qui observera prudemment les choses, que j'ai dites, en paroîtra un ancien, & sera même plus en sureté dans son Etat, que s'il étoit Prince héréditaire; car comme l'on épluche de plus près les actions d'un Prince nouveau, que celles d'un Prince successif, quand on vient à reconnoître, qu'il est sage, son mérite lui concilie plus l'affection des sujets, que ne feroit la succession de pere en fils, d'autant que les hommes s'arrêtent bien plus au présent, qu'au passé,*

LA Fable de Cadmus, qui sema en terre les dents du serpent qu'il venoit de vaincre, & dont nâquit un peuple de Guerriers qui se détruisirent, est l'emblême de ce qu'étoient les Princes Italiens du tems de Machiavel. Les perfidies & les trahisons qu'ils commettoient les uns envers les autres, ruinerent leurs affaires. Qu'on lise l'Histoire d'Italie de la fin du XIV. siécle jusqu'au commencement du XV., ce ne sont que cruautés, séditions, violences, ligues pour s'entre-détruire, usurpations,
as-

& ne cherchent point à changer, quand ils se trouvent bien 1. Au contraire ils défendent le Prince à toute force, pourvu qu'il ne manque point à son devoir dans les autres choses.

Et pour-lors, le Prince aura une double gloire d'avoir donné commencement à une nouvelle Principauté, de l'avoir munie de bonnes loix, de bonnes armes, de bons amis, & de bons exemples ; au-lieu que celui-là sera doublement infame, qui étant né Prince, aura perdu son Etat par son peu de prudence.

Si l'on considére le Roi de Naples, le Duc de Milan, & d'autres, qui ont perdu le leur de nôtre tems, on trouvera prémiérement en eux un commun défaut, quant à la disposition de leurs armes, comme je l'ai montré amplement ci-dessus ; & puis on verra qu'ils se sont perdus, ou pour s'être fait hair du peuple, ou pour n'avoir pas sû s'assurer des Grans.

Car à moins que de tomber dans quelqu'une de ces fautes, on ne perd point des Etats, qui peuvent tenir une bonne Armée en campagne. Philippe

assassinats, en un mot un assemblage énorme de crimes, dont l'idée seule inspire de l'horreur.

Si à l'exemple de Machiavel on s'avisoit de renverser la justice & l'humanité, on bouleverseroit tout l'Univers ; l'inondation des crimes réduiroit dans peu ce Continent dans une vaste solitude. C'étoit l'iniquité & la barbarie des Princes d'Italie qui leur firent perdre leurs Etats, ainsi que les faux principes de Machiavel perdront à coup sûr ceux qui auront la folie de les suivre.

Je ne déguise rien ; la lâcheté de quelques-uns de ces Princes d'Italie peut avoir également avec leur méchanceté concouru à leur perte. La faiblesse des Rois de Naples, il est sûr, ruina leurs affaires ; mais qu'on me dise d'ailleurs en Politique tout ce que l'on voudra ; argumentez, faites des systêmes, alleguez des exemples, emploiez toutes les subtilités, vous serez obligé d'en revenir à la justice malgré vous.

Je demande à Machiavel ce qu'il veut dire par ces paroles : ,, Si l'on remarque en ,, un Souverain, nouvelle- ,, ment élevé sur le Trône, ,, (ce qui veut dire dans un ,, Usurpateur) de la pruden- ,, ce & du mérite, on s'at- ,, tachera bien plus à lui

1. Tuta & præsentia quàm vetera & periculosa malunt. Ann. 1. anteponunt præsentia dubiis. Hist. 1.

M 2 ,, qu'à

pe de Macédoine *, non pas
le pere d'Alexandre-le-Grand,
mais celui, qui fut vaincu par
Titus Quintus, n'avoit pas
un grand Etat en comparaison des Romains, & des Grecs,
qui l'attaquoient; néanmoins,
comme il étoit homme-de-
guerre, & qui favoit entretenir le peuple, & s'assurer des
Grands, il soutint plusieurs
années la guerre; & si, à la
fin, il perdit quelques villes,
il conserva pourtant son Roiaume.

Ce n'est donc point à la Fortune, que nos Princes se doivent prendre d'avoir perdu
leurs Etats, mais à leur lâcheté; car faute d'avoir pensé
au changement, qui pouvoit
arriver (étant l'ordinaire des
hommes de ne point craindre
la tempête durant la bonnace),
quand ils ont vu approcher
l'ennemi, au-lieu de se défendre, ils ont pris la fuite, sur
l'espérance, que leurs peuples,
dégoûtés de l'insolence du
vainqueur, ne manqueroient
pas de les rappeller. Parti,
qui est bon à prendre, lors
qu'il n'y en a point d'autres;
mais qui est honteux, quand
on a des moiens plus honnêtes

C'est folie à toi de vouloir
bien tomber, parce que tu crois
trou-

„ qu'à ceux qui ne sont re-
„ devables de leur grandeur
„ qu'à leur naissance. La
„ raison de cela, c'est qu'on
„ est bien plus touché du
„ présent que du passé, &
„ quand on y trouve de
„ quoi se satisfaire, on ne
„ va pas plus loin? „

Machiavel suppose-t-il que
de deux hommes également
valeureux & sages, toute
une Nation préferera l'Usurpateur au Prince légitime?
ou l'entend-t-il d'un Souverain sans vertus, & d'un Ra-
visseur vaillant, & plein de
capacité? Il ne se peut point
que la premiére supposition
soit celle de l'Auteur, elle est opposée aux notions les
plus ordinaires du bon sens;
ce seroit un effet sans cause,
que la prédilection d'un peuple en faveur d'un hom-
me qui commet une action
violente pour se rendre leur
Maître, & qui d'ailleurs
n'auroit aucun mérite préferable à celui du Souverain
légitime.

Ce ne sauroit être non
plus la seconde supposition;
car quelque qualité qu'on
donne à un Usurpateur, on
m'avoüera que l'action violente par laquelle il éleve sa
puissance, est une injustice.

A quoi peut-on s'attendre
d'un homme qui débute par
le crime, si ce n'est à un
gouvernement violent & ty-
ran-

---

* Le pere de Persée, dernier Roi
de Macédoine.

trouver quelqu'un, qui te re-
levera; car ou cela n'arrive
pas, ou, ſi cela arrive, c'eſt
à tes dépens, d'autant que tu
es à la merci de celui, qui te
défend. Or, il n'y a point de
bonnes, ni de ſûres défenſes,
que celles, qui viennent de
toi-même, & de ton propre
courage.

rannique? Il en eſt de même
que d'un homme qui ſe ma-
rieroit, & qui éprouveroit
une infidélité de ſa femme le
jour même de ſes nôces;
je ne penſe pas qu'il augu-
rât bien de la vertu de ſa
nouvelle épouſe pour le reſte
de ſa vie.

Machiavel prononce ſa condamnation en ce Chapitre.
Il dit clairement que ſans l'amour des peuples,
ſans l'affection des Grands, & ſans une armée bien
diſciplinée, il eſt impoſſible à un Prince de ſe ſoutenir ſur
le Trône. La vérité ſemble le forcer à rendre cet
hommage, à peu près comme les Théologiens l'aſſûrent
des Anges maudits, qui reconnoiſſent un Dieu, mais qui
le blaſphement.

Pour gagner l'affection des peuples & des Grands, il
faut avoir un fond de vertu; il faut que le Prince ſoit
humain & bienfaiſant, & qu'avec ces qualités du cœur
on trouve en lui de la capacité pour s'acquitter des pénibles fonctions de ſa charge.

Il en eſt de cette charge comme de toutes les autres; les
hommes, quelque emploi qu'ils exercent, n'obtiennent jamais la confiance s'ils ne ſont juſtes & éclairés. Les plus corrompus ſouhaitent toujours d'avoir à faire à un homme de
bien, de même que les plus incapables de ſe gouverner
s'en rapportent à celui qui paſſe pour le plus prudent. Quoi!
le moindre Bourguemaître, le moindre Echevin d'une ville
aura beſoin d'être honnête homme & laborieux, s'il veut
réuſſir, & la Roïauté ſeroit le ſeul emploi où le vice ſeroit autoriſé! Il faut être tel que je viens de le dire, pour
gagner les cœurs, & non pas comme Machiavel l'enſeigne
dans le cours de cet Ouvrage, injuſte, cruel, ambitieux, &
uniquement occupé du ſoin de ſon agrandiſſement.

C'eſt ainſi qu'on peut voir démaſqué ce Politique; que
ſon ſiécle fit paſſer pour un grand homme; que beaucoup
de Miniſtres ont reconnu dangereux; mais qu'ils ont ſui-
vi; dont on a fait étudier les abominables maximes aux
Princes; à qui perſonne n'avoit encore répondu en forme,

& que beaucoup de Politiques suivent sans vouloir qu'on les en accuse.

Heureux seroit celui qui pourroit détruire entiérement le Machiavelisme dans le monde! J'en ai fait voir l'inconféquence, c'est à ceux qui gouvernent la terre, à la convaincre par leurs exemples: ils font obligés de guérir le Public de la fausse idée dans laquelle on se trouve sur la politique, qui ne doit être que le fystême de la sagesse, mais que l'on soupçonne communément d'être le bréviaire de la fourberie. C'est à eux de bannir les subtilités & la mauvaise foi des Traités, & de rendre la vigueur à l'honnêteté & à la candeur, qui, à dire vrai, ne se trouve guéres entre les Souverains ; c'est à eux de montrer qu'ils font auffi peu envieux des Provinces de leurs Voisins, que jaloux de la conservation de leurs propres Etats. Le Prince qui veut tout posseder, est comme un estomac qui se surcharge de viandes, sans songer qu'il ne pourra pas les digérer ; le Prince qui se borne à bien gouverner, est comme un homme qui mange sobrement, & dont l'estomac digére bien.

CHAPITRE XXV.

Combien la Fortune a de pouvoir dans les affaires du Monde, & comment on lui peut résister.

JE fais, que plusieurs ont cru, & croient encore, que les affaires du Monde font gouvernées de telle maniére, soit par la Providence Divine, ou par la Fortune, que la prudence des hommes n'y a point de part; d'où il s'ensuit, qu'il faut se laisser aller au fort & à l'avanture, sans se soucier *de*

LA question sur la liberté de l'homme, est un de ces problêmes qui pousse la raison des Philosophes à bout, & qui a souvent tiré des anathêmes de la bouche des Théologiens. Les Partisans de la liberté disent que si les hommes ne font pas libres, Dieu agit en eux,

de rien 1. *Cette opinion a eu grand cours en ces tems-ci*,

1. Tacite, qui étoit Epicurien, dit quelque chose de semblable dans le 6. livre de ses Annales. *In incerto judicium est, fato-ne res mortalium, & necessitate immutabili, an forte volvantur.* Et puis il ajoute : quelques uns croient, qu'il y a une fatalité inévitable, & que cette fatalité n'est autre chose, qu'une liaison des causes naturelles avec leurs effets, laquelle fait que, depuis que nous avons choisi un certain genre de vie, nous ne saurions jamais éviter les accidens, qui se rencontrent dans cet état. *Fatum quidem congruere rebus putant, sed non è vagis stellis, verùm apud principia & nexûs naturalium causarum ; ac tamen electionem vitæ nobis relinquunt : quam ubi elegeris, certum imminentium ordinem.* Quant à ce que Machiavel dit, que la prudence humaine n'a point de part, dans les affaires du Monde, ou du moins très peu, Tacite en donne un bel exemple, en parlant de Claudius, que la Fortune destinoit à l'Empire, pendant que les hommes pensoient à tout autre. *Mihi*, dit-il, *quanto plura recentium, seu veterum revolvo, tanto magis ludibria rerum mortalium cunctis in negotiis obversantur, quippe fama, spe, veneratione, potius omnes destinabantur imperio, quàm quem futurum principem fortuna in occulto tenebat.* Ann. 3. La Fortune, dit Gracian, si célèbre & si peu connüe, n'est autre chose, que cette grande mere d'accidens, & cette grande fille de la souveraine Providence, qui concourt avec toutes les causes-secondes, soit en les mouvant, soit en permettant qu'elles agissent. C'est cette Reine, si absolüe, si impénétrable, si inéxorable, qui rit aux uns, tourne le dos aux autres, tantôt mere, tantôt marâtre, *non*

eux, que c'est Dieu qui par leur ministère commet les meurtres, les vols & tous les crimes ; ce qui est manifestement opposé à sa sainteté. En second lieu, que si l'Etre suprême est le Pere dés vices, & l'Auteur des iniquités qui se commettent, on ne pourra plus punir les Coupables, & il n'y aura ni crimes, ni vertus dans le Monde. Or, comme on ne sauroit penser à ce Dogme affreux, sans en appercevoir toutes les contradictions, on ne sauroit prendre de meilleur parti qu'en se déclarant pour la liberté de l'homme.

Les Partisans de la nécessité absolue disent au contraire, que Dieu seroit pire qu'un Ouvrier aveugle, & qui travaille dans l'obscurité, si après avoir créé ce Monde, il eût ignoré ce qui devoit s'y faire. Un Horloger, disent-ils, connoît l'action de la moindre roüe d'une montre, puisqu'il fait le mouvement qu'il lui a imprimé, & à quelle destination il l'a faite : & Dieu, cet Etre infiniment sage, seroit le Spectateur curieux & impuissant des actions des hommes ! Comment ce même Dieu, dont les ouvrages portent tous un caractère d'ordre, & qui sont tous asservis à de certaines *nes*

ci, à cause des révolutions é-
tranges, qui s'y font vûes, &
qui arrivent encore de jour
en jour tout à rebours de la
pensée des hommes [*], &
quelque fois que j'y pense, je
me sens du penchant à cette
opinion.

Mais comme notre franc-
arbitre n'est pas encore perdu,
il me semble, que l'on pourroit dire, que la Fortune est
la maitresse de la moitié de
nos actions, & nous en laisse presque gouverner l'autre 2.

Pour moi, je la compare à
un fleuve rapide, qui venant
à se déborder, inonde le plat-
pais, déracine les arbres, entraine les maisons, & trans-
porte le terrain d'un endroit à
un autre, sans que personne
ôse, ni puisse s'opposer à sa
fureur: ce qui n'empêche pas,
que, lorsqu'il est tranquille,
l'on ne puisse faire des chaus-
sées, & des digues, qui une
autre fois arrêtent ses inondations, ou du moins retardent
l'impétuosité de son cours.

Il en est de même de la Fortune;

non pas par un effet de la passion,
mais par un secret incompréhensi-
ble des jugemens de Dieu. Dans
le *Chap.* 10. de son *Héros.*
[*] De toutes les conjectures humaines.
2. Le succès, dit Senéque ep.
14. n'est pas de la jurisdiction du
sage; nous commençons les choses, la fortune les acheve.

nes loix immuables & con-
stantes, auroit-il laissé jouir
l'homme seul de l'indé-
pendance? Ce ne seroit
plus la Providence qui gou-
verneroit le Monde, mais
le caprice des hommes. Puis
donc qu'il faut opter en-
tre le Créateur & la Créa-
ture, lequel des deux est
l'Automate? Il est plus raisonnable de croire que c'est
l'Etre, en qui réside la faiblesse, que l'Etre en qui réside la puissance: ainsi la
raison & les passions sont
comme des chaînes invisi-
bles, par lesquelles la main
de la Providence conduit le
genre-humain, pour con-
courir aux événemens que
sa sagesse éternelle avoit résolus.

C'est ainsi que pour éviter
Charybde, on s'approche de
Scylla, & que les Philosophes se poussent mutuelle-
ment dans l'abyme de l'ab-
surdité, tandis que les Théologiens ferraillent dans l'obscurité, & se damnent dévo-
tement par charité. Ces Partis se font la guerre à peu
près comme les Carthagi-
nois & les Romains se la
faisoient. Lorsqu'on appré-
hendoit de voir les troupes
Romaines en Afrique, on
portoit le flambeau de la guerre en Italie; & lorsqu'à Rome on voulut se défaire
d'Han-

tune ; elle exerce toute sa puiffance , lors qu'elle ne trouve
rien de prêt à lui réfister ; elle
jette toute sa violence sur les
lieux , où elle sait , qu'il n'y
a ni digue , ni barrière pour
la retenir.

Si vous confidérez l'Italie,
qui est le théatre de ces révolutions , & qui leur a donné
le branle , vous verrez, que
c'est une campagne , fans défense ; au-lieu que si elle eût
été fur fes gardes , comme
l'Allemagne , l'Espagne , & la
France , elle n'eût pas été i-
nondée des Etrangers , ou du-
moins cette irruption n'eût
pas fait de si grands progrès. [*].

Je n'en dirai pas davan-
tage , quant à ce qui est de
réfister à la fortune en général. Mais , pour entrer dans
le particulier : d'où vient
qu'un Prince , que l'on voit
prospérer aujourd'hui , périt
demain , sans qu'il ait changé d'esprit , ni de conduite ?
C'est , à mon avis , comme je
l'ai déja montré , parce que le
Prince , qui ne s'appuie , que
sur la fortune , tombe auffi-
tôt qu'elle change.

Je crois auffi , que celui-là
est heureux , qui régle sa conduite selon les tems , & que
par

[*] Ou, ou du moins ils n'y
euffent pas fait de si grands pre-
grès.

d'Hannibal que l'on crai-
gnoit, on envoia Scipion à
la tête des Légions affiéger
Carthage. Les Philofophes,
les Théologiens, & la plûpart
des Héros d'argumens ont
le génie de la Nation Françai-
fe : ils attaquent vigoureu-
fement, mais ils font perdus
s'ils font réduits à la guerre
défenfive. C'est ce qui fit
dire à un bel Efprit que
Dieu étoit le Pere de toutes
les Sectes , puifqu'il leur
leur avoit donné à toutes
des armes égales, de même
qu'un bon côté & un revers.
Cette question fur la liberté
& fur la prédeftination des
hommes, est tranfportée par
Machiavel de la Métaphyfi-
que dans la Politique: c'est
cependant un terrein qui lui
est tout étranger & qui ne
fauroit le nourrir ; car en
Politique, au lieu de raifon-
ner fi nous fommes libres,
ou fi nous ne le fommes
point, fi la fortune & le hazard peuvent quelque cho-
fe, ou s'ils ne peuvent rien,
il ne faut proprement penfer
qu'à perfectionner fa pénétration & fa prudence.

La fortune & le hazard
font des mots vuides de fens,
qui, felon toute apparence,
doivent leur origine à la
profonde ignorance dans
laquelle croupiffoit le monde, lorfqu'on donna des
noms vagues aux effets dont

M 5   les

par conséquent il n'arrive que malheur à celui, qui ne sait pas s'accorder avec le tems ; car il se voit, que les hommes, pour arriver à la fin qu'ils se proposent (qui est toujours d'acquérir de la gloire & des richesses), tiennent tous une route differente.

L'un garde des mesures, l'autre n'en garde point ; l'un emploie la force, l'autre la ruse ; l'un la patience, l'autre l'impétuosité ; moiens, par où les uns & les autres peuvent réüssir. Il se voit aussi, que de deux, qui vont par un même chemin, l'un arrive à sa fin, & l'autre non ; & que deux autres, qui auront été d'esprit tout contraire, l'un moderé, l'autre impétueux, prospéreront tous deux également : ce qui ne sauroit venir, que de la diversité des tems, qui sont favorables, ou contraires à leur conduite.

D'où il arrive ce que j'ai dit, que deux, qui procédent diversement, ont une même issüe, & que deux, qui procédent également pour une même fin, ont un succès tout contraire. C'est encore de là que dépend le bien, ou le mal ; car si à un, qui se gouverne avec patience & circonspection, les tems & les affaires viennent si à point, que son gouvernement soit bon, il prospére, mais si les tems & les af-

les causes étoient inconnues.

Ce qu'on appelle vulgairement la fortune de César, signifie proprement toutes les conjonctures qui ont favorisé les desseins de cet Ambitieux. Ce que l'on entend par l'infortune de Caton, ce sont les malheurs inopinés qui lui arriverent, ces contre-tems où les effets suivirent si subitement les causes, que sa prudence ne put ni les prévoir, ni les combattre.

Ce qu'on entend par le hazard, ne sauroit mieux s'expliquer que par le jeu des dez. Le hazard, dit-on, a fait que mes dez ont porté plûtôt douze que sept. Pour décomposer ce Phénomène physiquement, il faudroit avoir les yeux assez bons pour voir la manière dont on a fait entrer les dez dans le cornet, les mouvemens de la main plus ou moins forts, plus ou moins réiterés qui les font tourner, & qui impriment aux dez un mouvement plus vif ou plus lent ; ce sont ces causes, qui, prises ensemble, s'appellent le hazard.

Tant que nous ne serons que des hommes, c'est-à-dire des Etres très bornés, nous ne serons jamais supérieurs à ce qu'on appelle les coups de la Fortune. Nous devons ravir ce que nous pouvons au hazard, des é-
vé-

affaires changent, il se perd, d'autant qu'il ne change pas de conduite 3.

Or il n'y a point d'homme si prudent, qu'il sache toujours accorder la sienne avec les tems, soit parce que l'on ne sauroit résister à son propre penchant; ou parce que l'on ne peut guères se résoudre à quitter une route, par où l'on est toujours arrivé à bon port: de-là vient aussi, que l'homme posé, ne sait pas être impétueux, quand il le faut être, ce qui le perd; au-lieu que s'il changeoit de conduite, selon les tems & les affaires, la Fortune ne changeroit pas 4.

Le

3. Pierre Sodérin, dit Machiavel, procédoit en toutes choses, avec douceur & patience, & lui, & sa patrie s'en trouverent bien, tandis que son procédé fut convenable au tems. Mais quand vint le tems, qu'il falloit user de rigueur, il ne s'y put résoudre, d'où s'ensuivit sa perte, & celle de sa patrie. Liv. 3. de ses Discours chap. 9. & 3. *C'est que s'il eût voulu se servir de toute l'autorité, que lui donnoit la dignité de Gonfalonier à vie, il eût pû ruiner tous les Médicis, &, par conséquent, maintenir sa patrie en liberté.*

4. Ce qui fait, (ajoute Machiavel au même chap. 9.) que la Fortune abandonne un homme, c'est qu'elle change les tems, & que lui ne change pas ses mesures, ni ses brisées. Comme l'on accusoit un Roi de Sparte d'être changeant : *Ce n'est pas moi qui change,* dit-il, *ce sont les affaires.*

Ce

vénemens; mais notre vie est trop courte pour tout appercevoir, & notre esprit trop étroit pour tout combiner.

Voici des faits qui feront voir clairement qu'il est impossible à la sagesse humaine de tout prévoir. Le premier événement est celui de la surprise de Cremone par le Prince Eugene, entreprise concertée avec toute la prudence imaginable, & exécutée avec une valeur infinie. Voici comment ce dessein échoüa. Le Prince s'introduisit dans la ville vers le matin, par un canal à immondices que lui ouvrit un Curé avec lequel il étoit en intelligence; il se feroit infailliblement rendu maître de la place, si deux choses inopinées ne fussen arrivées.

Premiérement le Régiment des Vaisaux qui devoit faire l'exercice le même matin, se trouva sous les armes plûtôt qu'il ne devoit y être, & lui fit résistance, jusqu'à ce que le reste de la garnison s'assemblât. En second lieu, le guide qui devoit mener le Prince de Vaudemont à une porte de la Ville, dont ce Prince devoit s'emparer, manqua le chemin; ce qui fit que ce détachement arriva trop tard.

Le second évenement dont

Le Pape Jules II. procéda toujours impétueusement, & cela lui réüssit toujours, parce que le tems & les affaires le demandoient ainsi ; témoin la première entreprise, qu'il fit sur Bologne, du vivant de Jean Bentivole.

Les Vénitiens en prenoient ombrage, les Rois de France & d'Espagne en raisonnoient, & néanmoins il alla lui-même à Bologne, sans que Venise, ni l'Espagne osassent branler, l'une aiant peur, & l'autre songeant à recouvrer tout le Roiaume de Naples : d'ailleurs, le Roi de France, qui vouloit se concilier Jules, pour humillier les Vénitiens, n'ôsa lui refuser du secours de peur de l'offenser.

De sorte que Jules, avec son humeur feroce & impétueuse, fit ce qu'un autre Pape n'eût jamais fait avec toute la prudence humaine ; au-lieu que s'il eût attendu à partir de Rome, jusqu'à ce qu'il eût fait tous les préparatifs nécessaires, comme tout autre Pape auroit fait, son entreprise eût échoüé ;

Ce qui montre qu'il faut s'accommoder au tems, *morem accommodari, pro-ut conducat.* Ann. 12. *Remissum aliquid & mitigatum, quia expedierit.* Ann. 3. L'on a toujours estimé sages ceux, qui ont sû ceder au tems, dit Cicéron, *Tempori cedere, id est, necessitati parere, semper sapientis est habitum.*

dont j'ai voulu parler, est celui de la paix particuliére que les Anglais firent avec la France vers la fin de la guerre de la succession d'Espagne. Ni les Ministres de l'Empereur Joseph, ni les plus grands Philosophes, ni les plus habiles Politiques n'auroient pû soupçonner qu'une paire de gans changeroit le destin de l'Europe : cela arriva cependant au pied de la lettre.

La Duchesse de Marlbourough exerçoit la charge de Grande-Maitresse de la Reine Anne à Londres, tandis que son époux faisoit dans les Campagnes de Brabant une double moisson de lauriers & de richesses. Cette Duchesse soutenoit par sa faveur le Parti du Héros, & le Héros soutenoit le crédit de son épouse par ses victoires. Le Parti des Toris qui leur étoit opposé, & qui souhaitoit la paix, ne pouvoit rien tandis que cette Duchesse étoit toute-puissante auprès de la Reine. Elle perdit cette faveur par une cause assez legère. La Reine avoit commandé des gans, & la Duchesse en avoit commandé en même tems. L'impatience de les avoir, lui fit presser la Gantiére de la servir avant la Reine ; cependant Anne voulut avoir ses

gans.

échoüé; car la France eût trouvé mille excuses, & les autres lui eussent fait mille peurs.

Je ne parlerai point de ses autres actions, qui ont toutes été semblables, & toutes également heureuses; la mort ne lui a pas donné le loisir de voir un changement 5: car s'il fût venu un tems, qu'il eût fallu procéder avec ménagement, il étoit perdu, d'autant qu'il n'eût jamais pû se defaire de sa violence naturelle.

Je conclus donc, que les hommes, qui s'obstinent à tenir toujours la même route, sont heureux, tant que leur conduite s'accorde avec la Fortune; mais sont malheureux, quand elle vient à changer, & qu'ils ne veulent pas changer aussi.

Au reste, je tiens, qu'il vaut mieux être impétueux, que circonspect; parce que la Fortune est une femme, de qui l'on ne sauroit venir à bout, qu'on ne la batte, & qu'on ne la tourmente; & l'on voit par expérience, qu'elle

gans. Une Dame *, qui étoit ennemie de Miledi Marlbourough, informa la Reine de tout ce qui s'étoit passé, & s'en prévalut avec tant de de malignité, que la Reine dès ce moment regarda la Duchesse comme une Favorite dont elle ne pouvoit plus supporter l'insolence. La Gantiére acheva d'aigrir cette Princesse par l'histoire des gans, qu'elle lui conta avec toute la noirceur possible. Ce levain, quoique leger, fut suffisant pour mettre toutes les humeurs en fermentation, & pour assaisonner tout ce qui doit accompagner une disgrace. Les Toris, & le Maréchal de Tallard à leur tête, se prévalurent de cette affaire, qui devint un coup de partie pour eux.

La Duchesse de Marlbourough fut disgraciée peu de tems après, & avec elle tomba le Parti des Wighs & celui des Alliés de l'Empereur. Tel est le jeu des choses les plus graves du monde, la Providence se rit de la sagesse & des grandeurs humaines; des causes frivoles, & quelquefois ridicules changent souvent la fortune des Monarchies entiéres.

Dans

---

5. Nardi dit, que tout lui réüssit plûtôt par bonheur, que par prudence, & qu'il ne pouvoit jamais mourir dans un tems plus heureux, ni plus glorieux pour son Pontificat. Livre 6. de son Histoire. C'est de lui qu'il est vrai de dire le mot de Patercule, *Vir inquies, & ultra fortem temerarius.*

* Madame Masham.

le se laisse bien plus dompter aux esprits féroces, qu'aux gens froids; & qu'elle est toujours amie des jeunes-gens, parce qu'ils sont moins circonspects, plus violens & plus hardis 6.

6. Témoin ce que Tacite dit de Cerialis, l'un des parens, & des Généraux de Vespasien. *Cerialis parum temporis ad exsequenda imperia dabat, subitus consiliis, sed eventu clarus; aderat fortuna, etiam ubi artes defuissent.* (Hist. 5.) c'est-à-dire: Cerialis donnoit très-peu de tems, pour exécuter ses ordres: quoique ses entreprises fussent toujours précipitées, elles lui réüssissoient presque toujours. La fortune le favorisoit, jusque dans les choses, où l'expérience lui manquoit. C'est pourquoi Hannibal avoit raison d'appeller la Fortune la marâtre de la Prudence. Le Marquis de Marignan disoit à Charle-quint, qu'elle n'étoit pas seulement inconstante comme la femme, mais folle & badine comme la jeunesse. *Gracian, chap.* II. *de son Héros.*

Dans cette occasion, des petites miséres de femmes sauverent Louïs XIV. d'un pas, dont sa sagesse, ses forces & sa puissance ne l'auroient peut-être pû tirer, & obligerent les Alliés à faire la paix malgré eux.

Ces sortes d'évenemens arrivent, mais j'avoüe que c'est rarement, & que leur autorité n'est pas suffisante pour décréditer entiérement la prudence & la pénétration. Il en est comme des maladies qui altérent quelquefois la santé des hommes; mais qui ne les empêchent pas de jouïr la plûpart du tems des avantages d'un tempérament robuste.

Il faut donc nécessairement que ceux qui doivent gouverner le Monde, cultivent leur pénétration & leur prudence.

Mais ce n'est pas tout: car s'ils veulent captiver la fortune, il faut qu'ils apprennent à plier leur tempérament sous les conjonctures; ce qui est très difficile.

Je ne parle en général que de deux sortes de tempéramens, celui d'une vivacité hardie, & celui d'une lenteur circonspecte; & comme ces causes morales ont une cause physique, il est presque impossible qu'un Prince soit si fort maître de lui-même, qu'il prenne toutes les couleurs comme un Caméléon. Il y a des siécles qui favorisent la gloire des Conquerans & de ces hommes hardis & entreprenans, qui semblent nés pour operer des changemens extraordinaires dans l'Univers, des révolutions, des guerres, & principalement je ne sais quel esprit de vertige & de défiance, qui brouillent les Souverains, fournissent à un Conquerant des occasions de profiter de leurs querelles. Il n'y a pas jusqu'à Fernand-Cortez, qui dans la conquête du du Mexique n'ait été favorifé par les guerres civiles des Americains.

Il y a d'autres tems où le monde, moins agité, ne paraît vouloir être régi que par la douceur, où il ne faut que de la prudence & de la circonfpection ; c'eft une efpéce de calme heureux dans la politique , qui fuccéde ordinairement après l'orage. C'eft alors que les négociations font plus efficaces que les batailles , & qu'il faut gagner par la plume ce que l'on ne fauroit acquerir par l'épée.

Afin qu'un Souverain pût profiter de toutes les conjonctures, il faudroit qu'il apprît à fe conformer au tems comme un habile Pilote.

Si un Général d'armée étoit hardi & circonfpect à propos, il feroit prefque indomptable. Fabius minoit Hannibal par fes longueurs. Ce Romain n'ignoroit pas que les Carthaginois manquoient d'argent & de recrües , & que fans combattre , il fuffifoit de voir tranquillement fondre cette armée pour la faire périr, pour ainfi dire, d'inanition. La politique d'Hannibal étoit au contraire de combattre ; fa puiffance n'étoit qu'une force d'accident , dont il falloit tirer avec promptitude tous les avantages poffibles , afin de lui donner de la folidité par la terreur qu'impriment les actions brillantes & vives, & par les reffources qu'on tire des conquêtes.

En l'an 1704. fi l'Electeur de Baviére & le Maréchal de Tallard n'étoient point fortis de Baviére pour s'avancer jufqu'à Blenheim & Hoghftet , ils feroient reftés les maîtres de toute la Suabe ; car l'armée des Alliés , ne pouvant fubfifter en Baviére faute de vivres , auroit été obligée de fe retirer vers le Mein , & de fe féparer. Ce fut donc manque de circonfpection lorfqu'il en étoit tems, que l'Electeur confia au fort d'une bataille, à jamais mémorable & glorieufe pour la Nation Allemande, ce qui ne dépendoit que de lui de conferver. Cette imprudence fut punie par la défaite totale des Français & des Bavarois , & par la perte de la Baviére, & de tout ce Païs qui eft entre le haut Palatinat & le Rhin.

On ne parle point d'ordinaire des Téméraires qui ont péri, on ne parle que de ceux qui ont été fecondés de la Fortune. Il en eft comme des rêves & des prophéties, entre mille qui ont été fauffes & que l'on oublie, on ne fe reffouvient que du très

petit

petit nombre qui a été accompli. Le monde devroit juger des événemens par leurs caufes, & non pas des caufes par l'événement.

Je conclus qu'un peuple rifque beaucoup avec un Prince hardi, que c'eft un danger continuel qui le menace, & que le Souverain circonfpect, s'il n'eft pas propre pour les grands exploits, femble plus né pour le Gouvernement. L'un hazarde, mais l'autre conferve.

Pour que les uns & les autres foient grands hommes, il faut qu'ils viennent à propos au Monde, fans quoi, leurs talens leur font plus pernicieux que profitables.

Tout homme raifonnable, & principalement ceux que le Ciel a deftinés pour gouverner les autres, devroient fe faire un plan de conduite, auffi bien raifonné & lié qu'une démonftration géométrique. En fuivant en tout un pareil fyftême, ce feroit le moïen d'agir conféquemment, & de ne jamais s'écarter de fon but; on pourroit ramener par-là toutes les conjonctures & tous les évenemens à l'acheminement de fes deffeins, tout concourroit pour exécuter les projets que l'on auroit médités.

Mais qui font ces Princes, defquels nous prétendons tant de rares talens? Ce ne feront que des hommes, & il fera vrai de dire que felon leur nature il leur eft impoffible de fatisfaire à tant de devoirs; on trouveroit plûtôt le Phœnix des Poëtes & les unités des Métaphyficiens, que l'homme de Platon. Il eft jufte que les peuples fe contentent des efforts que font les Souverains pour parvenir à la perfection. Les plus accomplis d'entre eux feront ceux qui s'éloigneront plus que les autres, du *Prince* de Machiavel. Il eft jufte que l'on fupporte leurs défauts lorfqu'ils font contrebalancés par des qualités de cœur, & par de bonnes intentions. Il faut nous fouvenir fans ceffe qu'il n'y a rien de parfait au Monde, & que l'erreur & la faibleffe font le partage de tous les hommes. Le Païs le plus heureux eft celui, où une indulgence mutuelle du Souverain & des Sujets, répandroit fur la Société cette douceur, fans laquelle la vie eft un poïds qui devient à charge, & le Monde une vallée d'amertumes.

CHA-

✶✶✶✶✶✶✶✶✶✶✶✶✶✶✶✶✶✶✶✶✶✶✶✶✶✶✶✶✶✶✶✶✶✶✶

CHAPITRE XXVI.

Des différentes sortes de Négociations, & des rai-
sons, qu'on peut appeller justes, de fai-
re la guerre.

Repassant dans mon esprit tout ce que j'ai dit dans les précédens Chapitres, & ruminant, si la conjoncture présente seroit favorable pour un Prince nouveau, qui voudroit introduire en Italie une forme de Gouvernement, qui fît honneur à sa personne, & profit à toute la Nation ; je trouve tant de choses, qui concourent en faveur de cette entreprise, que je ne sai pas, s'il pourroit jamais venir un tems, qui fût plus propre à l'exécuter.

S'il falloit, que le peuple d'Israël fût esclave en Egipte, pour savoir ce que valoit Moïse ; que les Perses fussent oprimés par les Mèdes, pour juger du courage de Cirus ; & que les Athéniens fussent errans & vagabonds, pour bien connoître l'excellence de Thesée * : il falloit aussi, pour voir

* Voyez le Chapitre 6. où il parle de ces trois personnages.

Nous avons vû dans cet Ouvrage la fausseté des raisonnemens, par lesquels Machiavel a prétendu nous donner le change, en nous présentant des Scélerats sous le masque de grands hommes.

J'ai fait mes efforts pour arracher au crime le voile de la vertu dont Machiavel l'avoit enveloppé, & pour desabuser le monde de l'erreur où sont bien des personnes sur la politique des Princes. J'ai dit aux Rois que leur véritable politique consistoit à surpasser leurs sujets en vertu, afin qu'ils ne se vissent point obligés de condamner en d'autres ce qu'ils autorisent en leur personne. J'ai dit qu'il ne suffisoit point d'actions brillantes pour établir leur réputation ; mais qu'il faut des actions qui tendent au bonheur du Genre humain.

J'ajouterai à ceci deux considérations, l'une regar-

N de

voir toute l'étendüe d'un esprit Italien, que l'Italie fût
aujourd'hui si misérable, qu'elle fût plus maltraitée, que
les Perses; plus dispersée, que
les Athéniens; qu'elle fût sans
chef, & sans loix, méprisée,
déchirée, pillée, & asservie
par les Etrangers.

Quoique de tems en tems on
ait vu quelque grand courage,
que l'on croioit être envoié de
Dieu, pour la délivrer, si-
est-ce qu'il est arrivé, que la
Fortune l'a toujours abandonné
dans le plus beau de sa
course.

Ainsi l'Italie, qui n'a plus
qu'un soufle de vie, attend,
qu'il vienne quelqu'un, qui
mette fin aux souffrances de
la Lombardie, du Roiaume
de Naples *, & de la Toscane †, & qui guérisse ses bles-
sures & ses ulcéres, que le
tems a rendües presque incu-
rables; elle prie Dieu, de lui
envoier quelqu'un, qui l'af-
fran-

----

* Il est à propos de remarquer,
que Machiavel parle ici à son pa-
tron Laurent de Medicis, selon
les prédictions, que les Astrolo-
gues lui avoient faites les premiers
mois du Pontificat de Léon X,
que Julien, son frére, deviendroit
Roi de Naples, & Laurent, son
Neveu, Duc de Milan. Nardi,
livre 6. de son Histoire de Florence.
† Le même Historien dit en
deux endroits du même livre, que
Laurent vouloit se rendre Souverain de Florence.

----

de les Négociations, &
l'autre les sujets d'entreprendre la guerre, qu'on
peut avec fondement appeler
justes.

Les Ministres des Princes
aux Cours étrangéres sont
des Espions privilégiés, qui
veillent sur la conduite des
Souverains chez lesquels ils
sont envoiés; ils doivent
pénetrer leurs desseins, approfondir leurs démarches,
& prévoir leurs actions, afin
d'en informer leurs Maîtres
à tems. L'objet principal
de leur mission, est de resser-
rer les liens d'amitié entre
les Souverains: mais au lieu
d'être les Artisans de la paix,
ils sont souvent les organes
de la guerre. Ils emploient
la flatterie, la ruse & la sé-
duction pour arracher les
secrets de l'Etat aux Ministres: ils gagnent les Faibles
par leur adresse, les Or-
gueilleux par leurs paroles,
& les Intéressés par leurs
présens, en un mot ils font
quelquefois tout le mal
qu'ils peuvent; car ils pensent pécher par devoir, &
ils sont sûrs de l'impu-
nité.

C'est contre les artifices
de ces Espions, que les
Princes doivent prendre de
justes mesures. Lorsque le
sujet de la Négociation devient plus important, c'est
alors que les Princes ont
lieu

franchiſſe du joug inſupporta-
ble des Etrangers; on la voit
toute prête de ſuivre un éten-
dard, pourvu qu'un homme
de valeur le prenne en main.

Mais il n'y a perſonne main-
tenant, ſur qui elle puiſſe
faire plus de fond, que ſur vô-
tre illuſtre Maiſon, qui te-
nant aujourd'hui le Pontifi-
cat, & étant ſi viſiblement
favoriſée de Dieu peut, avec
ſa prudence & ſa bonne fortu-
ne, ſe faire chef de cette glo-
rieuſe entrepriſe. Quant à
vous, cela ne vous ſera pas
fort difficile, ſi vous enviſa-
gez l'exemple de ceux, de
qui j'ai parlé; car bien que
ce fuſſent des hommes extraor-
dinaires & admirables, ils
n'étoient pourtant qu'hommes,
& pas-un d'eux n'a eu une
ſi belle occaſion, que celle
d'aujourd'hui. Outre que
leur Cauſe n'étoit pas meil-
leure que la vôtre, ni Dieu
pour eux plus que pour vous.
Il n'y a ici, que de la Juſ-
tice [*].

Car toute Guerre, qui eſt
néceſſaire, eſt juſte: & les
armes, qui ſe prennent pour
la défenſe d'un peuple, qui n'a
point d'autre reſſource, ſont
miſéricordieuſes. Tout con-
court à ce deſſein, & il n'y
ſau-

[*] *Ou, & c'eſt pieté, que de*
prendre les armes en faveur d'un
peuple, qui ne ſauroit trouver ſon
ſalut ailleurs.

lieu d'examiner à la rigueur
la conduite de leurs Miniſtres, afin d'approfondir ſi
quelque pluïe de Danaë
n'auroit point amolli l'auſté-
rité de leur vertu.

Dans ces tems de criſe
où l'on traite d'Alliances, il
faut que la prudence des
Souverains ſoit plus vigilan-
te encore qu'à l'ordinaire.
Il eſt néceſſaire qu'ils diſſé-
quent avec attention la nature des choſes qu'ils doivent promettre, pour qu'ils
puiſſent remplir leurs engagemens.

Un Traité, enviſagé ſous
toutes ſes faces, déduit avec
toutes ſes conſéquences, eſt
tout autre choſe que lorſqu'on ſe contente de le con-
ſiderer en gros. Ce qui pa-
raiſſoit un avantage réel, ne
ſe trouve, lorſqu'on l'examine de près, qu'un miſera-
ble palliatif qui tend à la
ruine de l'Etat. Il faut a-
jouter à ces précautions le
ſoin de bien éclaircir les termes d'un Traité, & le Gram-
mairien pointilleux doit toujours précéder le Politique
habile, afin que cette diſ-
tinction frauduleuſe de la parole & de l'eſprit du Traité
ne puiſſe point avoir lieu.

En politique on devroit
faire un Recueil de toutes
les fautes que les Princes ont
faites par précipitation, pour
l'uſage de ceux qui veulent
faire

ſauroit avoir de grandes diffi-
cultez, où il y a de grandes
diſpoſitions, à moins que l'on
ne s'écarte de la route de ceux,
que j'ai propoſez à imiter. De
plus, il ſe voit des ſignes ex-
traordinaires, la Mer s'eſt
ouverte, une nuée a montré
le chemin, une pierre a jetté
de l'eau; la Manne eſt tom-
bée d'en-haut; enfin tout a
concouru à vôtre aggrandiſſe-
ment. C'eſt à nous de faire
le reſte, Dieu ne voulant pas
faire tout, pour ne nous pas
ôter nôtre franc-arbitre, ni
la part de la gloire, qui nous
appartient.

Ce n'eſt pas merveille, ſi
pas-un des Italiens, que j'ai
nommez, n'a encore pû faire
ce que l'on eſpére que fera vo-
tre illuſtre Famille; ni ſi l'I-
talie a été ſi malheureuſe dans
ſes guerres, qu'il ſembleroit,
que la vertu militaire en fût
bannie; car cela ne vient, que
de ce que l'ancien uſage mili-
taire qu'elle obſervoit n'étoit
plus de ſaiſon, & que per-
ſonne n'a ſû en inventer un
nouveau.

Rien ne fait tant d'honneur
à un homme, qui vient de
monter à la Principauté, que
de faire de nouvelles loix, &
d'inventer une nouvelle Diſ-
cipline, d'autant que ces Or-
donnances le rendent vénéra-
ble, lors qu'elles ſont bien fon-
dées, & qu'elles donnent une
idée de grandeur.

O₄

faire des Traités ou des Alliances. Le tems qu'il leur
faudroit pour le lire, leur
donneroit celui de faire des
réflexions, qui ne ſau-
roient que leur être ſalutai-
res.

Les Négociations ne ſe font
pas toutes par des Miniſtres
accrédités; on envoie ſouvent des perſonnes ſans caractére dans des lieux tiers,
où ils font des propoſitions
avec d'autant plus de liberté, qu'ils commettent moins
la perſonne de leur Maître.
Les Préliminaires de la derniére Paix entre l'Empereur
& la France, furent conclus
de cette maniére, à l'inſçu
de l'Empire & des Puiſſances Maritimes. Cet accom-
modement ſe fit chez un
Comte *, dont les terres
ſont au bord du Rhin.

Victor Amedée, le Prin-
ce le plus habile, & le plus
artificieux de ſon tems, ſavoit mieux que perſonne,
l'art de diſſimuler ſes deſſeins. L'Europe fut abuſée
plus d'une fois par la fi-
neſſe de ſes ruſes; entre autres lorſque le Maréchal de
Catinat, dans le froc d'un
Moine, & ſous prétexte de
travailler au ſalut de cette
ame Roïale, retira ce Prince
du Parti de l'Empereur, &
en

* Le Comte de Neuwied.

Or il y a en Italie affez de matière propre à recevoir telle forme qu'on voudra. Ce ne font pas les membres, qui y manquent de valeur, mais les Chefs; témoin les duels, & les autres combats particuliers, où l'on voit, que les Italiens font les plus adroits & les plus forts, au lieu qu'ils ne font rien dans les Armées; ce qui vient de la foiblesse des Chefs, à qui ceux, qui savent leur métier, ne veulent pas obéir. Or chacun se flatte de le savoir; & il ne s'est encore vu personne, à qui les autres aient voulu céder, quelque grand mérite qu'il eût.

C'est pour cela que, dans toutes les guerres, que nous avons eües depuis vingt ans en-çà, les Armées, qui n'ont été composées que d'Italiens, n'ont jamais rien fait, qui vaille; témoin le Tar, Alexandrie, Capoüe, Gennes, Vaila, Bologne, Mestre. Si donc la Maison de Médicis veut suivre les traces de ces excellens hommes, qui ont délivré leur pais de l'oppression étrangére, il faut avant toutes choses, comme c'est le vrai fondement de toutes les entreprises, avoir une Milice propre, n'y en aiant point ni de meilleure, ni de plus fidèle. Et quoique chaque soldat en soit bon, tous ensemble ils deviendront meilleurs, quand ils verront leur pro-

en fit un Profélyte à la France. Cette Négociation entre le Roi & le Général, fut conduite avec tant de dextérité, que l'Alliance de la France & de la Savoye qui s'ensuivit, parut aux yeux de l'Europe comme un Phénomène de politique inopiné.

Ce n'est ni pour justifier, ni pour blâmer la conduite de Victor-Amedée, que j'ai proposé son exemple aux Rois; je n'ai prétendu loüer en sa conduite que l'habileté & la discrétion, qui, lorsqu'on s'en sert pour une fin honnête, sont des qualités absolument requises dans un Souverain.

C'est une régle générale qu'il faut choisir les esprits les plus transcendans, pour les emploier à des Négociations difficiles; qu'il faut non seulement des sujets rusés pour l'intrigue, souples pour s'insinuer; mais qui aient encore le coup d'œil assez fin pour lire sur la physionomie des autres les secrets de leur cœur, afin que rien n'échappe à leur pénétration, & que tout se découvre par la force de leur raisonnement.

Il ne faut point abuser de la ruse & de la finesse; il en est comme des épiceries, dont l'usage trop fréquent dans les ragoûts émousse le

N 3 goût,

propre Prince leur commander, les honorer, & les récompenser.

Il est donc nécessaire de se pourvoir d'armes domestiques, pour être en état de résister aux étrangéres. L'Infanterie Suisse & l'Infanterie Espagnole sont estimées terribles, mais l'une & l'autre a ses défauts: & par conséquent une Milice mitoienne pourroit non seulement leur résister, mais encore les vaincre; les Espagnols ne pouvant soutenir la Cavalerie, & les Suisses étant sujets à avoir peur des fantassins, quand ils en rencontrent d'aussi obstinez qu'eux à combattre.

En effet, il s'est vû, & il se verra encore, que les Espagnols ne sauroient tenir contre la Cavalerie Françoise, & que les Suisses sont battus par l'Infanterie Espagnole. Et bien qu'il ne s'en soit pas vûe une entiére experience quant aux Suisses, toutefois il s'en vit un échantillon à la Bataille de Ravenne, quand l'Infanterie Espagnole en vint aux prises avec les Allemans, qui gardent le même ordre que les Suisses, en ce que les Espagnols, moiennant leur agilité & leurs boucliers, s'étant jettez au-travers des piques des Allemans, ceux-ci furent battus, sans pouvoir se defendre, & alloient être entiérement défaits, sans la Cavalerie,

goût, & leur fait à la fin perdre ce piquant, qu'un palais qui s'y accoutume, ne sent à la fin plus.

La probité au contraire est pour tous les tems; elle est semblable à ces alimens simples & naturels qui conviennent à tous les tempéramens, & qui rendent le corps robuste sans l'échauffer.

Un Prince, dont la candeur sera connue, se conciliera infailliblement la confiance de l'Europe, il sera heureux sans fourberie, & puissant par sa seule vertu. La paix & le bonheur de l'Etat sont comme un centre, où tous les chemins de la politique doivent se réunir, & ce doit être le but de toutes ses Négociations.

La tranquillité de l'Europe se fonde principalement sur le maintien de ce sage équilibre, par lequel la force supérieure d'une Monarchie est contrebalancée par la puissance réunie de quelques autres Souverains. Si cet équilibre venoit à manquer, il seroit à craindre qu'il n'arrivât une révolution universelle, & qu'une nouvelle Monarchie ne s'établît sur les débris des Princes que leur desunion rendroit trop faibles.

La politique des Princes de

lerie, qui vint fondre sur les Espagnols.

Connoissant donc le défaut de l'une & de l'autre Infanterie, l'on pourroit en inventer une nouvelle, qui tînt contre la Cavalerie, & ne craignît point l'Infanterie ; & pour cela, il n'y auroit qu'à changer la manière de combattre. Et ce sont ces sortes d'inventions, qui donnent de la réputation & de l'autorité à un Prince nouveau.

Il ne faut donc pas laisser échapper cette occasion ; il est tems, que l'Italie, après de si longues souffrances, voie enfin son libérateur. Je ne puis exprimer avec quelle tendresse, & quelle reconnoissance, il seroit reçu dans toutes ces Provinces, qui ont été inondées du torrent des armes étrangères, & qui, depuis tant d'années, ne respirent que vangeance. Où seroient les Villes, qui lui fermeroient leurs portes, & les peuples, qui refuseroient de lui obéir ? Quelle envie auroit-il à surmonter ? y auroit-il un seul Italien, qui hésitât à lui rendre hommage ? chacun est las de cette domination barbare. Que votre illustre Maison prenne donc cette Cause en main, avec toutes les espérances, que l'on peut concevoir de la réussite d'une juste entreprise, afin que Nôtre Nation refleurisse sous son étendard, & que sous

de l'Europe semble donc exiger d'eux qu'ils ne négligent jamais les Alliances & les Traités par lesquels ils peuvent égaler les forces d'une Puissance ambitieuse, & ils doivent se méfier de ceux qui veulent semer parmi eux la desunion & la zizanie. Qu'on se souvienne de ce Consul, qui, pour montrer combien l'union étoit nécessaire, prit un cheval par la queuë, & fit d'inutiles efforts pour la lui arracher ; mais lorsqu'il la prit crin à crin en les séparant, il en vint facilement à bout. Cette leçon est aussi propre pour certains Souverains de nos jours, que pour les Légionaires Romains ; il n'y a que leur réunion qui puisse les rendre formidables, & maintenir en Europe la paix & la tranquillité.

Le monde seroit bienheureux s'il n'y avoit d'autres moïens que celui de la Négociation, pour maintenir la justice & pour rétablir la paix & la bonne harmonie entre les Nations. L'on emploieroit les raisons, au lieu d'armes, & l'on s'entre-disputeroit seulement, au lieu de s'entre-égorger ; une fâcheuse nécessité oblige les Princes d'avoir recours à une voïe beaucoup plus cruelle. Il y a des occasions où il faut défendre par les

armes

sous ses auspices, il soit vrai de dire avec Pétrarque.

Virtù contra'l furore
Prendra l'arme, & sia il
  combatter corto;
Che l'antico valore
Nell' Italici cuor non è an-
  cor morto.

C'est-à-dire;

*La Justice au combat dé-
fiera la Fureur,
Et saura lui donner une si rude atteinte,
Que l'on verra bientôt, que
l'ancienne valeur
Du cœur Italien n'est pas
encore éteinte.*

armes la liberté des peuples qu'on veut oprimer par injustice, où il faut obtenir par violence ce que l'iniquité refuse à la douceur, où les Souverains doivent commettre la Cause de leur Nation au sort des batailles. C'est dans un des cas pareils que ce paradoxe devient véritable, qu'une bonne guerre donne & affermit une bonne paix.

C'est le sujet de la guerre qui la rend juste ou injuste. Les passions & l'ambition des Princes leur offusquent souvent les yeux, & leur peignent avec des couleurs avantageuses les actions les plus violentes. La guerre est une ressource dans l'extrémité, il faut s'en servir que dans des cas désesperés, & bien examiner si l'on y est porté par une illusion d'orgueil, ou par une raison solide.

Il y a des guerres défensives, & ce sont sans contredit les plus justes.

Il y a des guerres d'intérêt que les Rois sont obligés de faire pour maintenir eux-mêmes les droits qu'on leur conteste; ils plaident les armes à la main, & les combats décident de la validité de leurs raisons.

Il y a des guerres de précaution que les Princes font sagement d'entreprendre. Elles sont offensives à la vérité; mais elles n'en sont pas moins justes. Lorsque la grandeur excessive d'une Puissance semble prête à se déborder, & menace d'engloutir l'Univers, il est de la prudence de lui opposer des digues, & d'arrêter le cours du torrent, lors encore qu'on en est le maître. On voit des nuages qui s'assemblent, un orage qui se forme, les éclairs qui l'annoncent; & le Souverain que ce danger menace, ne pouvant tout seul conjurer la tempête, se réunira, s'il est sage, avec tous ceux que le même péril met dans les
          mêmes

mêmes intérêts. Si les Rois d'Egypte, de Syrie, de Macedoine se fussent ligués contre la puissance Romaine, jamais elle n'auroit pû bouleverser ces Empires ; une Alliance sagement concertée, & une guerre vivement entreprise, auroit fait avorter ces desseins ambitieux dont l'accomplissement enchaîna l'Univers.

Il est de la prudence de préferer les moindres maux aux plus grands, ainsi que de choisir le parti le plus sûr, à l'exclusion de celui qui est incertain. Il vaut donc mieux qu'un Prince s'engage dans une guerre offensive, lorsqu'il est le maître d'opter entre la branche d'olive & la branche de laurier, que s'il attendoit à des tems désesperés, où une declaration de guerre ne pourroit retarder que de quelques momens son esclavage & sa ruine. C'est une maxime certaine qu'il vaut mieux prévenir que d'être prévenu : les grands hommes s'en sont toujours bien trouvés.

Beaucoup de Princes ont été engagés dans les guerres de leurs Alliés par des Traités, en conséquence desquels ils ont été obligés de leur fournir un nombre de troupes auxiliaires. Comme les Souverains ne sauroient se passer d'Alliances, puisqu'il n'y en a aucun en Europe qui puisse se soutenir par ses propres forces, ils s'engagent à se donner un secours mutuel en cas de besoin ; ce qui contribue à leur sûreté, à leur conservation. L'événement décide lequel des Alliés retire les fruits de l'Alliance ; une heureuse occasion favorise une des Parties en un tems, une conjoncture favorable seconde l'autre Partie contractante. L'honnêteté & la sagesse du monde exigent donc également des Princes qu'ils observent religieusement la foi des Traités, & qu'ils les accomplissent même avec scrupule ; d'autant plus, que par les Alliances ils rendent leur protection plus efficace à leurs peuples.

Toutes les guerres donc qui n'auront pour but que de repousser les Usurpateurs, de maintenir des droits légitimes, de garantir la liberté de l'Univers, seront conformes à la justice. Les Souverains qui en entreprennent de pareilles, n'ont point à se reprocher le sang répandu ; la nécessité les fait agir, & dans de pareilles circonstances la guerre est un moindre malheur que la paix.

Autrefois quelques Princes, sans songer à se faire des Al-

Alliés, ne penſoient qu'à vendre leurs ſoldats, & à tra-
fiquer du ſang de leurs ſujets.

L'inſtitution du ſoldat eſt pour la défenſe de la patrie; les loüer à d'autres, comme on vend des dogues &
des taureaux pour le combat, c'eſt, ce me ſemble, pervertir
à la fois le but du négoce & de la guerre. On dit qu'il
n'eſt pas permis de vendre les choſes ſaintes, eh! qu'y a-
t-il de plus ſacré que le ſang des hommes?

Pour les guerres de Religion, ſi ce ſont des guerres civiles, elles ſont preſque toujours la ſuite de l'imprudence du Souverain, qui a mal-à-propos favoriſé une Secte
aux dépens d'une autre; qui a trop reſſerré, ou trop étendu
l'exercice public de certaines Religions; qui ſur-tout a
donné du poids à des querelles de Parti, leſquelles ne
ſont que des étincelles paſſagéres quand le Souverain ne
s'en mêle pas, & qui deviennent des embraſemens quand
il les fomente.

Maintenir le Gouvernement civil avec vigueur, & laiſſer à chacun la liberté de conſcience; être toujours Roi,
& ne jamais faire le Prêtre, eſt le ſûr moïen de préſer-
ver ſon Etat des tempêtes que l'eſprit dogmatique des
Théologiens cherche ſouvent à exciter.

Les guerres étrangères de Religion ſont le comble de
l'injuſtice & de l'abſurdité. Partir d'Aix-la-Chapelle pour
aller convertir les Saxons le fer à la main, comme
Charles-Magne, ou équipper une flotte pour aller propo-
ſer au Soudan d'Egypte de ſe faire Chrétien, ſont des en-
tepriſes bien étranges. La fureur des Croiſades eſt paſſée;
faſſe le Ciel qu'elle ne revienne jamais!

La guerre en général eſt ſi féconde en malheurs, l'iſſüe
en eſt ſi peu certaine, & les ſuites en ſont ſi ruineuſes
pour un Païs, que les Princes ne ſauroient aſſez refléchir
avant que de s'y engager. Les violences que les troupes
commettent dans un Païs ennemi, ne ſont rien en com-
paraiſon des malheurs qui réjailliſſent directement ſur les
Etats des Princes qui entrent en guerre.

Je me perſuade que ſi les Monarques voioient un tableau vrai des miſères qu'attire ſur les peuples une
ſeule déclaration de guerre, ils n'y ſeroient point in-
ſenſibles. Leur imagination n'eſt pas aſſez vive pour leur
repreſenter au naturel des maux qu'ils n'ont point connus,

nus, & à l'abri desquels les met leur condition. Comment sentiront-ils ces impôts qui accablent les peuples; la privation de la Jeunesse du Païs que les recrües emportent; ces maladies contagieuses qui désolent les armées; l'horreur des batailles, & ces siéges plus meurtriers encore; la désolation des blessés que le fer ennemi a privés de quelques-uns de leurs membres, uniques instrumens de leur industrie & de leur subsistance; la douleur des Orphelins qui ont perdu par la mort de leur pere l'unique soutien de leur faiblesse; la perte de tant d'hommes utiles à l'Etat, que la mort moissonne avant le tems?

Les Souverains qui regardent leurs sujets comme leurs esclaves, les hazardent sans pitié, & les voient périr sans regret; mais les Princes qui considérent les hommes comme leurs égaux, & qui envisagent le peuple comme le corps dont ils sont l'ame, sont œconomes du sang de leurs sujets.

Je prie les Souverains, en finissant cet Ouvrage, de ne se point offenser de la liberté avec laquelle je leur parle; mon but est de dire la vérité, d'exciter à la vertu, & de ne flatter personne. La bonne opinion que j'ai des Princes qui regnent à présent dans le Monde, me les fait juger dignes d'entendre la vérité. C'est aux Nérons, aux Alexandres VI. aux Césars Borgia, aux Louis XI. qu'on n'ôseroit la dire. Graces au Ciel, nous ne comptons point de tels hommes parmi les Princes de l'Europe, & c'est faire leur plus bel éloge, que de dire qu'on ôsé hardiment blâmer devant eux tout ce qui dégrade la Roïauté, & ce qui offense la justice.

AVIS

A V I S

D E

L'EDITEUR.

Ans le tems qu'on finiſſoit cette Edition, il en a paru deux autres; l'une eſt intitulée de Londres, chez *Jean Mayer*; l'autre à la Haye chez *van Duren*. Elles ſont très différentes du Manuſcrit original; ce qu'il eſt aiſé de reconnaître aux indications ſuivantes.

1. Dans ces Editions le Titre eſt ANTI-MACHIAVEL, OU EXAMEN DU PRINCE &c. & celle-ci eſt intitulée, ANTI-MACHIAVEL, OU ESSAI DE CRITIQUE SUR LE PRINCE DE MACHIAVEL.

2. Le premier Chapitre dans ces Editions a pour titre, *Combien il y a de ſortes de Principautez* &c. & ici le Titre eſt, *Des différens Gouvernemens*. Le ſecond Chapitre de ces Editions eſt, *Des Principautez Héréditaires*, & ici *Des Etats héréditaires*.

Il y a d'ailleurs des omiſſions conſidérables, des interpollations des fautes en très grand nombre dans ces Editions que j'indique. Ainſi, lorſque les Libraires qui les ont faites, voudront réimprimer ce Livre, je les prie de ſuivre en tout la préſente Copie.

TABLE

TABLE

DES

CHAPITRES.

TABLE DES CHAPITRES.

F I N.

www.ingramcontent.com/pod-product-compliance
Lightning Source LLC
Chambersburg PA
CBHW071119280326
41935CB00010B/1063